智慧经营

——企业知识产权管理实务

赵 华 编著

科学技术文献出版社
SCIENTIFIC AND TECHNICAL DOCUMENTATION PRESS
·北京·

图书在版编目（CIP）数据

智慧经营：企业知识产权管理实务 / 赵华编著.—北京：科学技术文献出版社，2017.12
ISBN 978-7-5189-3711-0

Ⅰ. ①智… Ⅱ. ①赵… Ⅲ. ①企业—知识产权—管理—研究—中国 Ⅳ. ① D923.404

中国版本图书馆 CIP 数据核字（2017）第 302218 号

智慧经营——企业知识产权管理实务

策划编辑：孙江莉　　责任编辑：孙江莉　马新娟　责任校对：文　浩　责任出版：张志平

出　版　者	科学技术文献出版社	
地　　　址	北京市复兴路15号　邮编 100038	
编　务　部	（010）58882938，58882087（传真）	
发　行　部	（010）58882868，58882874（传真）	
邮　购　部	（010）58882873	
官 方 网 址	www.stdp.com.cn	
发　行　者	科学技术文献出版社发行　全国各地新华书店经销	
印　刷　者	虎彩印艺股份有限公司	
版　　　次	2017 年 12 月第 1 版　2017 年 12 月第 1 次印刷	
开　　　本	787×1092　1/16	
字　　　数	382千	
印　　　张	17	
书　　　号	ISBN 978-7-5189-3711-0	
定　　　价	68.00元	

前 言

PREFACE

知识产权日益成为企业赖以在市场竞争中占据一席之地并进而形成核心竞争优势的关键性战略资源。管理知识产权，就是管理企业的未来。能够有效管理知识产权的企业，不仅能够为未来的市场竞争提供立于不败之地的战略优势，而且还能够为未来可能面临的竞争风险未雨绸缪；反之，则可能在未来的市场竞争中一败涂地，甚至面临生存危机。作为市场竞争主体的企业，更为关注的是如何有效地开展知识产权管理工作，解决实际工作中出现的各种问题，并为企业整体发展提供创新支撑。但在目前已公开的文献著作中，以企业知识产权管理实务为主题的专著并不多见。

本书的研究始终遵循"源于企业实践"的原则，理论性和操作性并重，在广泛收集数百家国内企业知识产权管理实务的经验基础上，以总论、知识产权创造、知识产权运用、知识产权保护四编体例为经，以专利、商标、商业秘密等知识产权管理工作的具体内容为纬，围绕并集中体现企业知识产权工作的相关管理实践，引入《企业知识产权管理规范》等最新法律法规内容，使本书成为集各家企业知识产权工作管理经验和智慧于一体的成果结晶，显著地提升了本书的实用价值。

本书受到"盐城工学院学术专著出版基金"和江苏省知识产权局"江苏省高等学校知识产权管理标准化试点项目"的共同资助。同时，本书的编写得到了盐城市知识产权局的大力支持，在此致谢！

由于时间和水平有限，本书未能遍及企业知识产权工作的方方面面，并且现有内容难免有疏漏、偏颇、错误之处，希望广大读者不吝批评指正。

赵 华

2017 年 11 月于盐城

目 录 CONTENTS

第1编 总 论

第3编　知识产权运用

第 4 编　知识产权保护

第1编 | 总 论

◎ 知识产权

◎ 企业知识产权战略管理

◎ 企业知识产权管理体系

第1章 知识产权

第1节 知识产权

一、概述

知识产权制度最早萌芽于文艺复兴时期的意大利，当时的意大利成为近代科学技术的发祥地，为了保护技术发明人的权利和吸引更多的掌握先进技术的人才，威尼斯在 1474 年颁布了世界上第一部专利法。该法规定权利人对其发明享有 10 年的垄断权。任何人未经同意不得仿造与受保护的发明相同的设施，否则将赔偿百枚金币，并销毁全部仿造设施。这部法律确立了专利制度的基本原则，其影响延续至今。世界上第一部具有现代意义的专利法是英国于 1624 年颁布的垄断法案。该法案确立了现代专利制度的基本原则和框架，在英国和英国的殖民地起到了保护和促进科技创新、带动经济发展的巨大作用。英国垄断法经过不断完善对后来各国建立专利制度产生了深远的影响。18 世纪末、19 世纪初，欧洲大陆各国和美国相继实现了专利制度。1709 年，英国颁布了《安娜女王法》，率先实行对著作权的保护。商标和商号的保护制度也在 19 世纪初由法国最早建立起来。

知识产权，其原意为"知识（财产）所有权"或者"智慧（财产）所有权"，也称为智力成果权。在中国台湾和香港，则通常称之为智慧财产权或智力财产权。根据中国《民法通则》的规定，知识产权属于民事权利，是基于创造性智力成果和工商业标记依法产生的权利的统称。该词最早于 17 世纪中叶由法国学者卡普佐夫提出，后为比利时著名法学家皮卡第所发展，皮卡第将之定义为"一切来自知识活动的权利"。直到 1967 年《建立世界知识产权组织公约》签订以后，该词才逐渐为国际社会所普遍使用。

知识产权是指人们就其智力劳动成果所依法享有的专有权利，通常是国家赋予创造者对其智力成果在一定时期内享有的专有权或独占权。从本质上说是一种无形财产权，它的客体是智力成果或是知识产品，是一种无形财产或者一种没有形体的精神财富，是创造性的智力劳动所创造的劳动成果。它与房屋、汽车等有形财产一样，都受到国家法律的保护，都具有价值和使用价值。有些重大专利、驰名商标或作品的价值也远远高于房屋、汽车等有形财产。

二、知识产权的保护对象

知识产权的保护对象是指在科技或文化等活动中创造或创作的、以发明创造或文艺作品方式等存在的产品，简称知识产品。知识产品的基本特征包括：①创造性或独创性，即知识产品对现有技术或已有作品的创新程度。一般来说，专利对创造性的要求最高，享有著作权的作品对独创性的要求次之，而商标对创造性的要求只需达到能够区别不同产品或服务的程度即可。②非物质性，即知识产品没有形态，不占空间，且可以被不同主体同时占有和使用的性质。知识产品的非物质性通过其载体表现。例如，作品表现为文字著述、音乐、绘画等，发明表现为技术方案、形状和构造，商标表现为图案、色彩和符号等。③公开性，即知识产权所有人必须将知识产品公之于众的要求。专利申请人必须将其发明的技术方案公开，才有可能获得专利权。尽管作品完成之时即可获得著作权，但是如果作品不公开，其权利的意义便无从谈起。如果商标不公开，便无法与他人的商品或服务分开，就更谈不上商标权。

因此，知识产权的保护对象主要为三类：一是创造性成果，包括作品及其传播媒介、工业技术。其中，作品是指文学艺术领域中以不同表现形式出现并且具有原创性的创造成果；传播媒介是指在作品传播过程中产生的与原创作品相关的各种产品或其他传播介质；工业技术是指在产业领域中物化在物质载体上的、依据科学理论和生产实践发展而成的工艺操作方法或技能及其生产工具和其他物质形态。二是经营标记，即在产业领域中标示产品来源和企业特定个性的商标、商号、产品名称等区别性标记。三是经营性资信，即工商业主体在经营活动中具有的经营资格和优势及其所获得的特许专营资格、特许交易资格、信用及商誉等。

三、知识产权的特征

知识产权的主要特征：专有性、地域性和时间性。

1. 专有性

知识产权的专有性主要表现在两个方面：一是知识财产为权利人所独占，并受相关法律严格保护，没有法律依据或未经权利人许可，任何人不得使用权利人的知识产品。二是对同一项知识产品，不允许有两个或两个以上同一属性的知识产权并存。例如，依据我国《专利法》及《专利法实施细则》的规定，两项相同的发明只能对先申请专利的一项发明授予专利权，也就是说，后申请专利的发明不能获得专利权。

2. 地域性

知识产权是按照一个国家或地区的相关法律规定，对知识产品授予的专有权利，只能在该国或该地区范围内发生效力。知识产品的非物质性决定了权利人对其无法进行实质性的占有，所以也无法像有形财产那样占有而适用"权利推定"，从而使知识产权在授权国家或地区以外的区域得到相应的保护。因此，除非签有国际公约或双边互惠协定，知识产权没有域外效力。或者说，授权国家或地区以外的其他国家或地区对该项知识产权没有保护的义务。也就是说，如果没有国际公约或双边互惠条约的规定，授权国家或地区以外的其他国家的任何人都有权在自己的国家内自由使用该知识产品，无须取得权利人的同意，也不必向权利人支付报酬。

3. 时间性

知识产权的时间性是指知识产权只能在法律规定的期限内受到保护，法定期限届满之后，该知识产品就会进入公有领域，成为整个社会的共同财富，供人类共同使用。它体现了对权利人知识产权的有限保护与社会公共利益的平衡。根据各类知识产权的性质、特征及本国实际情况，各国法律对著作权、专利权、商标权都规定了不同的保护期。随着知识产权的一体化程度的不断加强，世界各国的知识产权保护期限呈现一致的趋势。

四、知识产权的分类

《建立世界知识产权组织公约》第2条第8款将知识产权分为：著作权、邻接权、专利权、发现权、工业品外观设计、商标权、商号权、其他标记权、制止不正当竞争的权利和其他一切来自工业、科学、文学、艺术领域的创作活动所产生的权利。该分类的最后一项作为兜底条款，包括了所有需要保护的客体，也就是说，该分类包括的知识产权范围最广。

《与贸易有关的知识产权协议》第一部分第1条将知识产权分为：著作权、邻接权、商标权、地理标志权、工业品外观设计权、专利权、集成电路布图设计权和未披露过的信息专有权（商业秘密）。可以看出，该协议涉及的主要是与贸易有关的知识产权，所以比《建立世界知识产权组织公约》包括的知识产权范围要小一些。

知识产权依据其适用领域可划分为文学产权和工业产权。文学产权是指关于文学、艺术、科学作品的创作者和传播者所享有的权利，包括著作权及与著作权有关的权利。工业产权是指工业、商业、林业和其他产业中具有实用经济意义的知识产权，主要包括专利权、商标权、商号权、商业秘密权、集成电路布图设计权、地理标志权和植物新品种权等。

知识产权依据其权利来源可以划分为创造性成果权和经营性标记权。其中，创造性成果权包括著作权及邻接权、专利权、商业秘密权、集成电路布图设计权和植物新品种权。这些权利保护的对象都是人们从事智力活动形成的成果。经营性标记权包括商标权、商号权、域名权、地理标志权等。该类权利保护的对象主要是指标示产品来源或经营厂商的区别性标记，主要存在于工商业经营活动中。

第2节　知识产权管理

一、概述

知识产权管理，是知识产权战略制定、制度设计、流程监控、运用实施、人员培训、创新整合等一系列管理行为的系统工程。知识产权管理不仅与知识产权创造、保护和运用一起构成了我国知识产权制度及其运作的主要内容，而且还贯穿于知识产权创造、保护和运用的各个环节之中。从国家宏观管理的角度看，知识产权的制度立法、司法保护、行政许可、行政执法、政策制定也都可纳入知识产权宏观管理的内容；从企业管理的角度看，企业知识产权的产生、实施和维权都离不开对知识产权的有效管理。知识产权是全世界范围广泛关注的普遍问题，各国有各国的具体情况，对知识产权的理解也不尽相同。

知识产权管理实质上是知识产权人对知识产权实行财产所有权的管理。所有权是财产所有人在法律规定的范围内对其所有的财产享有的占有、使用、收益和处分的权利。

知识产权虽然在形态上有其特殊性，但它仍然是客观实在的财产。所以，我们仍然可以对无形的知识产权进行科学管理，提高知识产权的经营及使用效益。

二、知识产权管理的特征

1. 合法性

知识产权管理的合法性是指管理主体所从事的知识产权管理活动，不得违反相关法律法规，特别是知识产权法律法规、规章制度的性质。从"法"的位阶来看，知识产权管理的合法性具体包括两个方面：一是管理活动必须符合国家法律法规、地方法规和部门规章；二是管理活动必须符合组织内部规章制度。从管理要素来看，知识产权管理的合法性包括五个方面：一是管理者的主体资格合法；二是管理对象即相关知识产权合法；三是管理行为合法；四是管理方法合法；五是管理制度合法。

2. 市场性

知识产权管理的市场性是指知识产权管理活动必须遵循市场经济规律，知识产权的转让、许可等交易活动必须符合价值规律，知识产权交易价格由创造该知识产权客体的社会必要劳动时间决定，并受市场供求关系影响的性质。知识产权制度是市场经济的产物，所以知识产权管理活动应当遵循市场经济原则，以市场机制为导向，以市场效益为目标。与法律制度的相对稳定不同，市场是善变的。因此，有效的知识产权管理活动不但可以激励人们创造更多的创新成果，而且有利于维护较好的市场竞争秩序，同时促进国家采取适度的知识产权保护制度，强化企业、高等院校、科研院所等组织对其知识产权的保护措施。

3. 动态性

知识产权管理的动态性是指知识产权管理活动应该随着市场环境、知识产权法律状态、知识产权制度、组织内部环境及具体管理制度的变化而变化的性质。动态性体现在四个方面：一是知识产权管理的市场性特点，要求企业应当根据市场情况的变化对其知识产权管理作出相应的调整；二是知识产权管理活动应该随知识产权的法律状态的变化而变化；三是知识产权管理活动应该随国家知识产权制度和政策的调整而变化；四是知识产权管理活动应该随着组织内部环境及规章制度的变化而变化。

4. 国际性

知识产权制度是一种涉及双边或多边条约的国际化制度。不同国家的知识产权管理活动不仅具有一定的相似性，而且具有紧密的相关性。知识产权管理不仅涉及国内法，也涉及国际公约及相关国家的法律。知识产权交易不仅涉及国内市场，也涉及国际市场。随着经济全球化的深入，知识产权管理国际化趋势越来越明显。

三、知识产权管理的内容

知识产权管理的主要内容包括以下几个方面。

1. 知识产权的开发管理

企业应当从鼓励发明创造的目的出发，制订相应策略，促进知识产权的开发，做好知识产权的登记统计，清资核产工作，掌握产权变动情况，对直接占有的知识产权实施直接管理，对非直接占有的知识产权实施管理、监督。

2. 知识产权的经营使用管理

主要对知识产权的经营和使用进行规范，研究核定知识产权经营方式和管理方式，制定知识产权等。

3. 知识产权的收益管理

对知识产权使用效益情况应进行统计，合理分配。

4. 知识产权的处分管理

企业根据自身情况确定对知识产权的转让、拍卖、终止。

四、知识产权管理的分类

知识产权管理是一种对知识产权工作的宏观调控和微观操作进行全面、系统、协调的活动。

依据管理内容可将其分为知识产权工作的宏观调控和微观操作管理。宏观调控方面主要是指知识产权战略管理，具体包括国家知识产权战略管理、区域知识产权战略管理、行业知识产权战略管理和企业知识产权战略管理等。微观操作管理方面主要包括知识产权管理机构的设置、知识产权管理制度的制定、专利管理、著作权管理、商标管理、商业秘密管理、集成电路布图设计管理、地理标志管理及其他内容的管理。

依据管理主体来分，知识产权管理可分为6种类型：①政府行政部门的知识产权管理，即知识产权行政管理部门依据相关法律的授权对知识产权进行的接受申请、审查、授权、登记等管理活动；②企业知识产权管理，即企业根据自身条件和市场变化情况对其知识产权事务进行管理的相关活动；③事业单位知识产权管理，即高等院校、科研院所等事业单位根据自身特点和法律法规，结合市场需求对其知识产权进行管理的活动；④行业知识产权管理，即行业协会或组织依据各自的权力范围对知识产权进行相关管理的活动；⑤中介机构的知识产权管理，即知识产权中介机构依法对其从事的知识产权相关事务的管理活动；⑥个人知识产权管理，即个人对自己拥有的知识产权或者相关权利的管理，系作者对其精神权利的管理活动。

依据管理的客体，知识产权管理可以分为专利管理、商标管理、著作权管理和其他知识产权管理。

五、知识产权管理的手段

1. 知识产权管理的目标

知识产权的目标是管理主体利用相关资源，依据知识产权相关制度，强化知识产权意识，完善知识产权法治环境，实现知识产权资源的优化配置，提高知识产权的制造、运用、保护能力，提升自主知识产权的水平和拥有量。

2. 知识产权管理的手段

知识产权管理的手段主要包括行政手段、法律手段和市场手段。

知识产权管理的行政手段，主要是指知识产权行政管理机关开展知识产权申请的审查、授权、登记等活动时所采取的手段，也包括企业、高等院校、科研院所等机构内部的知识产权管理部门制定有关人员聘用、奖励或惩罚及知识产权的利用、保护等方面的管理制度，构建完善的知识产权管理体系，以保证其有效运作的手段。

知识产权管理的法律手段，主要是指政府知识产权行政机构等运用知识产权的相关制度、政策来处理用于其职权范围内的知识产权事务的方式。

知识产权管理的市场手段，主要是指企业、高等院校、科研院所等知识产权经营或研究主体以市场为导向，以市场竞争为内容，以市场效益为目标，运用市场手段对其知识产权工作进行管理的方式。

总之，知识产权管理的行政手段、法律手段和市场手段并不是各自独立的，而是相辅相成的。

六、知识产权管理的原则

1. 管理效益原则

管理效益原则是指知识产权管理活动必须遵循管理收益大于管理成本的原则。知识产权是一种无形资产，其收益有时可能非常丰厚，有时可能为负数。例如，畅销产品的核心专利技术、驰名商标，其收益极为丰厚，但是像已经过时、没有实际价值的专利技术，还要缴纳维持费，使得该专利技术成为负资产。所以，管理者必须遵循管理效益原则，根据知识产权资产的特点，进行科学的管理，为企业带来合理的收益。

2. 依法管理原则

依法管理原则是指知识产权管理必须依据相关法律进行合法管理，包括两个方面：一是要遵守国家的法律法规，如民法、经济法、商法、刑法等，不得违法管理；二是必须遵守知识产权本身的相关法律法规，如专利法及其实施细则、著作权法及其实施条例、商标法及其实施条例、反不正当竞争法等。如果管理不当，可能会使知识产权的价值减少，甚至消失。例如，发明在申请专利之前的不当公开，就有可能因为丧失新颖性而失去获得专利的资格；商标没有在法定时间内及时续展，失去其专有权等。因此，依法管理原则对知识产权管理具有非常重要的意义，关系到知识产权价值的大小甚至有无。

3. 系统管理原则

系统管理原则是指对知识产权进行系统化的分类、分层管理的规则。随着经济全球化的深入和知识经济的发展，以及我国国家知识产权战略的实施，企业的知识产权的储量不断增加。为了提高管理效率，对不同类型的知识产权，如专利、商标、著作权、商业秘密、植物新品种和集成电路布图设计等，必须进行分类管理。同时对不同层次的知识产权进行分层管理，如核心专利、外围专利等。

4. 价值规律原则

知识产权的运营是平等主体的法律行为。知识产权的充分运用是市场经济的产物。知识产权管理活动必须遵循市场经济的基本规律，充分利用知识产权许可、质押等市场行为，在保护知识产权主体合法权益的前提下，获得更多的经济收益。

5. 功能管理原则

功能管理原则是指知识产权管理必须遵循保护知识产权、促进科学技术进步和文化传播的原则。专利管理必须有利于保护专利权人的合法权益，鼓励发明创造，推动发明创造的应用，提高创新能力，促进科学技术进步和经济社会发展。著作权管理必须有利于保护文学、艺术和科学作品作者的著作权，以及与著作权有关的权益，鼓励有益于作品的创作和传播，促进文化和科学事业的发展与繁荣。商标管理应该有利于保护商标专用权，促使生产、经营者保证商品和服务质量，维护商标信誉，以保障消费者和生产经营者的利益，促进社会主义市场经济的发展。

第3节　企业知识产权管理

一、概述

从知识产权尤其是专利权和商标权的起源可以看出，知识产权是在市场中诞生的权利，是为了维护权利人的市场利益。18世纪中期以后，企业逐渐取代个人成为市场经济活动的主体，与市场紧密结合的知识产权必然会成为企业经营管理的一个重要内容。

企业为了在市场竞争中获得并保持优势，获得更多经济效益，加强知识产权管理成为其提升整体管理水平的重中之重。首先，有效的知识产权管理，不仅有助于增强企业的创新意识和知识产权意识及建立知识产权激励机制，而且有助于借助外部力量进行创新和研发，从而增强企业的创新能力；其次，有效的知识产权管理，有助于建立知识产权侵权预防机制和被侵权时的快速反应机制，从而增强企业的知识产权保护能力；再次，有效的知识产权管理可以提升企业的知识产权运营能力和应对知识产权纠纷及其相关事务的能力；最后，有效的知识产权管理有助于企业的各职能部门在知识产权事务中的配合与协调，从而提高企业的组织协调能力。

二、企业知识产权管理的作用

1. 知识产权管理对企业外部环境的影响

企业外部环境主要包括新进入者的威胁、替代品的威胁、买方议价能力、供应商议价能力及现存竞争者之间的竞争。

（1）新进入者的威胁

企业通常会试图阻止潜在竞争对手的进入，因而总是努力构筑行业进入壁垒。潜在竞争对手也往往需要考虑克服进入壁垒可能付出的代价。进入壁垒主要包括规模经济、品牌忠诚、绝对成本优势、顾客转移成本和政府管制。企业与潜在进入者的竞争战略就是围绕这些进入壁垒而进行的，要想保持企业的竞争优势，就必须构筑并尽可能提高这些进入壁垒。首先，知识产权管理有助于保证"品牌忠诚"壁垒发生作用。所谓品牌忠诚是指企业通过维持产品或服务的优良品质、持续的广告宣传等手段创造顾客对其品牌的偏好。企业品牌表现为商标、商誉、域名、厂商名称、原产地标记等，这些商业性标志都是知识产权保护的对象。知识产权管理可以防止品牌被人仿冒或故意混淆而被淡化，可以通过商标许可等知识产权运用战略扩大经营规模，提高收益水平，还能形成"规模经济"壁垒。其次，知识产权管理有助于形成"绝对成本"壁垒。毫无疑问，拥有专利、版权、技术秘密等知识产权的企业较之竞争对手更易形成成本优势，因为竞争对手需要向其支付相关专利或版权费用，企业可以通过提高授权价格或者干脆拒绝对外授权加高潜在竞争对手的进入壁垒。因此，知识产权管理将帮助行业内的企业利用专利、版权等知识产权构筑"绝对成本优势"，转化成产业竞争优势。

（2）替代品的威胁

如果某一产业产品的替代品很少，通常意味着该产业有更多的机会保持高盈利能力。战略管理学者经常举的例子是计算机芯片行业的龙头老大——美国英特尔公司。由于计算机芯片几乎没有替代品，英特尔的盈利水平明显高于其他行业的企业。在缺少替代品现象的背后，关键的原因是英特尔控制了制造计算机芯片的大部分专利，而且通常不对外进行许可。正如英特尔公司标准和知识产权项目总监艾尔·尼德所言："我们确实是储存了大量的专利，但是为了不同的目的，一个是为了开拓创新和保持英特尔的领先地位，为英特尔争取名誉，另外是防止别人进行这种设计，许可费的收入并不是我们最终的目的。"英特尔的这种专利策略使得其他厂商很难从他们那里获得专利授权，因而难以发展出相关计算机芯片的替代品。由此可见，知识产权管理通过控制专利、商业秘密等可以帮助行业内企业减少替代品的威胁。

（3）买方议价能力

买方议价能力是指下游购买者与产业内企业讨价还价的能力，买方的这种能力越强，企业的利润空间就越小。专利池是产业内的两个或多个企业将其相关专利集中起来交互授权或共同对外授权的协议或者由此达成的联营性组织。例如，由日立、三菱电机、JVC、时代华纳、东芝和松下6家公司发起组成的 DVD 6C 及由飞利浦、日本索尼和先锋公司发起组建的 DVD 3C 就是在国际产业界颇有影响的专利池。它们向 DVD 下游生产商出售 DVD 核心专利技术及解码芯片。这样，本来分散在很多上游厂商的核心专利技术和芯片生产被少数几家专利池所控制，加之作为买方的下游厂商数量众多，使得买方几乎没有讨价还价的能力。DVD 6C 和 DVD 3C 都是单方面规定价格，下游厂商要么接受，要么离开这一行业。2004 年，DVD 6C 和 DVD 3C 在我国一度掀起的收费风波还让我国许多企业至今仍刻骨铭心。可见，如果行业内的企业建立知识产权战略联盟，可以大大削弱买方的议价能力。

（4）供应商议价能力

供应商是向产业内的企业提供原材料或半成品的企业。供应商的议价能力越强，意味着产业将付出的成本越高，利润空间也越小。2000 年 12 月，我国台湾地区的 IT 企业成立了第一家专利策略联盟——"E-Patents"技术联盟，该专利策略联盟主要针对的是位于产业上游的西方跨国公司。这些跨国公司往往拥有核心专利技术，且数量不多，成为占据优势地位的卖方。成立这种专利策略联盟最直接的目标就是为了共同应对上游厂商的专利收费，协调行业内企业的行动，以增强行业整体的谈判能力。

（5）现有企业间的竞争

一旦产业内企业之间的竞争过于激烈，就会导致产品或服务价格下降、成本上升，从而拉低整个产业的利润率。因此，行业内现有企业间的过度竞争会对产业竞争力构成威胁。以我国手机业为例，2003年我国本土手机企业一度后来居上，击败了长期垄断我国手机市场的洋品牌，市场占有率超过50%。此后，国产手机品牌如雨后春笋般大量涌现，熊猫、夏新等许多家电企业也纷纷进入。但是，好景不长，由于缺乏核心技术和研发设计能力，本土手机厂商掀起了价格大战，短短两年之后，国产手机再度陷入低谷，迪比特、熊猫、南方高科等本土企业不是倒闭就是退出，洋手机又开始卷土重来。由此可见，加强知识产权管理可以帮助行业摆脱低水平的价格竞争，转而通过技术研发和个性化产品设计实施差异化竞争，从而使企业获取竞争优势。

2. 知识产权管理对企业内部资源及能力的影响

在数字时代环境下，企业规模的扩张与企业专利数量的增多呈正比。企业将创新融入产品设计和科技研发中，并对研发成果申请专利保护，以维持创新的可持续发展。

从资源的角度来看，知识产权是无形资产的主要内容。由于知识产权是一种法定的独占权利，无论是商标权、专利权还是著作权等，都是具有排他性的权利，知识产权天然就是一种能给企业带来竞争优势的资源。因此，加强知识产权管理，将有助于企业创造更多的知识产权，从而为企业获取竞争优势奠定内部资源基础。腾讯公司从2012年起，每年的专利申请维持在2000件以上，申请数量稳定增长，特别是在互联网类的企业中表现活跃，在数字信息传输方面的专利数量达6285件，超百度903件、阿里巴巴2052件，而且在欧盟、日本、韩国也有200件以上的专利申请。

从能力的角度分析，取得知识产权只是获得了资源，企业还需提高协调和运用这些资源的能力，其中自然涵盖了知识产权的运用和保护能力。企业知识产权管理的重要内容包括知识产权的运用和保护，整合、协调企业的知识产权的能力自然成为企业竞争优势的重要来源之一。例如，华为公司截至2016年累计获得专利授权62 519件，申请中国专利57 632件，国际专利39 613件，PCT国际专利申请数量连续两年位居全球企业榜首，强大的专利生产能力，使华为成长为世界信息通信技术创新的引领者。2015年华为向苹果公司许可专利769件，而苹果公司向华为许可专利98件，华为已经开始向苹果公司收取专利费。

第2章 企业知识产权战略管理

第1节 知识产权战略

一、概述

实施知识产权战略，提升知识产权创造、运用、保护和管理能力，有利于增强我国自主创新能力，建设创新型国家；有利于完善社会主义市场经济体制、规范市场秩序和建立诚信社会；有利于增强我国企业市场竞争力和提高国家核心竞争力；有利于扩大对外开放，实现互利共赢。因此，必须把知识产权战略作为国家重要战略，切实加强知识产权工作。

知识产权战略体系包括国家知识产权战略、地区知识产权战略、行业知识产权战略和企业知识产权战略。国家知识产权战略主要解决体制性和政策性问题，通过地区、行业和企业知识产权战略发挥作用；地区知识产权战略是区域性知识产权战略规划，主要为本地区提供配套性的政策和制度；行业知识产权战略是行业整体知识产权发展规划，为提高行业整体技术创新能力和知识产权保护水平发挥重要作用；企业知识产权战略是企业充分利用知识产权制度，通过提高自身竞争力，实现其利益最大化的策略。

二、国家知识产权战略

国家知识产权战略，是指通过加快建设和不断提高知识产权的创造、管理、实施和保护能力，加快建设和不断完善现代知识产权制度，加快造就庞大的高素质知识产权人才队伍，以促进经济社会发展目标实现的一种总体谋划。

1. 战略目标

到2020年，把我国建设成为知识产权创造、运用、保护和管理水平较高的国家。知识产权法治环境进一步完善，市场主体创造、运用、保护和管理知识产权的能力显著增强，知识产权意识深入人心，自主知识产权的水平和拥有量能够有效支撑创新型国家建设，知识产权制度对经济发展、文化繁荣和社会建设的促进作用充分显现。

2. 战略重点

（1）完善知识产权制度

①进一步完善知识产权法律法规。及时修订专利法、商标法、著作权法等知识产权专门法律及有关法规。适时做好遗传资源、传统知识、民间文艺和地理标志等方面的立法工作。加强知识产权立法的衔接配套，增强法律法规可操作性。完善反不正当竞争、对外贸易、科技、国防等方面法律法规中有关知识产权的规定。

②健全知识产权执法和管理体制。加强司法保护体系和行政执法体系建设，发挥司法保

护知识产权的主导作用，提高执法效率和水平，强化公共服务。深化知识产权行政管理体制改革，形成权责一致、分工合理、决策科学、执行顺畅、监督有力的知识产权行政管理体制。

③强化知识产权在经济、文化和社会政策中的导向作用。加强产业政策、区域政策、科技政策、贸易政策与知识产权政策的衔接。制定适合相关产业发展的知识产权政策，促进产业结构的调整与优化；针对不同地区发展特点，完善知识产权扶持政策，培育地区特色经济，促进区域经济协调发展；建立重大科技项目的知识产权工作机制，以知识产权的获取和保护为重点开展全程跟踪服务；健全与对外贸易有关的知识产权政策，建立和完善对外贸易领域知识产权管理体制、预警应急机制、海外维权机制和争端解决机制。加强文化、教育、科研、卫生等政策与知识产权政策的协调衔接，保障公众在文化、教育、科研、卫生等活动中依法合理使用创新成果和信息的权利，促进创新成果合理分享；保障国家应对公共危机的能力。

（2）促进知识产权创造和运用

①运用财政、金融、投资、政府采购政策和产业、能源、环境保护政策，引导和支持市场主体创造和运用知识产权。强化科技创新活动中的知识产权政策导向作用，坚持技术创新以能够合法产业化为基本前提，以获得知识产权为追求目标，以形成技术标准为努力方向。完善国家资助开发的科研成果权利归属和利益分享机制。将知识产权指标纳入科技计划实施评价体系和国有企业绩效考核体系。逐步提高知识产权密集型商品出口比例，促进贸易增长方式的根本转变和贸易结构的优化升级。

②推动企业成为知识产权创造和运用的主体。促进自主创新成果的知识产权化、商品化、产业化，引导企业采取知识产权转让、许可、质押等方式实现知识产权的市场价值。充分发挥高等学校、科研院所在知识产权创造中的重要作用。选择若干重点技术领域，形成一批核心自主知识产权和技术标准。鼓励群众性发明创造和文化创新。促进优秀文化产品的创作。

（3）加强知识产权保护

修订惩处侵犯知识产权行为的法律法规，加大司法惩处力度。提高权利人自我维权的意识和能力。降低维权成本，提高侵权代价，有效遏制侵权行为。

（4）防治知识产权滥用

制定相关法律法规，合理界定知识产权的界限，防止知识产权滥用，维护公平竞争的市场秩序和公众合法权益。

（5）培养知识产权文化

加强知识产权宣传，提高全社会知识产权意识。广泛开展知识产权普及型教育。在精神文明创建活动和国家普法教育中增加有关知识产权的内容。在全社会弘扬以创新为荣、剽窃为耻，以诚实守信为荣、假冒欺骗为耻的道德观念，形成尊重知识、崇尚创新、诚信守法的知识产权文化。

3. 专项任务

（1）专利

①以国家战略需求为导向，在生物和医药、信息、新材料、先进制造、先进能源、海

洋、资源环境、现代农业、现代交通、航空航天等技术领域超前部署，掌握一批核心技术的专利，支撑我国高技术产业与新兴产业发展。

②制定和完善与标准有关的政策，规范将专利纳入标准的行为。支持企业、行业组织积极参与国际标准的制定。

③完善职务发明制度，建立既有利于激发职务发明人创新积极性，又有利于促进专利技术实施的利益分配机制。

④按照授予专利权的条件，完善专利审查程序，提高审查质量。防止非正常专利申请。

⑤正确处理专利保护和公共利益的关系。在依法保护专利权的同时，完善强制许可制度，发挥例外制度作用，研究制定合理的相关政策，保证在发生公共危机时，公众能够及时、充分获得必需的产品和服务。

（2）商标

①切实保护商标权人和消费者的合法权益。加强执法能力建设，严厉打击假冒等侵权行为，维护公平竞争的市场秩序。

②支持企业实施商标战略，在经济活动中使用自主商标。引导企业丰富商标内涵，增加商标附加值，提高商标知名度，形成驰名商标。鼓励企业进行国际商标注册，维护商标权益，参与国际竞争。

③充分发挥商标在农业产业化中的作用。积极推动市场主体注册和使用商标，促进农产品质量提高，保证食品安全，提高农产品附加值，增强市场竞争力。

④加强商标管理。提高商标审查效率，缩短审查周期，保证审查质量。尊重市场规律，切实解决驰名商标、著名商标、知名商品、名牌产品、优秀品牌的认定等问题。

（3）版权

①扶持新闻出版、广播影视、文学艺术、文化娱乐、广告设计、工艺美术、计算机软件、信息网络等版权相关产业发展，支持具有鲜明民族特色、时代特点作品的创作，扶持难以参与市场竞争的优秀文化作品的创作。

②完善制度，促进版权市场化。进一步完善版权质押、作品登记和转让合同备案等制度，拓展版权利用方式，降低版权交易成本和风险。充分发挥版权集体管理组织、行业协会、代理机构等中介组织在版权市场化中的作用。

③依法处置盗版行为，加大盗版行为处罚力度。重点打击大规模制售、传播盗版产品的行为，遏制盗版现象。

④有效应对互联网等新技术发展对版权保护的挑战。妥善处理保护版权与保障信息传播的关系，既要依法保护版权，又要促进信息传播。

（4）商业秘密

引导市场主体依法建立商业秘密管理制度。依法打击窃取他人商业秘密的行为。妥善处理保护商业秘密与自由择业、涉密者竞业限制与人才合理流动的关系，维护职工合法权益。

（5）植物新品种

①建立激励机制，扶持新品种培育，推动育种创新成果转化为植物新品种权。支持形成一批拥有植物新品种权的种苗单位。建立健全植物新品种保护的技术支撑体系，加快制订植

物新品种测试指南，提高审查测试水平。

②合理调节资源提供者、育种者、生产者和经营者之间的利益关系，注重对农民合法权益的保护。提高种苗单位及农民的植物新品种权保护意识，使品种权人、品种生产经销单位和使用新品种的农民共同受益。

（6）特定领域知识产权

①完善地理标志保护制度。建立健全地理标志的技术标准体系、质量保证体系与检测体系。普查地理标志资源，扶持地理标志产品，促进具有地方特色的自然、人文资源优势转化为现实生产力。

②完善遗传资源保护、开发和利用制度，防止遗传资源流失和无序利用。协调遗传资源保护、开发和利用的利益关系，构建合理的遗传资源获取与利益分享机制。保障遗传资源提供者知情同意权。

③建立健全传统知识保护制度。扶持传统知识的整理和传承，促进传统知识发展。完善传统医药知识产权管理、保护和利用协调机制，加强对传统工艺的保护、开发和利用。

④加强民间文艺保护，促进民间文艺发展。深入发掘民间文艺作品，建立民间文艺保存人与后续创作人之间合理分享利益的机制，维护相关个人、群体的合法权益。

⑤加强集成电路布图设计专有权的有效利用，促进集成电路产业发展。

（7）国防知识产权

①建立国防知识产权的统一协调管理机制，着力解决权利归属与利益分配、有偿使用、激励机制及紧急状态下技术有效实施等重大问题。

②加强国防知识产权管理。将知识产权管理纳入国防科研、生产、经营及装备采购、保障和项目管理各环节，增强对重大国防知识产权的掌控能力。发布关键技术指南，在武器装备关键技术和军民结合高新技术领域形成一批自主知识产权。建立国防知识产权安全预警机制，对军事技术合作和军品贸易中的国防知识产权进行特别审查。

③促进国防知识产权有效运用。完善国防知识产权保密解密制度，在确保国家安全和国防利益基础上，促进国防知识产权向民用领域转移。鼓励民用领域知识产权在国防领域运用。

4. 战略措施

（1）提升知识产权创造能力

建立以企业为主体、市场为导向、产学研相结合的自主知识产权创造体系。引导企业在研究开发立项及开展经营活动前进行知识产权信息检索。支持企业通过原始创新、集成创新和引进消化吸收再创新，形成自主知识产权，提高把创新成果转变为知识产权的能力。支持企业等市场主体在境外取得知识产权。引导企业改进竞争模式，加强技术创新，提高产品质量和服务质量，支持企业打造知名品牌。

（2）鼓励知识产权转化运用

①引导支持创新要素向企业集聚，促进高等学校、科研院所的创新成果向企业转移，推动企业知识产权的应用和产业化，缩短产业化周期。深入开展各类知识产权试点、示范工作，全面提升知识产权运用能力和应对知识产权竞争的能力。

②鼓励和支持市场主体健全技术资料与商业秘密管理制度，建立知识产权价值评估、统计和财务核算制度，制订知识产权信息检索和重大事项预警等制度，完善对外合作知识产权管理制度。

③鼓励市场主体依法应对涉及知识产权的侵权行为和法律诉讼，提高应对知识产权纠纷的能力。

（3）加快知识产权法制建设

建立适应知识产权特点的立法机制，提高立法质量，加快立法进程。加强知识产权立法前瞻性研究，做好立法后评估工作。增强立法透明度，拓宽企业、行业协会和社会公众参与立法的渠道。加强知识产权法律修改和立法解释，及时有效回应知识产权新问题。研究制定知识产权基础性法律的必要性和可行性。

（4）提高知识产权执法水平

①完善知识产权审判体制，优化审判资源配置，简化救济程序。研究设置统一受理知识产权民事、行政和刑事案件的专门知识产权法庭。研究适当集中专利等技术性较强案件的审理管辖权问题，探索建立知识产权上诉法院。进一步健全知识产权审判机构，充实知识产权司法队伍，提高审判和执行能力。

②加强知识产权司法解释工作。针对知识产权案件专业性强等特点，建立和完善司法鉴定、专家证人、技术调查等诉讼制度，完善知识产权诉前临时措施制度。改革专利和商标确权、授权程序，研究专利无效审理和商标评审机构向准司法机构转变的问题。

③提高知识产权执法队伍素质，合理配置执法资源，提高执法效率。针对反复侵权、群体性侵权及大规模假冒、盗版等行为，有计划、有重点地开展知识产权保护专项行动。加大行政执法机关向刑事司法机关移送知识产权刑事案件和刑事司法机关受理知识产权刑事案件的力度。

④加大海关执法力度，加强知识产权边境保护，维护良好的进出口秩序，提高我国出口商品的声誉。充分利用海关执法国际合作机制，打击跨境知识产权违法犯罪行为，发挥海关在国际知识产权保护事务中的影响力。

（5）加强知识产权行政管理

①制定并实施地区和行业知识产权战略。建立健全重大经济活动知识产权审议制度。扶持符合经济社会发展需要的自主知识产权创造与产业化项目。

②充实知识产权管理队伍，加强业务培训，提高人员素质。根据经济社会发展需要，县级以上人民政府可设立相应的知识产权管理机构。

③完善知识产权审查及登记制度，加强能力建设，优化程序，提高效率，降低行政成本，提高知识产权公共服务水平。

④构建国家基础知识产权信息公共服务平台。建设高质量的专利、商标、版权、集成电路布图设计、植物新品种、地理标志等知识产权基础信息库，加快开发适合我国检索方式与习惯的通用检索系统。健全植物新品种保护测试机构和保藏机构。建立国防知识产权信息平台。指导和鼓励各地区、各有关行业建设符合自身需要的知识产权信息库。促进知识产权系统集成、资源整合和信息共享。

⑤建立知识产权预警应急机制。发布重点领域的知识产权发展态势报告，对可能发生的涉及面广、影响大的知识产权纠纷、争端和突发事件，制订预案，妥善应对，控制和减轻损害。

（6）发展知识产权中介服务

①完善知识产权中介服务管理，加强行业自律，建立诚信信息管理、信用评价和失信惩戒等诚信管理制度。规范知识产权评估工作，提高评估公信度。

②建立知识产权中介服务执业培训制度，加强中介服务职业培训，规范执业资质管理。明确知识产权代理人等中介服务人员执业范围，研究建立相关律师代理制度。完善国防知识产权中介服务体系。大力提升中介组织涉外知识产权申请和纠纷处置服务能力及国际知识产权事务参与能力。

③充分发挥行业协会的作用，支持行业协会开展知识产权工作，促进知识产权信息交流，组织共同维权。加强政府对行业协会知识产权工作的监督指导。

④充分发挥技术市场的作用，构建信息充分、交易活跃、秩序良好的知识产权交易体系。简化交易程序，降低交易成本，提供优质服务。

⑤培育和发展市场化知识产权信息服务，满足不同层次知识产权信息需求。鼓励社会资金投资知识产权信息化建设，鼓励企业参与增值性知识产权信息开发利用。

（7）加强知识产权人才队伍建设

①建立部门协调机制，统筹规划知识产权人才队伍建设。加快建设国家和省级知识产权人才库和专业人才信息网络平台。

②建设若干国家知识产权人才培养基地。加快建设高水平的知识产权师资队伍。设立知识产权二级学科，支持有条件的高等学校设立知识产权硕士、博士学位授予点。大规模培养各级各类知识产权专业人才，重点培养企业急需的知识产权管理和中介服务人才。

③制订培训规划，广泛开展对党政领导干部、公务员、企事业单位管理人员、专业技术人员、文学艺术创作人员、教师等的知识产权培训。

④完善吸引、使用和管理知识产权专业人才相关制度，优化人才结构，促进人才合理流动。结合《公务员法》的实施，完善知识产权管理部门公务员管理制度。按照国家职称制度改革总体要求，建立和完善知识产权人才的专业技术评价体系。

（8）推进知识产权文化建设

①建立政府主导、新闻媒体支撑、社会公众广泛参与的知识产权宣传工作体系。完善协调机制，制定相关政策和工作计划，推动知识产权的宣传普及和知识产权文化建设。

②在高等学校开设知识产权相关课程，将知识产权教育纳入高校学生素质教育体系。制定并实施全国中小学知识产权普及教育计划，将知识产权内容纳入中小学教育课程体系。

（9）扩大知识产权对外交流合作

加强知识产权领域的对外交流合作。建立和完善知识产权对外信息沟通交流机制。加强国际和区域知识产权信息资源及基础设施建设与利用的交流合作。鼓励开展知识产权人才培养的对外合作。引导公派留学生、鼓励自费留学生选修知识产权专业。支持引进或聘用海外知识产权高层次人才。积极参与国际知识产权秩序的构建，有效参与国际组织有关议程。

三、地区知识产权战略

我国经济发展不平衡，各地区拥有的知识产权数量和质量不同，知识产权的运用和管理能力不同。所以，各地区可以从各自的实际出发，制定自己的知识产权战略。但是，地区知识产权战略应根据国家知识产权法律法规和国家知识产权战略的要求，以及该地区知识产权事业的发展情况，特别是知识产权创造、运用、保护和管理中存在的问题，制定具有针对性的、可操作的适用于该地区的知识产权战略措施。目前，我国已有上海市、广东省、江苏省、山东省、四川省和贵州等省市颁布了各自的知识产权战略纲要，开始正式实施各自地区的知识产权战略。

四、行业知识产权战略

行业知识产权战略是行业企业的联合行动战略，解决影响行业竞争力和企业共同关注的重大问题，实现共同利益，其主要任务是组织本行业自觉遵守知识产权规则，联合应对知识产权的国际竞争，提高行业整体竞争力。行业知识产权战略的主要内容包括以下三个方面：一是制定本行业企业在知识产权保护中共同遵守的行为准则；二是制定和实施该行业知识产权创造、运用、保护和管理的规划，编制行业标准；三是建立行业内知识产权事务的组织、协调和监督机制。行业知识产权战略应该由企业自觉联合行动，不同于政府行政管理部门的行业规划。行业协会将在制定和实施行业知识产权战略中发挥组织和协调作用。

第2节 企业知识产权战略

一、概述

企业知识产权战略是作为主要技术创新主体的企业在技术创新活动中，为获得并保持市场竞争优势，运用知识产权制度，维护自身合法权益。谋取最佳经济效益而进行的全局性谋划和采取的重要策略。它不仅是知识产权战略体系的主要组成部分，而且是现代企业战略的核心内涵。

企业知识产权战略在企业知识产权管理中具有重要的意义。首先，企业知识产权战略是企业经营战略的重要组成部分，知识产权战略将影响企业、地区乃至一个国家的经济发展；其次，企业知识产权战略有助于提高企业市场竞争力，企业知识产权战略的有效和成功实施将有助于企业获取和保持市场竞争的优势；最后，企业知识产权战略是国家、地区及行业知识产权战略实施的基础。

二、企业知识产权战略的特点

企业知识产权战略具有以下几个特点。

1. 法律性

制定和实施企业知识产权战略必须遵循相关知识产权法律制度，同时，企业知识产权战略需要相关法律制度的规范和保障。

2. 保密性

企业知识产权战略涉及企业关于知识产权的战略规划、经营策略、企业情报分析、市场预测及新产品动向信息，因此，企业对其知识产权战略相关部分会采取保密措施。

3. 从属性和相对独立性

企业知识产权战略必须从属于企业整体战略并为其服务，但这并不排斥企业知识产权战略的相对独立性。

4. 风险性

在变幻莫测的市场竞争中，企业如果不能根据自身情况及客观环境的变化制定、调整和实施其知识产权战略，则可能导致企业在竞争中处于被动的局面或者导致经济损失。

5. 时间性和地域性

与某一知识产权战略相应的知识产权期限届满或因故提前终止，相关的知识产权战略应及时调整。企业在进行跨国生产经营时，则应当考虑知识产权的地域性，即企业知识产权战略的制定和实施应当根据有关国家和地区的知识产权及有关制度进行。

6. 灵活性

每个企业需要根据本企业的内部条件及外部环境，灵活制定企业的知识产权战略，在相关情况发生变化时，企业应当对其知识产权战略加以调整。

三、企业知识产权战略的分类

依据权利内容不同，可将企业知识产权战略分为专利战略、商标战略、商业秘密战略和著作权战略。

依据战略的不同，可将企业知识产权战略分为进攻型战略、防御型战略和混合型战略。

依据战略内容不同，可将企业知识产权战略分为知识产权取得战略、知识产权实施战略、知识产权资本运营战略、知识产权预警战略、知识产权保护战略和知识产权人才战略。

根据战略对象不同，可将企业知识产权战略分为内部战略和外部战略。

根据战略实施的区域不同，可将企业知识产权战略分为国际战略和国内战略。

四、企业知识产权战略的内容

企业知识产权战略是企业整体竞争战略的重要组成部分，是在综合企业所处市场环境及其竞争水平和本企业创新能力、经济实力、人力资源等综合因素的基础上，制定的有利于本企业可持续发展的宏观策略。

企业知识产权战略主要内容包括以下五个方面：①企业知识产权定位，即根据企业的性质、技术水平、所处环境和市场竞争程度明确知识产权对本企业发展的重要性；②企业知识产权规划，即企业在知识产权方面通过何种途径发展、解决哪些问题、最终达到什么样的目标的整体规划；③企业知识产权策略，即企业提高知识产权取得、运用、保护和管理能力，特别是企业通过知识产权获得市场竞争力或竞争优势的具体谋略；④企业知识产权模式，即企业知识产权相关事务的决策模式和经营方式，例如，有些企业以自主研发知识产权为主，有些企业则主要是通过被许可或者受让等方式获得知识产权；⑤企业知识产权预测，即通过对技术市场发展趋势和本企业发展前景的评估，预测企业知识产权战略的发展趋势。

上述五个方面需要相互协调、相互促进、不断完善，促进企业知识产权战略目标的实现。

第3节 企业知识产权战略管理的主要内容

一、企业知识产权战略管理的对象

一般而言，知识产权战略的核心目标或唯一目标就是获取市场竞争优势和经济效益最大化。企业知识产权的管理对象主要包括专利管理、技术秘密管理、商标管理和著作权管理。

不同类型企业侧重点会有所不同，需要注意的是，企业知识产权战略是为企业整体发展战略服务的，因此，不同的企业由于其整体发展战略不同，知识产权战略一定不能照搬。微软公司的知识产权副总裁菲尔普斯之前曾在国际商业机器公司（IBM）负责知识产权工作，他曾指出知识产权应该始终为商业服务，之所以会在IBM采取专利授权获取收益为核心的知识产权战略，是因为当时的IBM处于严重的财务危机当中，对公司而言，最重要的是获取收入，而当他10年后负责微软的知识产权工作时，微软并不缺钱，缺的是和谐共赢的行业关系和开放的创新平台。这便成了菲尔普斯在微软的知识产权战略核心。

二、企业知识产权战略的构成要素

1. 企业内外结合机制视角

从企业内外结合机制方面看，企业知识产权的体制构成要素包括：产品或市场范围、资源配置、竞争优势及协同作用。

产品或市场范围是企业知识产权战略需要首先解决的基本定位问题，无论是专利战略技术、技术秘密战略、商标战略还是技术标准战略、著作权战略，都需要在产品或市场范围内明确具体的产品、市场背后知识产权的地位和状况，高度重视产品及其背后的技术品牌与市场的融合性。不同行业的企业其知识产权战略会有很大的不同，在制定、实施企业知识产权战略时，从产品、市场范围考虑战略环境及其定位。

资源配置也是企业知识产权战略中具有非常重要地位和作用的构成要素。这里的资源配置有两层含义：一是企业知识产权战略对于企业资源优化配置具有很重要的作用。知识产权战略中的专利战略、品牌战略、技术秘密战略等会与企业的研发资源、人力资源、财务资源发生密切关系，实施知识产权战略的同时，及时对企业资源优化配置的过程；二是资源配置本身构成了企业知识产权的内核，对企业知识产权的有效实施具有保障作用。当然，这里的资源配置更多地表现为无形资产的配置，而无形资产中的知识产权占据了核心地位。企业知识产权战略的运行，不但需要有足够的有形资产加以保障，而且需要在无形资源之间及有形资源与无形资源之间进行合理的配置，以实现有形与无形的有机结合，最大限度地实现企业的盈利能力。

　　竞争优势更是企业知识产权战略体系中所不可缺少的，它直接体现了知识产权的特性，是企业知识产权战略所追求的目标和价值。知识产权本身的垄断性、排他性特点，决定了它成为企业获取竞争优势的关键性资源，在当前的信息化社会和知识经济社会，企业以知识产权获取竞争优势的趋势愈加明显。例如，通过设置合法的专利技术壁垒、专利池、技术标准，可以阻止新的竞争对手进入目标行业，也可以在本行业和市场中谋取垄断优势。还如，通过重大发明、革新，依托专利技术优势，加快产品更新换代，企业可以将竞争对手甩在后面。

　　战略协同是企业知识产权战略实施中的要求和保障，也是企业知识产权战略体系的关键要素之一。企业知识产权战略本身的非独立决定了制定与实施知识产权战略需要与企业的各个职能部门进行联系与沟通，并且关注与适应外在环境的变化，以便通过内部的战略信息系统做出适应性的反应与调整。在企业知识产权战略中，战略协同同样能够产生经济效益，因为它能够促进企业内部各种知识和信息有机利用。特别是企业内部的知识管理系统比较健全的条件下，战略协同能够更好地整合企业内部的知识资源实现资源共享，同时，知识产权战略的有效实施也必须将知识产权战略与企业整体发展战略很好地融合，将知识产权工作嵌入到企业的核心业务工作中才能真正发挥知识产权工作的价值。

　　2. 企业内在市场视角

　　从企业本身内在系统角度审视，企业知识产权战略体系包括战略思想、战略目标、战略定位、战略重点、战略环境、战略步骤、战略实施策略等内容。

　　战略思想是指导战略制定和实施的基本思想，是企业战略的神经中枢，对企业战略的其他内容如战略目标、战略定位、战略实施策略等都具有指导意义。

　　战略目标是基于战略思想的指引而为实现企业一定时期总任务确立的目标与要求。战略目标表明了企业一定时期制定实施战略的总任务与努力的方向，它的实现需要综合考虑企业内部条件和外部经营环境，并随着战略的推进而在必要时做出适应性的调整。企业战略目标总体来说是赢得市场竞争的优势、最大限度获取利润，但在企业发展的不同阶段和战略实施的不同环节，战略目标就有不同的表现和特点，如成长性目标、竞争性目标和稳定性目标等。不过，企业战略目标由于取决于企业经营目的和企业使命与任务，在总体上仍具有概括性和需要较长的时间保障，与企业具体的经营目标、工作目标不同。

　　战略定位是企业对产品、技术、市场等关系其生存发展的关键因素确立其地位的谋划。战略定位关系到企业发展战略方向，在不同的战略定位下，企业实施战略的效果可能大不相同。

　　战略重点是企业战略中需要重点解决的环节和问题。一般来说，企业战略都应有自己的重点，战略重点的确立能够使在确定战略目标上抓住主要矛盾、重点突破，在企业资源配置和运用上重点保障，在战略实施上分清轻重缓急、重点解决要害问题，由于企业资源有限，且外部竞争日益激烈，企业战略如果没有重点，将失去战略重心，从而容易遭受失败。

　　战略环境是企业知识产权战略实施的内部和外部环境。环境是适应性因素，环境的变化不仅要求与此相适应，同时也会引起关键资源和竞争能力的变化。内部环境一般包括企业知识产权现状、企业技术研发现状、企业财务现状、企业人力资源现状、企业整体发展战略等，外部环境一般包括政治环境、经济环境、技术环境、行业市场环境等。

战略步骤是企业知识产权战略制定和实施的具体步骤，一般包括立项、组建团队、调研、拟定战略提纲、内部讨论、战略撰写、征求意见、设施前调研、战略发布、战略宣讲、推进实施等。

战略实施策略是企业知识产权战略在具体落实时将整体战略分解成一条条具有可操作性的手段和措施实施，实施策略是否得当直接决定知识产权战略能否很好的落地和实施。

3. 企业动态过程视角

从企业动态过程视角来看，企业知识产权战略包括战略制定、战略实施和控制、战略评估和调整等。

制定一个有特色并适合本企业的知识产权战略对企业可持续发展非常重要。企业知识产权战略制定主要包括如下环节。①企业知识产权战略制定的准备阶段。在制定知识产权战略之前，企业应当对其经济实力、技术创新能力、经营规模与状况、资源的配置、相关的产业政策与经贸政策、市场状况、技术发展方向和市场前景等方面的情况进行调查研究和综合分析，掌握本企业在市场竞争中的优势与劣势，从而扬长避短，为制定适合本企业发展的知识产权战略奠定基础。②各职能部门的配合与协调阶段。对企业而言，知识产权战略具有全局性，它的制定不仅仅是企业知识产权部门的工作和任务，还需要企业其他职能部门的紧密配合和大力支持。例如，企业制定知识产权战略时，必须预测本行业的发展趋势和技术前景，而这些都需要企业市场部门的参与，因为市场部门对市场上产品的优缺点及需求状况更为了解与熟悉，从而可以为该领域的技术前景和发展趋势的预测提供帮助；在涉及具体的是否侵犯别人知识产权等法律问题时，企业的法务部门则必须提供相应的说明等。③企业知识产权战略的制定阶段。在充分的准备和各职能部门积极的配合和支持前提下，知识产权战略的制定程序更为重要。首先，应成立由企业负责人、知识产权工作人员、专业技术人员及市场部门人员等组成的战略制定机构，为战略的权威性奠定基础；其次，由制定机构对企业自身的经济实力、科技实力、经营规模与状况、资源的配置、相关的产业政策与经贸政策、市场状况、技术发展方向和市场前景等方面的情况进行调查研究，以保证战略的针对性；最后，在充分调查研究的基础上，拟订企业知识产权战略草案，提交企业相关部门和人员进行讨论和征求意见，最终确定企业的知识产权战略，确保战略的可操作性。

企业知识产权战略实施是实现企业战略目标的关键环节之一。企业有效实施知识产权战略的主要条件包括：①建立高效的知识产权工作机构，即企业应当设立专门且高效的知识产权管理部门，并配备相应的高素质工作人员；②制定切实可行的配套制度，保障企业知识产权战略有效实施；③较强的知识产权意识，使企业负责人、管理人员及普通员工能够积极主动参与和配合企业知识产权战略的实施，④相关职能部门的配合，即知识产权研发部门、市场部门、知识产权管理部门、法务部门等应该密切配合。在知识产权战略实施过程中，企业还应当注意知识产权战略的控制。在发现知识产权战略实施偏离企业知识产权战略目标时，应及时纠正，确保知识产权战略有效实施。知识产权战略实施是一个不断完善的循环过程。在这个过程中，战略管理部门应该根据技术发展和市场环境及企业自身实力的变化，及时调整战略内容，确保战略目标实现。

企业知识产权战略评估是指战略绩效评估主体运用科学的评估方法、标准和程序，依据评估指标体系，对战略取得的成就或者实施效果作出尽可能准确的评价过程。对知识产权战略实施绩效进行客观全面评估是企业知识产权战略的重要组成环节，是知识产权战略有效实施的保证，其目的是为了提高战略实施效率。对企业知识产权战略实施绩效进行全面而客观地评估，不仅是现代企业健康发展的内在要求，也是企业知识产权战略自身发展和完善的必然要求。首先，企业知识产权战略实施绩效评估是检验战略实施效果的重要手段；其次，企业知识产权战略实施绩效评估是决定战略实施取向的关键依据，评估结果可能是决定战略延续或者调整的关键因素；最后，企业知识产权战略实施绩效评估是调整战略实施力度、提高实施效率的重要保证。通过战略实施过程的评估，能够及时发现战略实施中存在的问题，并及时调整，可以有效地监督、预防企业怠于实施或者实施出现偏差，保证战略正确实施，提高实施效率。

第4节 企业知识产权战略管理的实施方案

一、企业知识产权战略的管理机构

企业知识产权管理机构是知识产权战略得以实施的载体和平台。不同的企业因其主体性质、行业特点、地域特性及发展阶段等多种因素，其组织机构呈现不同的特点，知识产权部门的职能也应与不同的企业有所区别。

企业知识产权战略管理机构一般经历以下五个发展阶段。

第一个阶段，企业没有专利申请，也没有专门的知识产权管理部门，我国目前还有很大一部分企业处于这个阶段。

第二个阶段，企业开始有零星自发的专利申请，由于专利申请量较小，尚未建立专门的管理机构，这个阶段的专利申请往往由于报奖、评职称、评高新等，专利自身的价值没有真正发挥出来。

第三个阶段，随着企业专利申请量的逐渐增加，领导知识产权的意识逐步增强，企业会设立专门的知识产权管理部门和人员，但这个时期的专利，工作仅仅限于专利本身，知识产权业务不能和公司的其他业务交融，属于边缘、弱势部门。

第四个阶段，企业的知识产权工作已经完全与企业的整体发展融为一体，知识产权部门成了企业核心部门，重要的投资、并购、科研等决策都需要知识产权部门的参与。

第五个阶段，知识产权工作的最高境界，知识产权部门已经从核心业务部门转变为核心战略部门，通过知识产权工作能为企业的整体发展战略提供指引和参考。

二、企业知识产权战略的制定

通常而言，企业知识产权战略是企业针对怎样利用其知识产权去最大限度地谋求市场竞争优势，怎样有效地避免侵犯他人的知识产权，以及怎样有效地应对他人的侵权指控而制定并实施的全局性谋划。

企业知识产权战略制定的归纳为 8 个主要步骤：项目立项、成立小组、前期调研、报告撰写、中期汇报、征求意见、修改完善和战略发布。

项目立项是战略制定的起点，对多数企业而言，知识产权战略制定工作开展的最好形式就是以科研项目的形式，这样既能体现战略制定工作本身的复杂性和科学性，也能为制定工作提供充足的经费、人员等保障。科研项目的完成方式可以根据企业的不同情况确定。

成立小组是指组建知识产权战略制定小组。组建团队是做好任何事情关键的一步，尤其是企业知识产权战略制定涉及企业多个层面、多种业务，工作团队结构是否合理、力量是否充足、执行是否有利等直接决定了战略制定工作的成败。在筹建小组时需要注意几个问题：战略制定小组的组长一定由公司级领导担任，战略在制定过程中及后期的征求意见、发布实施、推进落实等环节需要协调和调动多个部门的利益和资源，没有公司级领导很难推动，甚至为了后期战略落实更顺利，可以将制定小组分为领导小组和工作小组，领导小组有公司领导担任组长，人力资源部、财务部、战略规划部、科技管理部等相关职能部门领导担任组员。工作组由知识产权部门牵头，人员应涵盖主要子公司或事业部的知识产权管理人员、外部咨询机构主要人员等。

前期调研工作是知识产权战略制定的基础工作，要想避免制定出来的知识产权战略成为形而上、大而空的报告，必须扎扎实实做好前期调研工作，舍得在这个阶段花费时间和精力。调研分内部和外部调研，内部调研一方面要让工作小组的成员充分熟悉企业的内部情况，包括业务领域、组织机构、整体战略、发展方向等；另一方面是要对企业内部的知识产权状况进行摸底调查，主要包括企业专利申请和授权情况、已有专利与企业科研项目对接情况、技术秘密备案情况、技术标准制定情况、著作权登记情况等。外部调研是工作小组到选定的其他公司开展知识产权战略相关的交流和考察，在知己知彼的基础上，才能制定出符合企业自身实际情况、领先行业发展水平的知识产权战略。

报告撰写也是知识产权战略制定的核心工作。这个阶段工作中要尽力避免的是落入战略报告制定的俗套，套用成熟、通用的知识产权战略模板。很多企业的知识产权战略报告就是这样出来的，不同行业、不同性质、不同规模的企业做出来的知识产权战略报告居然都似曾相识，这样的战略报告对企业而言没有真正的意义和价值。因此，在报告撰写时，一定要避免套用所谓的模板，而是在前期大量调研资料的基础上，紧密结合企业实际，紧紧围绕企业业务，深入融合企业整体战略。

中期汇报也是战略制定过程中的重要步骤。一般在报告撰写工作进行到一半左右的进度时，工作小组向领导小组就战略制定工作进展情况、战略报告撰写内容、整体思路、后期工作计划等内容进行一次全面系统的汇报，让领导小组从企业整体战略的高度进行一次把关，防止战略报告出现方向性错误而无法扭转。中期汇报可以保证知识产权战略报告与企业整体发展战略、企业领导的思路和要求保持高度一致，可以对其前期工作中出现的问题及时进行调整。

征求意见是指知识产权战略初稿出来后向企业相关管理部门就战略报告中的核心内容征

求意见。企业知识产权战略的制定和实施往往需要人力资源、财务、销售、采购、研发、法律等多个部门的支持和协调，许多战略措施也需要相关部门去具体落实。因此，为了保证知识产权战略能够顺利有效的实施，需要在战略报告正式发布前，充分征求相关部门的意见，并对战略报告作出适应性的修改和完善。

最后一步对修改完善后的知识产权战略报告进行发布。战略报告发布可以采用召开大型战略宣讲及发布会等形式，邀请政府官员出席，一方面在企业内部起到很好的培训效果，另一方面也在企业外部起到了一定的宣传作用，这对推进企业的知识产权工作有很大的帮助。

三、企业知识产权战略的实施

企业知识产权战略实施是为了实现企业知识产权战略目标而对战略规划的实施与执行。企业知识产权战略实施可以分为 4 个阶段：战略计划、战略动员、战略运作和战略评估。

1. 战略计划

企业知识产权战略往往是偏上位、偏宏观，更多的是为企业知识产权工作指明方向、确定目标，战略本身很难直接用来实施。知识产权战略计划正是解决这个问题。将知识产权战略分解为几个战略实施阶段，每个战略实施阶段都有分阶段的目标，相应的有每个阶段的政策措施、部门策略及相应的方针等，要定出分阶段目标的时间表，要对各分阶段目标进行统筹规划、全面安排，并注意各个阶段之间的衔接，对于远期阶段的目标方针可以概括一些，但是对于阶段的目标方针则应该尽量详细一些。企业知识产权战略的最终实施主体都是各个业务部门，为了能在知识产权战略实施后期高效、顺利的推进实施工作，战略计划应当使战略最大限度的具体化，变成企业各个部门可以具体操作的业务，因此，需要与各个部门加强沟通，明确其业务内容及流程，在做战略计划时加以考虑。

2. 战略动员

企业的领导人要研究如何将企业战略的理想变为企业大多数员工的实际行动，调动起大多数员工实现新战略的积极性和主动性，这就要求对企业管理人员和员工进行培训，向他们灌输新的思想、新的观念，提出新的口号，消除一些不利于战略实施的旧观念和旧思想，以使大多数人逐步接受一种新的战略。对于一个新的战略，在开始实施时相当多的人会产生各种疑虑，而一个新战略往往要将人们引入一个全新的境界，如果员工们对新战略没有充分的认识和理解，它就不会得到大多数员工的充分拥护和支持。因此，战略的实施是一个发动广大员工的过程，要向广大员工讲清楚企业内部环境的变化给企业带来的机遇和挑战、旧战略存在的各种弊病、新战略的优点及存在的风险等，使大多数员工能够认清形势，认识到实施战略的必要性和迫切性，树立信心，打消疑虑，为实现战略的美好前途而努力奋斗。在发动员工的过程中，要努力争取战略的关键执行人员的理解和支持，企业的领导人要考虑机构和人员的认识调整问题，扫清战略实施的障碍。为了取得更好的战略动员效果，企业的主管领导需亲自动员或出席宣讲大会，必要时可以邀请一次资深权威的外部专家，这样对企业员工会有更强的说服力，使其具有更大的积极性、主动性和执行力。

3. 战略运作

知识产权战略运作就是按照战略计划的各项安排和要求具体落实和执行相关的措施。战略运作是战略实施的核心环节，直接决定了战略实施工作的质量和效果。战略运作与战略计划工作密切相关，是战略计划各项措施的落实和执行。落实和执行工作主要依靠组织机构和人员团队，组织机构包括企业的知识产权管理体制的架构及与其他相关业务部门的关系，另外企业文化也会在具体执行和落实工作中产生一定的影响。

4. 战略评估

知识产权战略实施是期望战略方案能从书面落实到实践，真正让各项战略措施为企业具体业务经营和整体战略发展发挥实实在在的促进和支撑作用，因此，及时对战略运作工作的效果进行分析和评估是非常有必要的。同时，战略是在变化的商业环境中实施的，战略制定时与企业的实际情况相适应的商业环境可能在战略实施时已经发生变化。因此，需要在企业实施战略的过程中定期对战略实施的外部条件、实施效果等进行评估，并做适应性的调整和控制，评估人员通常由企业总部知识产权管理人员担任，为了保证评估工作的规范性和公正性，企业应当在评估工作开展前制定明确的评估标准和办法。

第3章 企业知识产权管理体系

第1节 国家知识产权管理的工作体系

一、概述

与世界上许多国家相比，我国的知识产权行政管理形成了自己的独有特色。一方面，我国知识产权行政管理机构同时具有行政执法和行政管理的双重职能；另一方面，我国知识产权行政管理和执法体制又有着多元化、多层级和一体化的特点，如表3-1所示。

表3-1 我国知识产权行政管理体系

序号	知识产权种类	管理部门
1	专利权、集成电路布图设计专有权	国家知识产权局（及其所属专利局）
2	商标权	国家工商行政管理总局商标局
3	著作权、计算机软件	国家版权局
4	原产地标记（地理标记）	国家质量监督检验检疫总局
5	与知识产权相关的垄断与不正当竞争行为	国家工商行政管理总局反垄断与反不正当竞争执法局
6	农业植物品种权	农业部
7	林业植物品种权	国家林业局
8	国际贸易中的知识产权	商务部
9	与科技有关的知识产权	科技部
10	与进出境货物有关的知识产权	国家海关总署
11	与文化遗产有关的知识产权	文化部
12	与知识产权有关的违法犯罪	公安部、最高人民检察院、最高人民法院

不同类别的知识产权分别由不同的行政主体保护和管理，形成了多元化的管理机构体系，不同的知识产权管理和执法机构自上而下形成从中央到地方的多层级行政管理体系，不同的知识产权行政管理机关实行行政管理权和行政执法权的一体化管理。2014年11月16日，上海市成立浦东新区知识产权局，在全国率先改革知识产权管理体制，建立了集专利、商标、版权行政管理和综合执法职能于一体的"三合一"知识产权事务行政管理部门。

二、知识产权局系统

知识产权局系统由国家知识产权局和地方知识产权局构成。

国家知识产权局，原名中国专利局，成立于1980年，主管专利工作和统筹协调涉外知识产权事宜。国家知识产权局专利局为国家知识产权局下属事业单位，承担着专利申请的受理、审查、复审、授权及对无效宣告请求的审查业务等。

国家知识产权局还设立下列直属单位：专利复审委员会、知识产权出版社、中国专利信息中心、中国知识产权报社、中国专利技术开发公司、中国知识产权培训中心、中国知识产权研究会、专利检索咨询中心、专利审查协作中心、中国专利保护协会、全国专利代理人协会、中国发明协会等。

地方负责专利管理工作的部门可以是地方政府所设的专门管理专利工作的部门，如专利局或知识产权局，也可以是地方政府确定的其他负责管理专利工作的部门，如科技局等，其主要职责是根据当事人的请求，依法处理专利侵权纠纷；依法查处假冒专利的行为等。

三、工商行政管理局系统

国家工商行政管理总局商标局，也称国家商标局。国家商标局主管全国的商标注册与管理工作，负责商品商标、服务商标、集体商标、证明商标等商标的注册工作，办理商标异议裁定及注册商标的变更、转让、续展、补证、注销等有关事宜，指导、协调、组织各地工商行政管理机关查处商标侵权假冒案件，依法认定和保护驰名商标，监督管理商标代理机构，研究拟定商标注册和管理的规章制度及具体措施、办法，组织商标国际条约、协定在中国的具体实施及承办商标国际交流与合作有关工作。

反垄断与反不正当竞争执法局，隶属于国家工商行政管理总局，主要职责是：拟订有关反垄断、反不正当竞争的具体措施、办法；承担有关反垄断执法工作；查处市场中的不正当竞争、商业贿赂、走私贩私及其他经济违法案件，督查督办大案要案和典型案件。

四、版权局系统

知识产权局系统由国家版权局和地方各级版权局构成。

国家版权局成立于1985年，是国务院著作权行政管理部门，主管全国的著作权管理工作。国家版权局下设综合管理处、版权管理处、法律法规处、信息宣传处、行政复议处和国际业务处。

地方版权局的职责是：在地方实施、执行著作权法律、法规；制定地方著作权行政管理的具体办法；调解著作权纠纷、查处严重侵犯著作权行为；监督指导著作权贸易活动。

五、海关系统

海关总署统一领导全国海关，负责进出口环节的知识产权管理工作，是国务院直属机构。其职责是国家工商行政管理总局商标局核准注册的商标；在世界知识产权组织注册并延伸至我国的国际注册商标；国家知识产权局授予专利权的发明、外观设计等。

六、其他知识产权管理的行政机关

1. 商业秘密行政管理部门

商业秘密的行政管理部门是各级工商行政管理机关。全国的商业秘密行政管理是由国家工商行政管理总局公平交易局来管理。该局的主要职责是：研究拟定制止垄断和反不正当竞争的规章制度及具体措施、办法并组织实施；组织查处市场交易中的垄断、不正当竞争及其他经济违法违章案件。由于商业秘密的取得不需要经过国家机关的批准，因此商业秘密行政管理的内容主要涉及商业秘密的利用和保护。

2. 集成电路布图设计行政管理部门

国家知识产权局负责集成电路布图设计的申请受理、登记等管理工作。国家知识产权局还设立集成电路布图设计行政执法委员会，负责处理侵犯布图设计专有权的纠纷，调解侵犯布图设计专有权的赔偿数额。

3. 植物新品种行政管理部门

国家林业局植物新品种保护办公室负责受理和审查林业品种的品种权申请，组织与植物新品种保护有关的测试、保藏等业务，承办与植物新品种保护有关的国际事务等具体工作。农业部植物新品种保护办公室负责承担农业品种权申请的受理和审查任务，以及管理其他有关事务，省级以上人民政府农业、林业行政部门和县级以上人民政府农业、林业行政部门负责地方植物新品种权的管理工作。

4. 地理标志行政管理部门

在我国，地理标志的保护有两种途径：一种途径是商标法保护，对于符合《商标法》规定的地理标志，向商标局请求授予证明商标或者集体商标；另一种途径是国家质量监督检验检疫总局和农业部批准实施的地理标志产品保护。

第2节　企业知识产权管理的组织结构

企业的知识产权组织结构是履行企业知识产权管理事务的重要载体。不同的企业，因其主体性质、行业特点、地域特点和发展阶段等多种因素，其组织机构呈现出不同的特点，知识产权部门的职能也应不同的企业而有所区别，但不管是哪一种模式都应遵循知识产权的共性，适用企业自身发展的需要并在企业中占据重要位置。

一、知识产权部门的组织模式

国内企业知识产权的组织结构设置中，具有代表性的有以下几个类型。

1. 直属企业总部模式

知识产权管理部门属于公司总部直接管辖，是企业中技术部门与经营部门的支撑单位，并与企业的研发部门（技术部门）、法务部门、营销部门等组建成企业最高层组织管理机构（图3-1）。在这种模式中，知识产权管理部门是一个独立的管理部门，它与企业的技术部门和法务部门等相互发生作用。技术研发过程中，知识产权管理部门对研发人员需要进行必要的专利知识指导，例如，如何用外围专利保护核心专利，如何避开他人的专利的限制等；为研发人员提供相应的专利信息，评估技术获得专利保护的可能性；处理知识产权纠纷等。

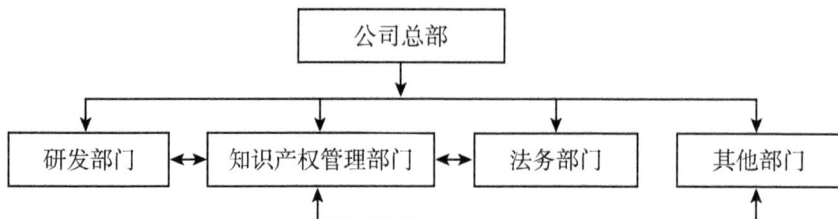

图 3-1　直属企业总部模式

该模式的优点是：直属于企业总部或企业总裁（总经理）领导的知识产权管理部门，可以参加企业决策，能够在知识产权事务方面发挥重要作用；知识产权管理部门的特殊地位，决定了其可以与公司高层就知识产权信息或事务进展及时沟通；便于知识产权管理部门与其他部门协调和沟通，有利于企业知识产权管理工作；有利于提高企业管理人员和普通员工的知识产权及其管理意识。

该模式的缺点是：成本较高，对知识产权管理部门及其工作人员的要求较高。海尔公司等采用这种模式。

2. 隶属于企业法务部门模式

知识产权管理部门设置为法务部门下属的一个相对独立的机构，负责企业知识产权管理及其相关事务，并与公司的其他相关部门进行沟通和协调（图 3-2）。

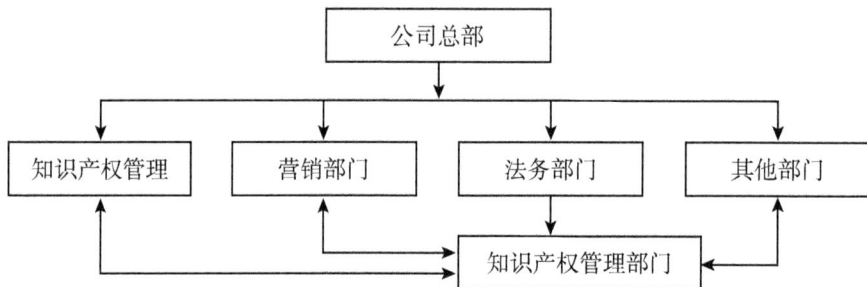

图 3-2　隶属于企业法务部门模式

该模式的优点是：能够充分发挥企业法律工作人员在知识产权事务中的作用，对企业知识产权的法律事务（权利状态、侵权的处理等）较为熟悉。

该模式的缺点是：知识产权管理部门无法参与企业决策，在知识产权事务方面可能无法发挥其应有的作用，也不利于知识产权管理部门与研发部门的沟通。

3. 隶属于企业研发部门模式

知识产权管理部门隶属于企业研发部门，以便最大限度地发挥知识产权管理在企业技术研发中的作用。同时，知识产权管理部门在必要时可与企业相关部门进行沟通，以解决企业的知识产权问题（图 3-3）。

该模式的优点是：有利于知识产权管理部门从技术研发项目的确定到技术研发的过程及技术评估等环节对企业研发活动进行全方位的指导，充分发挥知识产权管理在企业技术创新中的作用；同时，由于知识产权管理人员，特别是专利管理人员直接参与到企业的技术研发

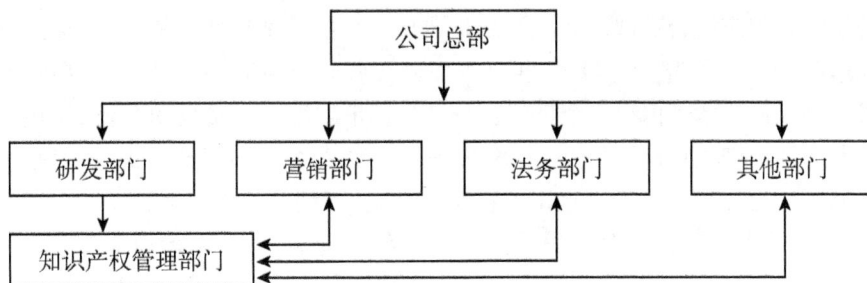

图3-3 隶属于企业研发部门模式

过程中，对企业所开发技术的特点及其他信息都较为了解，因此，能更好地撰写申请文件，有利于申请取得成功。

该模式的缺点是：知识产权管理部门的地位较低，管理内容仅限于专利和技术秘密，与市场、销售的部门的协作比较少，在知识产权事务上对企业的影响力较小。

上述3种模式各有利弊，企业在组建其知识产权管理部门时，究竟采用哪种模式应当根据所处行业的特点及自身的相关情况而定。在确定组建的知识产权管理机构模式后，企业就应根据知识产权管理的特点和要求来组建专门的知识产权管理队伍，并完成整个知识产权管理部门的组建工作。

二、知识产权部门的内部组织类型

企业知识产权管理部门的组织结构模式确定后，其内部组织结构就在一定程度上决定了企业知识产权管理的模式。知识产权部门内部结构的3种典型基本类型：集中管理类型、分散管理类型、行列式管理类型。

1. 集中管理类型

集中管理类型是指企业知识产权管理部门内部所有机构执行统一的知识产权政策的管理制度。在这种管理体制下，知识产权的申请、实施、转让、许可、出资、质押等所有与知识产权相关的事务全部由公司知识产权管理总部统筹负责。

IBM的知识产权管理部门组织机构是集中管理类型的代表，其基本设置为：知识产权管理总部内设专利部和法务部（图3-4）。总部负责管理所有与IBM公司业务有关的知识产权事务，专利部负责专利事务，法务部负责相关法律事务。

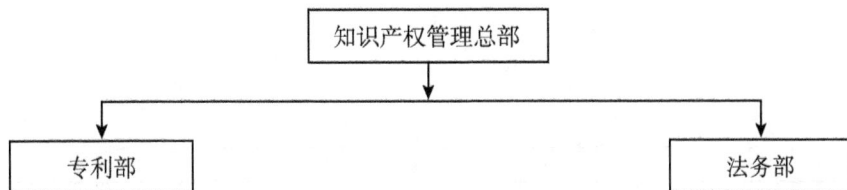

图3-4 集中管理类型

2. 分散管理类型

分散管理类型是指知识产权本部统一管理下向其内部机构充分授权的管理体制。

东芝公司的知识产权管理部门组织体制是典型的分散管理类型，其知识产权管理部门是由知识产权本部和4个研究所、11个事业本部，及各研究所和各事业部下属的专利部科、组共同构成。知识产权本部内设8个部门，分别是：策划部（负责推动全公司的中长期知识产权策略，管理知识产权行政事宜）；技术法务部（负责处理知识产权诉讼事宜）；软件保护部（负责软件、著作权的登记、运用、补偿事宜）；专利第一部、第二部（负责统筹管理技术契约工作）；专利申请部（集中管理国内外专利申请事宜）；设计商标部（负责设计和商标的申请、登记）；专利信息中心（负责管理专利信息，建立电子申请系统）。8个部门与知识产权本部的关系如图3-5所示。各研究所和各事业部配置知识产权部，直接隶属于负责技术工作的副所长或总工程师，主要担负该研究所、事业本部的知识产权行政事务，并负责从产品研发初期的专利发掘、专利调查、制作专利关系图到国内外专利的申请等所有事务。

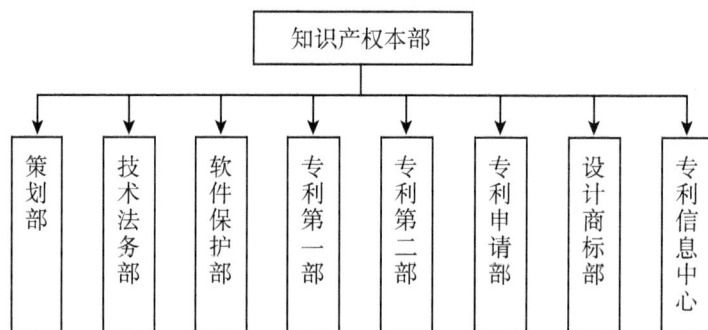

图3-5 分散管理类型

3. 行列式管理类型

行列式管理类型主要是指按照技术类别、产品类别管理知识产权的管理制度。

佳能公司的知识产权法务部的内部设置是典型的行列式管理类型，该公司将知识产权管理部门内部机构分为产品类法务部和技术类法务部。产品类法务部设有4个部门，即法务策划部、法务管理部、专利业务部、专利信息部；技术类法务部设有7个技术分类专利管理部门。具体设置如图3-6所示。

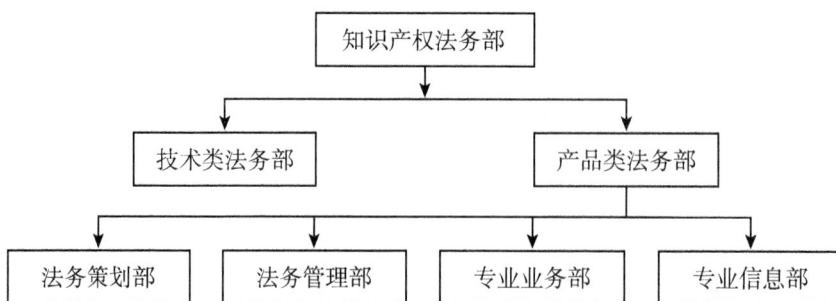

图3-6 行列式管理类型

第3节　企业知识产权管理的制度建设

一、知识产权管理制度体系的分类

知识产权管理制度体系是指主体按照组织宗旨和规划目标，通过相联系、有秩序的知识产权管理制度的构建实施，从而保障目标实现的一个有机整体。其是知识产权管理体系的重要组成部分，也是知识产权管理体系价值效用最大化的制度性工具。依据相应的标准，可以对其进行不同的逻辑分类。

从知识产权类型上看，知识产权管理制度体系可以包括：专利管理制度、商标管理制度、版权（著作权）管理制度、商业秘密管理制度等。

从知识产权运行上看，知识产权管理制度体系可以包括：知识产权开发制度、知识产权维持制度、知识产权经营制度、知识产权保护制度等。

从知识产权管理要素上看，知识产权管理制度体系可以包括：知识产权战略管理制度、知识产权组织管理制度、知识产权人力资源管理制度、知识产权条件保障管理制度等。

从知识产权管理流程上看，知识产权管理制度体系可以包括：制定制度、执行制度、监督制度、绩效管理制度等。而知识产权制定制度主要包括：制定制度、修订制度、废止制度、档案管理制度等，也就是我们通常所讲的知识产权"立法"制度。而绩效管理制度主要包括：目标制度、激励制度、考核制度、评价制度等。

从知识产权主体性质上看，知识产权管理制度体系可以分为政府知识产权管理制度体系、行业知识产权管理制度体系和企事业单位知识产权管理制度体系。

二、知识产权管理法律法规及制度

1. 与知识产权有关的基本法律

我国与知识产权有关的基本法律有《宪法》《民法通则》《科学技术进步法》和《促进科技成果转化法》等。

《宪法》中虽然没有明确规定知识产权条款，但是《宪法》（2004 年修正案）第 20 条至第 22 条中关于私有财产的保护和权利限制的内容被认为是知识产权法，特别是为著作权法和专利法的内容提供了宪法依据。

《民法通则》明确规定知识产权包括著作权、专利权、商标权及发现权、发明权和其他科技成果权等，并将其确定为民法制度，规定在民事权利中。所以，《民法通则》是规定知识产权基本原则、基本制度的法律，是与知识产权有关的基本法之一。

《科学技术进步法》规定："国家制定和实施知识产权战略，建立和完善知识产权制度，依法保护知识产权，激励自主创新。"同时，该法第 18 条、第 20 条、第 21 条对知识产权提出了进一步的具体措施。所以，《科学技术进步法》是与知识产权有关的另一部基本法。

《促进科技成果转化法》打破科研事业单位科技成果转化和知识产权运用的主要体制障

碍，该法第 18 条规定："国家设立的研究开发机构、高等院校对其持有的科技成果，可以自主决定转让、许可或者作价投资，但应当通过协议定价、在技术交易市场挂牌交易、拍卖等方式确定价格。通过协议定价的，应当在本单位公示科技成果名称和拟交易价格。"该法第 43 条规定："国家设立的研究开发机构、高等院校转化科技成果所获得的收入全部留归本单位，在对完成、转化职务科技成果做出重要贡献的人员给予奖励和报酬后，主要用于科学技术研究开发与成果转化等相关工作。"上述两条规定放权于科研机构和高校，确保了其真正拥有科技成果的使用权、处置权和收益权。

2. 知识产权专门法及其法规

与专利相关的法律法规及规章包括：《专利法》《专利法实施细则》《专利审查指南》《专利代理条例》《涉及公共健康问题的专利实施强制许可办法》《专利实施强制许可办法》《专利行政执法办法》《专利实施许可合同备案管理办法》《企业专利工作管理办法（试行)》《专利资产评估管理暂行办法》和《专利权质押合同登记管理暂行办法》等。

与商标相关的法律法规及规章包括：《商标法》《商标法实施条例》《商标评审规则》《驰名商标认定和保护规定》《集体商标、证明商标注册和管理办法》《烟草制品商标使用管理规定》《商标使用许可合同备案办法》《对外贸易经济合作部国家工商行政管理局关于对外贸易中商标管理的规定》《外国人或外国企业申请商标注册代理办法》和《商标印制管理办法》等。

与著作权相关的法律法规及规章包括：《著作权法》《著作权法实施条例》《信息网络传播权保护条例》《计算机软件保护条例》《实施国际著作权条约的规定》《著作权集体管理条例》《互联网著作权行政保护办法》《计算机软件著作权登记办法》《著作权行政处罚实施办法》和《著作权质押合同登记办法》等。

其他知识产权的法规及规章包括：《特殊标志管理条例》《地理标志产品保护规定》《世界博览会标志保护条例》《世界博览会标志备案办法》《奥林匹克标志保护条例》《奥林匹克标志备案及管理办法》《集成电路布图设计保护条例》《集成电路布图设计保护条例实施细则》《集成电路布图设计行政执法办法》《植物新品种保护条例》《植物新品种保护条例实施细则（农业部分)》《农业植物新品种权侵权案件处理规定》《植物新品种保护条例实施细则（林业部分)》《知识产权海关保护条例》《展会知识产权保护办法》《国家高技术研究发展计划知识产权管理办法（试行)》和《高等学校知识产权保护管理规定》等。

3. 我国加入或者签署的主要知识产权国际条约

（1）《保护工业产权巴黎公约》（简称《巴黎公约》）

《巴黎公约》缔结于 1883 年，是各种工业产权公约中缔结最早、成员国也最为广泛的一个综合性公约。截至 2007 年 9 月 1 日，该公约已有 171 个成员国，其中大多数国家已经批准了公约的最新文本（即 1967 年斯德哥尔摩文本）。我国于 1995 年参加了该公约。该公约的主要内容包括国民待遇、优先权、临时性保护、宽限期、其他关于专利和商标保护的内容等。

（2）《国际商标注册马德里协定》（简称《马德里协定》）

《马德里协定》是关于简化商标在其他国家内注册手续的国际协定。该协定由法国、比利时、西班牙、瑞士、突尼斯等国于 1891 年 4 月 14 日在马德里缔结，1892 年 7 月生效。该协定自生效以来共修改过 6 次。1989 年 10 月 4 日我国加入《马德里协定》（1979 年斯德哥尔摩文本），同时做出一些声明。截至 2008 年 1 月 15 日《马德里协定》的缔约方总数为 81 个国家。

（3）《保护文学艺术作品伯尔尼公约》（简称《伯尔尼公约》）

《伯尔尼公约》是 1886 年 9 月 9 日由英国、法国、德国等 10 个国家缔结，并于 1887 年生效的世界上第一个国际版权公约。该公约确立了一个能够为多数国家接受的最低限度的保护著作权的国际标准。生效以来修订和补充过 7 次。截至 2006 年 12 月 4 日，该公约共有 163 个成员国。1992 年 7 月 1 日我国决定加入该公约，同年 10 月 5 日成为该公约的第 93 个成员国。该公约的主要内容包括国民待遇原则、自动保护原则、版权独立性原则、经济权利、精神权利、权利保护期和追溯力等。

（4）《专利合作条约》（简称 PCT）

《专利合作条约》（PCT）是为简化向多个国家申请专利的程序，避免申请、审查过程中的重复劳动而于 1970 年 6 月 19 日在华盛顿签订，并于 1978 年 1 月 24 日生效的。该条约规定只有《保护工业产权巴黎公约》的缔约国才有资格加入。到 2007 年 6 月，该条约共有 137 个成员国。我国于 1994 年 1 月 1 日正式成为该条约的成员国，并于 1997 年 7 月 1 日将 PCT 适用于香港地区，1999 年 12 月 20 日将 PCT 适用于澳门地区。同时，我国国家知识产权局（专利局）是根据 PCT 指定的受理局、国际检索机构和国际初步审查机构，中文也是该条约规定的国际申请程序的工作语言。

（5）《与贸易有关的知识产权协议》（简称《知识产权协议》或 TRIPs）

《知识产权协议》是关税与贸易总协定一系列谈判的产物，从 1986 年的第 8 轮"乌拉圭回合"关贸谈判开始，发达国家就力图把与贸易有关的知识产权问题纳入关贸总协定内。1989 年年初该协议被列入乌拉圭回合谈判的议题，成为这轮谈判的一揽子 15 个议题之一，并被捆在一起通过，而且不准保留。由美国、英国、日本、德国等 10 个发达国家和印度、巴西、中国等 10 个发展中国家的代表就知识产权保护问题，经过 5 年多的反复谈判，于 1991 年 12 月形成邓克尔文本的框架文件。乌拉圭回合谈判持续了 7 年多，在关贸总协定总干事萨瑟兰的敦促和斡旋下，于 1993 年 12 月 25 日达成了包括 TRIPs 在内的各项协议。该协议分 7 部分共 73 条，内容包括：总则及基本原则；有关知识产权的效力、范围和使用的标准；知识产权执法；知识产权的获得、维持和相关程序；争端的预防和解决；过渡阶段的安排；机构设置和最终条款。该协议内容涉及知识产权的各个领域，在知识产权保护水平的很多方面都超出了现有的国际条约的标准，并且强化了执行措施和争端解决机制，对过渡阶段的安排也作出了严格的规定。

三、企业知识产权管理制度

1. 企业知识产权管理制度的主要内容

企业知识产权管理制度是指针对企业的性质、经营目标、市场策略、技术开发与国际国内法律环境等因素，对企业的知识产权加以分析、评估、融合所建立的一套经营管理和法律保护制度。企业知识产权管理制度的基本使命是要以企业知识产权管理理念和目标为指导，立足于企业现有的人财物资源和外部资源，不断提高企业知识产权管理的层次和水准，逐步实现企业战略目标。

企业知识产权管理制度包括企业知识产权管理的全面制度与企业具体部门、具体业务领域制度。

全面制度如"企业知识产权管理办法""企业知识产权管理与保护规定""企业知识产权管理条例"之类，它是企业知识产权管理的纲领性文件和总括性规定，在企业知识产权管理制度体系中处于统领地位，也是企业知识产权工作的指南和基本法则，一般应包括以下内容：①总则（制定管理制度的目的与依据）；②知识产权的类型；③知识产权的归属管理规定；④知识产权管理制度原则性规定，包括知识产权管理机构与人员及其职责与任务、知识产权管理模式、各类知识产权管理的基本制度；⑤奖惩；⑥附则等。

业务领域制度主要包括：①企业知识产权管理部门的构建及其相应责权利规定；②企业知识产权战略规划和战略实施方案的管理制度；③企业知识产权工作规划、工作计划及其具体实施办法和负责部门，如有些企业将知识产权工作规划分到年度计划实施制度与年终验收制度；④企业知识产权归属及职务与非职务性质知识产权的界定管理制度；⑤企业在实施技术创新、研究开发和全过程管理中的知识产权管理制度；⑥企业合作研究、委托研究中的知识产权管理制度；⑦企业知识产权利用，尤其是许可使用、转让、质押融资、成果转化等方面的管理制度和规范；⑧企业知识产权培训、教育管理制度，如规定对新进人员进行知识产权专门培训制度、对外聘人员进行知识产权保密教育，对调离或退休人员保守本企业知识产权的教育；⑨企业知识产权评估管理制度；⑩企业知识产权合同管理制度；⑪企业知识产权档案保存、利用与开放等涉及知识产权档案管理的制度；⑫企业知识产权保密制度；⑬企业知识产权绩效管理制度；⑭企业知识产权预警、监测制度；⑮企业知识产权奖惩制度；⑯企业知识产权分类管理制度，如企业专利管理制度、企业著作权管理制度、企业商标管理制度、企业商业秘密管理制度等。

当然，对特定的企业来说，知识产权管理制度的建构有一个过程，并非需要在很短的时间内即将上述内容全部或者大部分囊括在内。总体上说，企业应当根据自身需要和实际情况，先制定紧要的一些涉及知识产权管理的制度和规范。企业知识产权管理制度来自于其自身技术研发和生产经营的实际需要，因此，其知识产权管理制度建设应当符合企业实际情况，尤其是知识产权工作的实际需要，而不能照抄国家知识产权法律条文或其他企业的版本，当然可以借鉴其他企业的现有经验。

2. 企业知识产权管理制度的主要类型

企业知识产权管理是企业为充分发挥知识产权在其发展中的重要作用，通过运用知识产权制度，提高企业知识产权的创造、运用和保护效率而进行的有计划的组织、协调、谋划活动。企业知识产权管理制度是指企业依据相关法律法规或规则制定的其在从事知识产权事务过程中应当遵循的行为规范。其类型主要包括企业知识产权的规划、权属、创造、转化、纠纷、合同、信息等方面的管理制度。

（1）知识产权规划管理制度

企业应该建立专门的知识产权规划管理制度，有针对性地规范其专利战略、商标战略、版权战略、商业秘密战略及其他知识产权战略的决策和发展规划（包括知识产权战略管理机构的设置及其职权等事项）。该制度应体现企业的组织章程、发展战略和政策纲要。

（2）知识产权权属管理制度

企业应依法制定并不断完善其规范员工在技术创新过程中完成的知识产权归属的相关制度。企业要通过签订协议、制定章程，明晰职务发明创造和非职务发明创造、职务作品和非职务作品的产权归属。对合作项目、委托项目中产生的知识产权要根据《专利法》及《专利法实施细则》等法律法规制定企业的知识产权归属制度。对国家资助科技项目完成知识产权应该根据《科学技术进步法》及科技部等部门颁布的规章制度等，制定本企业的知识产权归属制度。

（3）知识产权创造管理制度

提高知识产权的数量和质量是企业知识产权管理的目的之一。企业提高技术、产品、品牌、软件或者作品的数量和质量，并以此在市场竞争中赢得先机、获取利润，其前提是必须建立合理的激励机制，能够有效激励研发人员或创作人员有足够的动力进行创作或研究开发。因此，企业应当制定与知识产权有关的奖励制度，激励企业员工对知识产权创造的热情，提高他们知识产权的创造能力。奖励额度不得低于相关法律法规如《专利法》及《专利法实施细则》规定的最低标准。企业知识产权创造管理制度合理与否，执行是否符合要求，直接影响着企业知识产权的产出效率和质量。

（4）知识产权转化管理制度

企业的知识产权应该在产业链条中得到充分利用，以促进产业结构调整和社会财富的增长。企业的知识产权一方面是为本企业创造价值，另一方面也可以通过许可、转让等形式向外传播。此外，还应采取措施，运用知识产权质押、知识产权证券化等融资手段，利用知识产权获取风险投资，或者直接利用知识产权投资，借助各种知识产权产业化运用形式，将知识产权产业化与其对外扩展、产品出口紧密结合起来，使知识产权运营成为商务新策略的核心部分。所以，制定并完善知识产权转化管理制度也是企业知识产权管理制度中不可缺少的内容之一。

（5）知识产权纠纷管理制度

企业知识产权纠纷管理一般包括两种情况。一是企业知识产权诉讼攻击。企业可以利用自己的知识产权，在法律法规和商业道德允许的范围内，起诉竞争对手侵犯其知识产权，向竞争对手发起攻击，并通过这种方式将竞争对手赶出市场或者挤压其竞争空间，使自己在竞争中占据主动地位。二是权利被侵犯后的救济。企业在其知识产权被侵犯后，应当及时采取有力的救济措施，以维护企业的利益。在企业被指控侵犯了他人知识产权的情况下，应当采取相应的对策。通过对自身行为合法性的分析，采取诉讼策略，寻求调解或和解，并充分利用法律以外的力量和手段，包括商业手段、社会舆论、政府支持及行业调解，以求知识产权纠纷的妥善解决。在市场经济的大潮中，知识产权纠纷是企业经常面对的问题，所以，企业制定高效的知识产权纠纷管理制度对其发展乃至生死存亡将发挥非常重要的作用。

（6）知识产权合同管理制度

企业在知识产权创造、运用、管理中需要与其他利益主体（包括外部的业务伙伴或第三人及企业内部的员工）发生各种合同关系，如果不能对这些合同关系进行有效管理，将不利于其知识产权事务的处理。所以，企业必须制定与知识产权相关的合同管理制度，管理其知识产权事务。这些制度主要包括3个方面。①企业员工的合同管理制度。该制度用于规范职务发明或作品及非职务发明或作品等方面的知识产权归属、员工的保密义务、相关人员的竞业禁止义务及员工的奖惩制度等事项。②知识产权许可中的合同管理制度。在许可他人使用企业作品、软件、发明、商标或者商业秘密时，应与其签订一份许可使用合同，其中应对许可使用的权利种类、许可使用的方式及地域范围和期间、许可使用的报酬及支付报酬的方法、被许可方的保密义务及对方违约责任等事项予以规定。③知识产权转让中的合同管理制度。企业在向他人转让自己的知识产权时，应订立一份较为完善的合同，明确规定相互间的权利义务关系，以免发生纠纷，并在发生纠纷时尽量保护自己的利益。

（7）知识产权信息管理制度

知识产权制度的重要特征之一就是通过知识产权信息的公开实现社会利益与个人利益的平衡。知识产权信息成为提升企业知识产权研究开发起点的重要途径，也是企业利用知识产权制度有策略性地压制竞争对手、实现横向竞争优势的有效法码。所以，建立有效的知识产权信息管理制度对企业发展非常重要。

第4节　企业知识产权管理的人才体系

一、概述

知识产权人才是指从事知识产权工作，具有一定的知识产权专业知识和实践能力，能够推动知识产权事业发展并对激励创新、引领创新、保护创新和服务创新做出贡献的人。知识产权人才是发展知识产权事业和建设知识产权强国最基本、最核心、最关键的要素。《中华人民共和国职业分类大典》（2015版）将我国职业分为8个大类、75个中类、434个小类，共计1481个职业。其中，"经济和金融专业人员"类中设置了"知识产权专业人员"小类，下设"专利代理专业人员""专利审查专业人员""专利管理专业人员""专利信息分析专业人员"4个职业。

知识产权人才分类主要有以下两种。

1. 按知识产权工作性质划分

（1）两分法

这种方法将知识产权人才分为"研究型"和"实务型"两类。研究型人才主要是从事大学的教学工作和研究机构的研究工作，这类人才的社会需求相对较小；实务型人才主要是从事知识产权实务工作，包括专利律师、企业法律部人员、专利审查员和中介服务人员等，这种人才的需求量很大。这种划分方法简明易懂，不足之处在于：一是分类较为宽泛，有些专业人才无法归类为研究型或是实务型；二是没有全面覆盖所有的知识产权人才，也没有能够明确界定既从事研究工作同时也从事实务工作的这些交叉型人才的分类问题。

（2）三分法

这种方法有两种。一种分为管理人才、法律人才和教学人才。管理人才包括政府层面和基层单位的管理人才；法律人才是立法机关、司法机关、中介机构中的律师、专利代理人和评估师等；教学人才是从事教学特别是高校教学的人才。另一种分为法律人才、经营管理人才及教育科研和理论型人才。其中法律人才分为技术性的法律人才（如专利代理人等）和非技术性法律人才（如中介机构的知识产权代理人员）。这两种方法都没有很好地处理交叉型人才（如大学教师可能又是律师）的分类问题，也存在一定的局限性。

2. 按知识产权工作类别划分

国家知识产权局的《知识产权人才"十三五"规划》把知识产权人才分为：行政管理和执法人才、企业知识产权高级管理人才、知识产权运营人才、专利信息分析人才和知识产权国际化人才等。

二、知识产权人才的培养

国家《知识产权人才"十三五"规划》提出知识产权人才工作的总体目标是：加强知识产权人才体系建设，培养和造就一支人才规模、结构和层次符合知识产权事业发展需要，人才分布适应国家区域经济发展布局，人才制度具有国际竞争力，能够基本满足国家经济社会发展需要的知识产权人才队伍，为知识产权强国建设奠定坚实的人才基础。

1. 主要任务

（1）突出培养和选拔高端引领的知识产权高层次人才

以知识产权领军人才和百千万人才工程百名青年拔尖人才为重点，打造知识产权高层次人才队伍。努力造就一支知识产权理论知识功底扎实、实务技能较高、实践经验丰富，具有国际竞争力的知识产权领军人才队伍，充分发挥领军人才的引领和示范作用，形成一批以领军人才为核心的人才团队。建立以百名高层次人才培养人选为主体的青年拔尖人才队伍，协调推进急需紧缺人才和基础人才队伍建设，保障高层次人才队伍的可持续发展。

（2）大力开发支撑知识产权强国建设的急需紧缺人才

适应现代产业体系转型升级和现代服务业发展需要，支撑"一带一路"建设、京津冀协同发展、长江经济带发展等国家发展战略，聚焦战略性新兴产业布局和知识产权密集型产业发展等需求，大力开发知识产权强国建设急需紧缺人才，促进知识产权人才结构与经济社会发展相协调。建立知识产权人才需求动态调整和预测机制，重点培养一批政治素质高、业务能力强，能够维护好市场创新秩序的专业化知识产权行政管理和执法人才队伍，一批善于运用知识产权进行发展和经营的企业知识产权高级管理人才，一批促进知识产权交易许可、资本化和产业化等知识产权运用的知识产权运营人才，一批能够灵活运用专利信息资源并为企业、产业和社会发展服务的专利信息分析人才，一批拥有国际视野，具有丰富国际交流经验和处理知识产权国际事务能力的知识产权国际化人才。

（3）统筹推进各级各类知识产权人才队伍的全面发展

统筹抓好专利审查、企业、知识产权服务业、高等学校和科研机构等知识产权人才队伍建设，培养造就数以十万计的各级各类知识产权人才，形成规模宏大的知识产权基础人才队伍。

加强专利审查人才队伍建设。完善专利审查人才在职培训、考核评价和激励保障机制，招录好、培训好、使用好、发展好、管理好、稳定好专利审查人才队伍，逐步确立专利审查的国际优势地位。

促进企业知识产权人才队伍建设。以培育企业的创新能力和国际竞争力、提高知识产权管理水平为核心，加快培养企业知识产权管理和法务等知识产权实务人才，全面提升企业知识产权创造、运用、保护和管理能力。

培育知识产权服务业人才队伍。以拓展知识产权服务业人才业务领域和提高服务能力为核心，加强知识产权代理、法律、信息、商用化、咨询和培训六大知识产权服务业领域人才培养，加快建设一支职业化、专业化的知识产权服务业人才队伍。

推动高等学校和科研机构知识产权人才队伍建设。培养熟悉知识产权研究、法律事务、转移转化等专业知识的知识产权人才。建立一支具有扎实理论功底、丰富实践经验的"双师结构"知识产权师资队伍。

2. 重点工作

（1）完善知识产权人才工作体制

坚持党管人才原则，充分发挥国家知识产权局人才工作领导小组作用，完善人才工作体制。各级知识产权行政管理部门要加强人才工作领导和组织，建立人才工作目标责任制，细化考核指标，配强工作力量，创新工作方式方法，形成统分结合、上下联动、协调高效、整体推进的人才工作体系。

（2）健全知识产权人才培养和使用机制

推动建立符合实际需要的知识产权学历教育和继续教育体系。推动知识产权相关学科专业建设，支持高等学校在管理学和经济学等学科中增设知识产权专业，支持理工类高校设置知识产权专业。推动加强知识产权专业学位教育，推动建立产学研联合培养知识产权人才模式，加强知识产权继续教育和培训工作，提高培训的科学性、系统性、针对性和实效性。拓展培训渠道，创新培训方式，加大知识产权人才培养国际化合作力度，开展针对性培养。

坚持以用为本，注重在实践中培养开发知识产权人才，依托高等学校、科研机构和国家自主创新示范区、自由贸易试验区、知识产权综合管理改革试点地方等单位和区域，整合优势资源，加大人才交流力度，构建由重大专项任务、重点研究课题、重大工程项目、国际交流合作等组成的人才实践锻炼平台。建立知识产权人才培养和使用的联动机制，积极支持和推荐知识产权人才到国际组织任职，探索建立知识产权专员派驻机制。

（3）创新知识产权人才重大政策

完善人才选拔政策。加强人才选拔工作创新，完善知识产权领军人才、专家、百名青年拔尖人才的选拔标准。依托海外高层次人才引进计划引进知识产权运营、管理等各类急需紧缺人才。建立人才引进使用中的知识产权鉴定机制，有效利用知识产权信息发现创新人才。

建立人才评价政策。完善专利审查、代理、管理和信息分析等知识产权人才能力素质标准，研究专利审查人才纳入专业技术类公务员管理，鼓励我国知识产权人才获得海外相应资格证书，积极推动建立和完善全国知识产权职业水平评价制度。

完善人才流动政策。鼓励各地引进高端知识产权人才，并参照有关人才引进计划给予相关待遇。推动知识产权人才跨地区、跨部门交流，探索建立国际组织、政府部门、国有企业、高等学校和科研机构间人才"旋转门"。完善人才到基层服务和锻炼的政策制度。引导人才向中西部地区和中小微企业等地区和单位流动。

健全人才激励政策。完善以政府奖励为导向、用人单位和社会力量奖励为主体的人才奖励制度。坚持多措并举，综合运用评选表彰全国专利系统先进、教育培训、薪酬福利等多种措施，表彰和表扬在知识产权工作中做出突出贡献的人才。探索建立创新人才维权援助机制，激发全社会创新热情。

（4）实施知识产权人才重大工程

1）知识产权高端引领人才工程

发挥领军人才高端引领、示范带动作用，科学规划百名青年拔尖人才发展路径，完善成长通道，形成知识产权领军人才引领事业发展的良好局面。

知识产权领军人才。选拔一支精通知识产权法律和管理，熟悉知识产权国际规则和事务，专业能力和贡献突出，能够带领团队开展开创性工作的知识产权领军人才队伍。进一步优化领军人才结构，摸索形成知识产权领军人才选拔和使用的联动机制，打造一系列领军人才服务知识产权中心工作的平台项目，发挥领军人才的引领和示范作用。

百名青年拔尖人才。在知识产权行政管理和执法、专利审查、企业、服务业、高等学校和科研机构等行业和领域，分阶段遴选百名青年拔尖人才培养人选，作为重点对象加强培养，拓展国内外培训渠道，形成一支精通国内外知识产权法律法规、具有较高政策和战略研究水平、专业能力突出的青年拔尖人才队伍。

2）知识产权急需紧缺人才工程

以加强知识产权运用和保护为主要目标，突出"高精尖缺"的特点，聚焦科技、经济、贸易、文化等国家经济社会发展需要，完善企业、服务业、高等学校和科研机构知识产权"人才链"，培养和集聚知识产权强国建设的急需紧缺人才。

知识产权行政管理和执法人才。加强知识产权行政管理和执法人才培养，广泛开展行政管理、战略实施和知识产权保护实践相结合，内容涵盖知识产权行政管理、法律法规、授权确权、行政执法、司法裁判、仲裁调解等方面的培训，突出重点建立快速维权和地方知识产权执法骨干人才队伍，加大互联网、电子商务等新业态和食品药品等民生领域知识产权执法人才的培养和培训力度，为实施严格的知识产权保护提供人才支撑。

企业知识产权高级管理人才。适应产业结构转型升级、"中国制造2025"和知识产权强企建设等工作需要，以提高企业知识产权经营管理水平和国际竞争力为核心，培养一批善于运用知识产权进行发展和经营的企业高级管理人才，支持企业家运用知识产权进行创新创业。全面提升企业知识产权战略制定实施、知识产权布局和运营等经营管理水平。

知识产权运营人才。发挥市场主导作用，大力培育知识产权运营机构，持续开展知识产权评估、交易许可、标准化等知识产权运用业务及知识产权保险、质押融资、作价入股等知识产权金融和资本化业务培训，培养一批具有发展潜力、可以带领团队完成重大项目运作的知识产权运营人才队伍。组建知识产权运营导师团，指导运营人才开展知识产权运营平台建设等项目实践。

专利信息分析人才。大力拓展专利信息分析人才来源，吸引科技情报机构、图书馆等领域的人才加入专利信息分析人才队伍，培养专利信息组织、加工、检索、分析等专业技能，形成一批基本满足产业发展和重大经济、科技活动需求的专利信息分析人才队伍，推动产业专利导航、知识产权评议、价值评估、咨询服务和知识产权公共信息服务平台建设等工作开展。

知识产权国际化人才。服务于国家外交大局和"一带一路"、企业"走出去"等战略，加大国际化人才选拔和培养力度，研究我国驻国际组织、主要国家和地区外交机构中涉知识产权事务的人力配备，加强国内外知识产权人才的双向交流和培训，增强知识产权国际交流实务能力，发挥知识产权国际化人才在技术进出口、海外诉讼、资源引进和国际谈判等方面的重要作用，为提升我国知识产权外交地位和知识产权海外竞争护航。

3）知识产权基础人才工程

制定贯彻落实知识产权人才"十三五"规划行动计划，完善专利审查人才教育培训体系，充分发挥专利审查员实践基地作用，培养具有较高业务素质和实践经验的专利审查人才，提升专利审查质量。充分发挥专利审查协作中心作用，全面提升专利审查人才社会服务能力。

提升服务业人才服务创新主体知识产权获权、用权、维权能力，建立专利代理人等知识产权服务业人才能力素质标准，提升专利代理质量，完善专利代理人资格考试制度，支持服务机构形成多元化业务体系，满足创新主体的服务需求。

推动建立和完善企事业单位知识产权人才水平评价制度，每年培训数十万名中小企业知识产权工作者和经营管理人员，鼓励和引导中小企业设立专职知识产权岗位。带动和支持一批理工科类高等学校和科研机构建立知识产权管理团队，提升企事业单位知识产权人才队伍的职业化、专业化和国际化水平。

（5）推进知识产权人才重大项目

以加强知识产权人才培养和使用为目标，以人才机制创新和资源整合为重点，加强对人才的服务和投入，建立一批有利于人才实践锻炼和成长发展的载体和平台，促进人才成长资源深度融合，引导和促进知识产权人才发挥作用。

1）知识产权智库项目

完善知识产权专家库、人才库，健全知识产权专家联系机制和国家知识产权专家咨询委员会运行机制，有效统筹、协调、整合、汇聚各方知识产权咨询、研究等智力力量。加强国家级知识产权智库建设，推动省级知识产权智库建设，促进高等学校和民间知识产权智库发展，形成多层次、多样化的知识产权智库体系，为知识产权强国建设提供理论创新、资政建言、舆论引导、社会服务和公共外交等重要支撑。

2）知识产权培训基地项目

进一步加强知识产权培训基地建设，新设立一批国家知识产权培训基地，探索建立产业知识产权培训基地，建立国家知识产权人才研究中心，加大对创新人才的培训力度。建立在政府指导下，以知识产权培训基地为主要依托，以高等学校和科研院所、企业、知识产权服务机构为辅助，以市场为导向的产学研知识产权人才联合培养机制。大力培养知识产权创业导师，建立创新人才孵化和知识产权创新创业项目孵化相结合的人才培养模式，加强青年创业指导。

3）知识产权人才区域协调发展项目

根据我国知识产权发展区域差异，突出特色、分类指导区域知识产权人才发展。在国家自主创新示范区，自由贸易试验区，知识产权强省、强市等区域，探索建立知识产权人才发展试验区，健全知识产权人才支撑体系，围绕知识产权创造、运用、保护、管理和服务各个环节，制定知识产权人才培养计划，创新知识产权人才培养和使用政策，完善人才公共服务体系，优化人才发展环境，形成知识产权人才集聚区，融入和促进区域经济发展。

4）知识产权人才培训基础强化项目

统筹全国知识产权培训工作，积极探索知识产权人才资源市场化开发规律。深入开展知识产权人才理论研究。开展人才资源统计工作。构建政府部门、高等学校和社会培训多元教育培训体系。充分发挥中国知识产权培训中心和国家知识产权培训基地的作用，加快培养一支能够满足知识产权培训需求、理论素养和实务技能俱佳的高水平师资队伍，组织开发和认定一批精品培训教材，研究制定全国知识产权分级培训标准和标准化课程体系。推动将知识产权课程纳入各级党校、行政学院培训和选学内容。

推动在高等学校开设知识产权课程，加强中小学知识产权教育，建设若干宣传教育示范学校，将知识产权内容全面纳入国家普法教育和全民科学素养提升工作，加强面向发展中国家的知识产权学历教育和短期培训。开展校企联合培养知识产权人才。加强人才工作信息化，推进知识产权远程培训，探索建立移动学习平台。完善知识产权人才信息网络平台，逐步实现知识产权人才信息有序开放共享。

三、企业知识产权人力资源规划

企业知识产权人力资源规划是企业知识产权人才引进、培养、配置和使用的顶层设计，事关企业知识产权工作的长期发展。不仅帮助企业搭建知识产权人才体系的基础架构和引进、培养知识产权人才，而且帮助企业明确在知识产权工作的各个发展阶段如何有针对性地做好重点急需人才的规划和配置。

1. 企业知识产权人才体系

建立并维护符合企业经营需要的知识产权人才体系，是企业知识产权人力资源规划的核心目的。

（1）企业知识产权人才体系的结构

企业知识产权人才体系的结构，由横向和纵向两个维度的人才结构共同组成。

从横向维度看，企业知识产权人才体系包括知识产权管理部门中的专业人才及其他管理部门（如技术部门、人事部门、法务部门、销售部门、财务部门、生产部门等）中的专业人才。

从纵向维度看，企业知识产权人才体系包括高级管理层、中级管理层和执行层的知识产权人才。

通过横向和纵向的交叉来建立覆盖全面的企业知识产权人才体系，可以确保企业各个层面、各个业务部门都有知识产权专（兼）职工作人员来承担相关的知识产权工作，使企业的知识产权工作战略和知识产权管理工作可以更广范围、更深层次的企业经营管理领域得到发挥，提高企业的知识产权工作质量。

（2）企业知识产权人才的引进和培养机制

为建立并维护知识产权人才体系，企业在规划知识产权人力资源工作时，需要建立一套知识产权人才引进和培养机制：通过外部招聘的方式，从企业外部聘请符合本企业发展需要的知识产权工作人才；通过内部培训的方式，在企业内部现有的职工中，按照企业知识产权工作的需要，培养合乎企业要求的知识产权工作人才。

外部招聘和内部培训两种方式各有利弊。外部招聘可以在短时间内找到较高素质、熟悉知识产权管理事务的专业人才，但外部引进的知识产权管理人才通常需要花费一定的时间来学习、理解企业所从事的技术。内部培训的方式，可以较好地解决外部招聘存在的需要与企业融合的问题，由于对企业的技术相对较为了解，有利于快速掌握企业的知识产权工作，但内部培训的方式无法短期获得符合企业需求的知识产权专业人才，比较适合于长期的知识产权人才培养计划。

因此，企业知识产权人力资源规划通常需要将这两种方式兼而用之。一般来说，企业知识产权的高级管理人才可以通过外部招聘的方式吸收进来，而与企业技术研发工作相关的知识产权人才可以通过内部培训的方式从技术研发部门及其他部门中抽调、培训，完成与其所在部门结合密切的知识产权工作。

2. 企业知识产权工作各发展阶段的人才配置

作为企业发展规划的一部分，企业知识产权人力资源规划需要根据企业各个发展阶段的知识产权工作目标来规划和落实。

（1）起步阶段

企业知识产权工作起步阶段，企业开始建立相关知识产权业务，这个阶段的主要工作是专利挖掘和申请。

1）专利申请工程师（专利工程师）

职责：负责研发或产品部门专利案源的挖掘、技术交底书的撰写、专利评审、专利复核、专利递交等工作。

要求：具有理工科背景，熟悉相关技术，具备专利申请的相关经验。

数量：一般是根据专利申请数量进行配置，初期1～2人，一般企业的配置是一年20～40件/人。实际操作可能会根据企业专利工作的精细度、技术难度等有所不同。

2）专利流程工程师

职责：负责企业专利工作流程、文档、费用管理。

要求：熟悉专利申请流程、费用及文档管理。

数量：一般1～2名，很多企业由专利申请工程师兼职。随着企业专利数量的增加可适当增加人员。

（2）发展阶段

企业知识产权工作发展阶段，企业专利的挖掘和申请业务已经相对成熟稳定，并开始延展部分专利分析或风险控制业务。这个阶段企业所需的知识产权人才除专利申请工程师和流程工程师外，还需要增加专利分析工程师和专利资产管理工程师。

1）专利分析工程师

职责：负责企业专利分析或风险控制业务。主要分析内容：一是企业主要产品技术的专利风险分析及应对方案；二是企业主要竞争对手或重要厂商的整体专利评估及应对方案。其主要任务是根据企业发展战略制订分析工作目标及推进计划，将相关专利分析任务分解至各个技术领域，并指导各个技术领域的专利申请工程师或技术人员按照计划完成分析工作。

要求：具有理工科背景，熟悉技术，并具有专利分析、侵权判定、规避设计等专业工作经验。

数量：在专利分析工作开展初期，一般设置1~2名专职的专利分析工程师，例如，企业遭遇大量专利诉讼、许可或纠纷，则需要成立5人以上的专利分析小组。很多企业从整体业务的完善性考虑，会根据技术领域形成一个个完整的业务单元，每个业务单元包括一定数量的专利申请工程师和分析工程师，甚至由有专利申请工程师一直兼任专利分析的工作。专利申请和布局的工作建立在充分的专利分析工作基础上，从而能够形成业务的良好循环，但这对相关人员的专业素质会提出较高的要求。

2）专利资产管理工程师

职责：负责企业专利资产的系统分类和管理。

要求：具有理工科背景，非常熟悉企业技术，具有较深厚的专利管理经验。

数量：初期设置1名，专职、兼职即可，后期根据工作情况可适当增加。实践中，很多企业由专利申请工程师或专利流程管理工程师兼任。

（3）成熟阶段

企业知识产权工作成熟阶段，由于企业知识产权战略已经全面融入企业的整体战略中，知识产权工作日渐融入企业的各个运营环节，因而企业知识产权的各项业务一般都会涉及，尤其是专利风险控制和专利运营会全面展开。这个阶段企业所需的知识产权人才除前述的各类人才外，可能还要增设专利风险控制工程师、专利运营工程师、标准专利工程师等。

1）专利风险控制工程师

职责：负责企业采购、运营、销售、宣传各环节的专利风险控制。

要求：具有法律专业背景，熟悉企业各个运营环节，并根据企业专利风险控制的要求制定相关风险控制的机制或制度并推动实施。

数量：初期可设置1人负责相关的策划、管理和落实，后期视情可适当增加。

2）专利运营工程师

职责：负责企业的专利许可及运营、专利诉讼及谈判、专利纠纷等策划及落实。

要求：具有法律专业背景，熟悉企业所属产业的环境竞争态势，并具有丰富的诉讼、许可和谈判经验。

数量：初期设置1人负责相关的管理和策划，后期视情可适当增加。对于有些许可业务占主导的企业，配置数量可以达到数十人之多。

3）标准专利工程师

职责：负责企业参与标准组织所涉及的专利事务，如标准知识产权政策分析及研究等。

要求：具有法律专业背景，熟悉标准、专利知识，了解相关产业竞争环境、竞争态势。

数量：初期可设置1人负责相关管理和策划，后期视情可适当增加。

以上仅是根据企业知识产权发展的不同阶段，归纳的各个阶段所需要的各类知识产权人才，如表3-2所示，每个企业所属产业不同，知识产权需求也不尽相同，实际情况会有一些差别，需要根据企业自身实际情况来规划符合企业发展需要的知识产权人才。

表3-2 各类型知识产权人才职责及配置要求

类别	岗位职责	能力要求	所需人数	配置阶段
专利申请工程师	负责专利案源的挖掘、技术交底书的撰写、专利评审、专利复核、专利递交等工作	具有理工科背景，熟悉相关技术，具备专利申请的相关经验	初期1～2人，一般企业的配置是一年20～40件/人	起步阶段 发展阶段 成熟阶段
专利流程工程师	负责专利工作流程、文档、费用管理	熟悉专利申请流程、费用及文档管理	一般1～2名，很多企业由专利申请工程师兼职	起步阶段 发展阶段 成熟阶段
专利分析工程师	负责专利分析或风险控制业务	具有理工科背景，熟悉技术，并具有专利分析、侵权判定、规避设计等专业工作经验	初期设置1～2名专职的专利分析工程师，后期根据工作情况可适当增加	发展阶段 成熟阶段
专利资产管理工程师	负责专利资产的系统分类和管理	具有理工科背景，非常熟悉企业技术，具有较深厚的专利管理经验	初期设置1名，专兼职即可，后期根据工作情况可适当增加	发展阶段 成熟阶段
专利风险控制工程师	负责采购、运营、销售、宣传各环节的专利风险控制	具有法律专业背景，熟悉企业运营环节，并制定相关风险控制的机制或制度并推动实施	初期可设置1人负责相关的策划、管理和落实，后期视情可适当增加	成熟阶段
专利运营工程师	负责专利许可及运营、专利诉讼及谈判、专利纠纷等策划及落实	具有法律专业背景，熟悉所属产业的环境竞争态势，具有丰富的诉讼、许可和谈判经验	初期设置1人负责相关的管理和策划，后期视情可适当增加	成熟阶段
标准专利工程师	负责参与标准组织所涉及的专利事务	具有法律专业背景，熟悉标准、专利知识，了解相关产业竞争环境、竞争态势	初期可设置1人负责相关管理和策划，后期视情可适当增加	成熟阶段

四、企业知识产权培训的组织

企业开展知识产权培训的目的在于增强企业各级管理者的知识产权管理意识，提升企业知识产权工作人才的业务素质和能力。由于企业知识产权战略规划在企业内部的全面推进，需要企业各个层面、各个部门的支持和配合。因此，通过对相关人员、相关部门的培训，达成企业内部的知识产权工作的共识，形成协调一致的知识产权意识和工作思路，有利于增强企业知识产权工作的成效。

在实施层面上，企业内部知识产权培训可采取分级培训、分类培训、分段培训相结合的方式进行。

1. 分级培训

从培训对象的角度看，可以根据培训对象所处管理层级的不同，设计并实施符合不同管理层级特点的培训规划和培训课程。一般而言，企业可以将内部培训对象按照企业高层管理者、中层管理者、一线工作人员、新入职员工进行划分，针对不同群体特点开展不同内容的培训。其中，对于知识产权工作处于起步阶段的企业来说，对企业高层管理者的培训是其培训工作的重中之重，直接决定了企业启动和推进知识产权工作的力度和成效。

（1）企业高层管理者

在面向企业高层管理者进行培训时，应当以企业目前所处的知识产权竞争环境、面临的知识产权风险等为培训重点。培训形式可以案例为主，理论为辅，最好能够选用正、反两方面典型的实际案例作为培训素材。通过培训，重点使企业高层认识到知识产权工作的重要性和必要性，就企业目前所处的知识产权竞争环境和面临的挑战与机遇达成共识，在此基础上，对企业知识产权工作给予重视，并安排落实企业知识产权工作所需的资金、人员等。

（2）中层管理者

在面向企业中层管理者进行培训时，建议以企业目前所处的知识产权竞争环境、面临的知识产权风险与机遇及企业知识产权制度、知识产权战略和目标、实施策略及方案为培训重点。通过培训，重点使企业中层管理者就知识产权战略目标及策略达成共识，并基于企业知识产权制度及知识产权战略的整体框架，明确各自所负责的部门在企业知识产权工作体系中的角色与定位，以及细化和实施所承担的知识产权任务。

（3）企业一线员工

企业一线员工是企业知识产权实施的真正执行者，与此密切相关的是有关岗位所涉及的知识产权业务的具体操作实务，以及相关的知识产权管理制度。因此，面向一线工作人员进行培训时，应当以有关知识产权法律规定、企业有关知识产权规定、岗位相关知识产权操作实务的内容为培训重点。在实施培训时，要注意提高培训的针对性，提前了解受训对象的岗位和特点，针对相关岗位可能需要掌握的知识产权实务知识、操作要点、考核要求进行培训。例如，对于一线的技术研发人员，应着重对知识产权奖励、技术交底、研发记录等问题进行重点培训，通过培训，重点使企业一线员工全面了解日常工作可能涉及的知识产权工作、有关法律规定及企业内部相关知识产权业务的操作要求、工作目标和考核标准。

（4）新入职员工

在面向新入职员工培训时，应当侧重于知识产权基础知识及企业知识产权制度的培训。由于新员工的学习能力和学习的积极性、主动性往往比较强，在工作思维方式上可塑性也比较大，可以适当加强知识产权相关理论知识的系统培训，着重针对其岗位可能涉及的知识产权实务操作技能、企业知识产权制度进行培训。通过培训，重点使新入职员工尽早树立知识产权意识，具备知识产权基础知识，培养知识产权工作思维，为日后立足岗位，做好相关知识产权业务奠定基础。

2. 分类培训

从培训对象看，可以根据不同岗位承担的不同职责，设计并实施符合不同岗位职责及特点的培训规划和培训课程。按照岗位职责，最重要的培训对象群体主要包括：知识产权工作人员、技术研发人员、市场营销人员、法务工作人员等。

针对知识产权工作人员，培训内容主要涉及专利挖掘和布局、专利文件撰写与质量评价、审查意见答复、专利代理管理等知识产权事务。

针对专业技术研发人员，培训内容主要涉及专利点的挖掘、专利布局、技术交底书的撰写、知识产权信息检索、授权标准、知识产权数据库、知识产权奖励、研发项目立项及实施过程中的知识产权风险管理等。

针对市场营销人员，培训内容主要是使其了解企业知识产权资产及运用、企业市场拓展中的知识产权风险意识等，重点提升其对知识产权侵权事件的敏感度及面对稍纵即逝的侵权信息时相应的对策，如取证、证据保全等。

针对法务工作人员，培训重点是知识产权诉讼知识和技能、知识产权侵权的比对和判定技能、知识产权宣告无效的知识和技能方面的培训。

针对人力资源管理部门的人员，培训重点是有关入职离职调查制度、知识产权奖励制度、知识产权考核制度等与人力资源关系较大的知识产权管理制度及操作等。

3. 分段培训

由于知识产权实务层面的内容十分丰富，每一部分都包含专业性非常强、理解把握较为困难的复杂内容，因此，可以按照不同知识产权管理流程及管理内容，将知识产权培训分解后分段实施，即分段培训。

按照知识产权管理流程的不同，可以分为知识产权奖励制度培训、研发记录知识培训、技术交底培训、知识产权信息检索培训、专利申请文件撰写培训、专利申请知识培训、专利授权知识培训、专利复审知识培训、专利侵权知识培训、专利无效制度培训、知识产权战略知识培训等。

各培训专题的重点如下。

知识产权奖励制度培训：重点在于企业的知识产权奖励政策及知识产权奖励的阶段、知识产权奖励的相关要求进行宣传，了解企业的知识产权奖励政策，提高技术创新的积极性。

研发记录知识培训：重点在于学习掌握研发记录的格式及研发记录的使用规范。

技术交底培训：重点在于学习掌握如何客观全面地撰写形成技术交底材料，同时了解技术交底内容与知识产权保护形式评估之间的关系。

知识产权信息检索培训：重点在于掌握国际专利分类（IPC）体系、知识产权信息检索关键策略的制订、知识产权数据库的特点及其使用、实现各类检索目的的操作要点等。

专利申请文件撰写培训：重点在于学习掌握知识产权的思维方式和表达方式，如何优质高效地将一份散乱的技术交底文件转变成为一份优秀的专利申请文件，其中尤其要着重培训权利要求、背景技术、实施例等方面的撰写技巧。同时，反过来，培训如何进行高质量的技术交底，以便可以撰写更高质量的专利申请文件。

专利申请知识培训：重点在于培训不同形式专利申请的流程、审查标准、期限、费用，发明人和申请人的关系，专利布局的技巧，国外专利申请体系，专利申请中专利代理机构的作用等。

专利授权知识培训：重点在于培训专利授权的标准，即新颖性、创造性、实用性的含义和适用。在培训中，可以用企业经过专利局多次审查的发明专利申请案例作为培训素材，帮助受训人员深入理解和领会专利授权标准。

专利复审知识培训：重点在于培养培训专利复审的意义、流程、期限、费用等。

知识产权侵权知识培训：重点在于培训知识产权侵权的判断标准，以及全面覆盖、字面等同的定义。为增强培训的针对性，可以用企业自身的实际授权知识产权作案例来设计培训课程，让受训人员更能理解领会知识产权侵权的判断标准。

知识产权无效知识培训：重点在于培训知识产权无效的意义、知识产权无效的理由及知识产权无效程序的流程、期限等。

企业知识产权战略培训：重点在于培训企业知识产权战略的定位、目标、原则、内容和任务。知识产权战略的制定依据及调整变化，以及知识产权战略与企业其他战略之间的关系等。

其他知识产权知识培训：可安排包括知识产权的转让、许可、标准化、质押等知识产权运用知识的培训，以及知识产权竞争手段在企业经营管理中的综合运用等相关知识的培训。

第5节　企业知识产权管理规范

一、概述

为促使我国企业切实提高知识产权管理水平，国家知识产权局于 2011 年成立了编制小组着手起草编制，经过一年多的时间拟订了初稿，在北京、河北、江苏、浙江、湖南、陕西6 个省市试点，并公开向社会征求意见。2013 年 3 月 1 日，GB/T 29490—2013《企业知识产权管理规范》正式颁布实施，2013 年 5 月 23 日，国家知识产权局办公室发布《关于启动企业知识产权管理标准推行工作的通知》，正式启动企业知识产权管理标准推行工作。2014 年3 月 12 日，在国家知识产权局和国家认监委的总体部署下，国内首个专职从事知识产权管理体系审核认证的机构——中知公司在北京成立，公司于 4 月 11 日获得国家认监委颁发的《认证机构批准书》，随后正式开展认证业务。同年 12 月，国家标准化委员会正式发文，批准成立全国知识产权管理标准化技术委员会。

该规范适用于企业知识产权管理，规定了企业知识产权管理的方针、体系要求、资源管理、运行控制、合同管理、检查、分析和改进。该规范的实施，有利于引导企业构建科学、规范的知识产权管理体系，提高知识产权对企业的贡献率，积极应对国内外的市场竞争，帮助企业实现创新驱动式发展。该规范实施以来，全国已有 145 家企业通过了标准化管理体系的认证，呈现出蓬勃发展之势。

二、贯标的主要内容

贯标是贯彻《企业知识产权管理规范》国家标准的简称，其目的在于建立企业知识产权工作的规范体系，认真贯彻落实《国家知识产权战略纲要》的各项战略要求，加强对企业知识产权工作的引导，切实促进企业增强自主创新能力，从而提高企业在国际和国内市场上的核心竞争力。

《企业知识产权管理规范》所提出的企业知识产权管理标准是国家知识产权局结合企业知识产权管理的实践，根据《中华人民共和国专利法》《中华人民共和国商标法》《中华人民共和国著作权法》等法律法规，参照 GB/T 19001—2000《质量管理体系 要求》模式编制，旨在引导企业加强知识产权管理，提高知识产权创造、运用、保护和管理的水平。该规范分前言、引言和企业知识产权管理规范 3 部分。其中，企业知识产权管理规范又分为适用范围、规范性引用文件、术语和定义、知识产权管理体系、管理职责、资源管理、基础管理、实施和运行、审核与改进 9 个部分内容，分别规定了企业知识产权管理的方针、体系要求、资源管理、运行控制、合同管理、检查、分析和改进等工作要求。分述如下。

1. 适用范围

该规范规定了企业策划、实施、检查、改进知识产权管理体系的要求。根据该规范的规定，该标准适用于有志建立知识产权管理体系并寻求持续改进和评价的企业，事业单位、社会团体等其他组织也可以参照该标准相关要求执行。

2. 规范性引用文件

规范性引用用于说明该规范所适用的参照文本。质量管理体系、基础和术语及知识产权文献信息的基本词汇是运用该文件的必备文本。

3. 术语和定义

该规范界定了包括知识产权、过程、产品、系统、管理体系、知识产权方针等术语和定义。规范中，知识产权管理被界定为"企业围绕知识产权所开展的规划、组织、协调和控制的系列活动的总称"。

4. 知识产权管理体系

该规范对企业知识产权管理体系提出了要求，知识产权管理体系是核心内容之一，这些要求包括总体要求和文件要求。总体要求是：企业应按照标准的要求建立知识产权管理体系，实施、运行并持续改进，保持其有效性，并形成文件。文件要求从文件的形成、控制、记录、保管等多方面提出细化的工作目标。

5. 管理职责

管理职责部分围绕企业管理者的工作职责层层展开。该规范将最高管理层视为企业知识产权管理的第一责任人，要求企业最高管理层通过制定企业知识产权方针，明确知识产权管理各部门的职责权限，实现各管理部门间有效的沟通，合理配备企业资源及组织企业管理评审等活动实现知识产权管理体系的有效性。

6. 资源管理

资源管理分为人力资源管理、基础设施管理、财务资源和信息资源管理四大部分，每一部分采取不同的管理方法。例如，企业人力资源管理主要依靠合同管理的方式，涉及员工的教育培训、入职、离职、激励和保密协议等多方面管理内容。

7. 基础管理

基础管理是指对企业所拥有或持有的知识产权开展日常性事务管理的过程。管理工作涉及知识产权的获取、维护、运用和保护等多方面的工作。值得关注的是，该规范首次将知识产权风险管理纳入企业知识产权管理的基础工作，要求企业采取措施，尽量避免或降低生产、办公设备及软件侵犯他人知识产权的风险，定期监控产品可能涉及他人知识产权的状况，分析可能产生的纠纷及其对企业的损害程度，提出防范的预案。该规范还要求有条件的企业建立知识产权风险管理体系，对知识产权风险进行识别和评测，并采取相应的风险控制措施。

8. 实施和运行

知识产权的实施和运行包括立项、研究开发、采购、生产和产品的售前售后等范畴。

9. 审核与改进

审核与改进的含义在于督促企业自身对自我知识产权管理体系中存在的问题进行实时监控、审查评价并采取相应管理措施予以改进。该规范要求企业编制形成文件的程序，定时对知识产权管理体系进行内部审核，已达到标准的要求。

该规范文本之后还附有一份《企业知识产权管理规范》评价指标体系。该指标体系分为三级指标，其中，一级指标为知识产权管理体系、管理职责、资源管理、基础管理、实施和运行、审核与改进6个指标，在每一个一级指标下又根据规范的内容细分为24个二级指标和60个三级指标，每一项指标后均有"是"或者"否"两项评价标准。企业结合自身的知识产权工作，就所列指标与实际情况进行比对，当所有的项目均勾选"是"时视为合格。

该规范作为我国首部知识产权管理国家标准，实施贯标将作为企业知识产权工作的基础条件。企业贯标验收合格后，可向科技主管部门申请知识产权战略推进、专利实施计划等项目。

第 2 编 知识产权创造

◎ 企业专利管理

◎ 企业商业秘密管理

◎ 企业商标管理

◎ 其他知识产权管理

第4章 企业专利管理

第1节 专利

一、概述

"专利"一词在不同的条件下，具有三种不同的含义：一是指政府主管部门依据申请人申请而颁发的专利证书；二是指专利证书授予专利权人对发明的专利权；三是指专利权保护的对象，即发明。

《巴黎公约》和西方一些国家所称的专利一般是指发明专利；我国《专利法》所称的专利包括发明、实用新型和外观设计。

二、专利的主体

专利的主体主要指发明人或者设计人、专利权人和专利受让人等。发明人或者设计人是指真正做出发明创造的人，即对发明创造的实质性特点独自做出创造性贡献的人。在完成发明创造过程中，只负责组织工作的人、为物质技术条件提供方便的人或者从事其他辅助工作的人，不是发明人或者设计人。发明人或者设计人的权利继受人包括继承人和受让人。发明人或者设计人有权在专利申请和专利文件写明自己是发明人或者设计人。

在我国境内有经常居所或者营业所的外国人，在专利方面与我国居民享有同样的待遇；在我国境内没有经常居所或者营业所的外国人，我国根据国际条约或互惠原则对其申请专利给予国民待遇。

职务发明创造是指在执行本单位的任务，或者主要是利用本单位的物质技术条件所完成的发明创造。非职务发明创造则是指除职务发明创造以外的发明创造。职务发明创造申请专利的权利属于发明人或者设计人的工作单位。非职务发明创造的专利申请权属于发明人或者设计人。获得授权后，发明人或者设计人为专利权人。

三、专利的客体

专利的客体是指发明创造。我国专利法保护的发明创造是指发明、实用新型和外观设计。

1. 发明

通常所说的发明与专利法所称的发明具有不同的含义。世界知识产权组织认为，专利法所说的发明是发明人的一项构思，能在实践中解决技术领域的具体问题。我国《专利法》规定，发明是指对产品、方法或者其改进所提出的新的技术方案，分为产品发明和方法发明。产品发明是指以有形形式出现的一切发明，如机器、仪器、设备、装置、用具和各种物质等。方法发明是指与某种活动有关的发明，具体可分为：①制造产品方法的发明，如机械方法、物理方法、化学方法；②其他方法，如通信方法、测试与计量方法、操作方法等。

2. 实用新型

实用新型是指对产品的形状、构造或者其结合所提出的适于实用的新的技术方案。实用新型只适用产品，不适用方法。

3. 外观设计

外观设计，也称工业品外观设计，是指对产品的形状、图案或者其结合及色彩与形状、图案的结合所作出的富有美感并适于工业应用的新设计。它是利用人们的审美心理来达到美感的效果。

四、专利的授权条件

我国《专利法》规定，授予专利权的发明创造不得违反法律、社会公德或者妨害公共利益，不得违反法律、行政法规的规定获取或者利用遗传资源，并依赖该资源完成的。此外，还要符合下列条件。

①授予专利权的发明和实用新型，应当具备新颖性、创造性和实用性。新颖性是指该发明或者实用新型不属于现有技术，也没有任何单位或者个人就同样的发明或者实用新型在申请日以前向国务院专利行政部门提出过申请，并记载在申请日以后公布的专利申请文件或者公告的专利文件中；创造性是指与现有技术相比，该发明具有突出的实质性特点和显著的进步，该实用新型具有实质性特点和进步；实用性是指该发明或者实用新型能够制造或者使用，并且能够产生积极效果。

②授予专利权的外观设计，应当不属于现有设计，也没有任何单位或者个人就同样的外观设计在申请日以前向国务院专利行政部门提出过申请，并记载在申请日以后公告的专利文件中。授予专利权的外观设计与现有设计或者现有设计特征的组合相比，应当具有明显区别。

并不是所有发明都可以授予专利权。下列各项不能授予专利权：科学发现；智力活动的规则和方法；疾病的诊断和治疗方法；动物和植物品种；用原子核变换方法获得的物质；对平面印刷品的图案、色彩或者二者的结合作出的主要起标志作用的设计。

五、专利权的内容

发明创造被授予专利权后，除《专利法》另有规定外，任何单位或者个人未经专利权人许可，都不得实施其专利，即不得为生产经营目的制造、使用、许诺销售、销售、进口其专利产品，或者使用其专利方法及使用、许诺销售、销售、进口依照该专利方法直接获得的产品。这里的专利产品是指具备专利的权利要求书所记载的技术特征的产品。

1. 专利的申请和授权

在专利申请阶段，国家知识产权局有如下行政管理职能。

保密审查：任何单位或者个人在中国完成的发明或者实用新型向外国申请专利或依照有

关国际条约提出专利国际申请的，应当事先报经国家知识产权局进行保密审查。

申请受理：国家知识产权局应当按照客观、公正、准确、及时的要求，依法处理有关专利的申请。国家知识产权局应当完整、准确、及时发布专利信息，定期出版专利公报。在专利申请公布或者公告前，国家知识产权局的有关人员对其内容负有保密责任。

专利授权：国家知识产权局收到发明专利申请后，经初步审查认为符合《专利法》要求的，自申请日起满18个月，即行公布。发明专利申请自申请日起3年内，国家知识产权局可以根据申请人随时提出的请求，对其申请进行实质审查；申请人无正当理由逾期不请求实质审查的，该申请即被视为撤回。国家知识产权局对发明专利申请进行实质审查后，认为不符合《专利法》规定的，应当通知申请人陈述意见或者进行修改或者予以驳回。没有发现驳回理由的，作出授予发明专利权的决定。实用新型和外观设计专利申请经初步审查没有发现驳回理由的，作出授予实用新型专利权或者外观设计专利权的决定。授权决定作出后发给相应的专利证书，同时予以登记和公告。

2. 专利的转让和许可

我国各级知识产权行政管理部门还对知识产权的转让和许可具有一定的管理职能。具体内容有以下几个方面。

（1）国有企事业单位发明专利推广应用管理

《专利法》第14条规定："国有企业事业单位的发明专利，对国家利益或者公共利益具有重大意义的，国务院有关主管部门和省、自治区、直辖市人民政府报经国务院批准，可以决定在批准的范围内推广应用，允许指定的单位实施，由实施单位按照国家规定向专利权人支付使用费。"

（2）专利申请权和专利转让权转让管理

《专利法》第10条规定："专利申请权和专利权可以转让。中国单位或者个人向外国人、外国企业或者外国其他组织转让专利申请权或者专利权的，应当依照有关法律、行政法规的规定办理手续。转让专利申请权或者专利权的，当事人应当订立书面合同，并向国务院专利行政部门登记，由国务院专利行政部门予以公告。专利申请权或者专利权的转让自登记之日起生效。"

（3）强制许可管理

根据《专利法》的规定，有下列情形之一的，国家知识产权局根据具备实施条件的单位或者个人的申请，可以给予实施发明专利或者实用新型专利的强制许可：专利权人自专利权被授予之日起满3年，且自提出专利申请之日起满4年，无正当理由未实施或者未充分实施其专利的，专利权人行使专利权的行为被依法认定为垄断行为，为消除或者减少该行为对竞争产生的不利影响的。

在国家出现紧急状况或者非常情况时，或者为了公共利益的目的，国家知识产权局可以给予实施发明专利或者实用新型专利的强制许可。为了公共健康目的，对取得专利权的药品，国家知识产权局可以给予制造并将其出口到符合中国参加的有关国际条约规定的国家或者地区的强制许可。此外，一项取得专利权的发明或者实用新型比前已经取得专利权的发明或者实用新型具有显著经济意义的重大技术进步，其实施又有赖于前一发明或者实用新型的实施的，国家知识产权局根据后（前）一专利权人的申请，可以给予实施前（后）一发明或实用新型的强制许可。

给予实施强制许可的决定，应当根据强制许可的理由规定实施的范围和时间。强制许可的理由消除并不再发生时。国家知识产权局应当根据专利权人的请求，经审查后作出终止实施强制许可的决定。

第2节　专利挖掘

一、概述

专利挖掘是指在技术研发和产品开发中，对所取得的技术成果从技术和法律层面进行剖析、整理、拆分和筛选，从而确定用以申请专利的技术创新点和技术方案。简言之，专利挖掘就是从创新成果中提炼出具有专利申请和保护价值的技术创新点和方案。专利挖掘处于企业专利工作流程的前端，对后期的专业管理、运用和保护有着深远的影响，是企业专利工作的基础。因此，做好专利挖掘，对于企业实现法律权利和商业收益最大化、专利侵权风险最小化的双赢目标，具有非常重要的作用和意义。

通过专利挖掘，结合企业技术研发重点和相关技术发展趋势，可以更加准确地抓住企业技术创新成果的主要发明点，对专利申请文件中的权利要求及其组合进行精巧的设计，既确保相关专利的权利要求保护范围尽可能大，又确保相关专利获得尽可能稳固的法律稳定性，避免专利申请的随机性和随意性，从根本上提升专利申请的综合质量。

通过专利挖掘，企业对研发产生的技术创新成果进行全面、充分、有效的保护，全面梳理并掌握可能具有专利申请价值的各主要技术点及其外围的关键技术，避免出现专利保护的漏洞。

通过专利挖掘，可以站在专利整体布局的高度，全方位考虑利用核心专利和外围专利相互结合进行组合、卡位，形成严密的专利网，一方面培育巩固企业自身的核心竞争力，另一方面与竞争对手形成有效对抗甚至在相关技术要点上构成反制。

通过专利挖掘，可以尽早发现竞争对手有威胁的重要专利，便于企业在技术研发中及早规避专利风险，或采取专利包围等措施以减小专利风险，最大限度地降低企业未来可能在市场竞争中遭遇的风险。

二、专利挖掘的分类

按照挖掘的目的不同，可以将专利挖掘分为成果保护型、包围拦截型。成果保护型是通过申请专利，将技术创新成果法律化、权力化，有效保护企业的技术研发成果不被他人抄袭复制。这种专利挖掘根据挖掘的技术又分为技术保护型和技术储备型，前者侧重于增强产品和技术的竞争力，排斥竞争对手，关注的是近期现实的产品和技术的保护；后者侧重于抢先申请并占有未来产业和技术可能发展的方向或趋势的专利，关注的是未来长期的技术竞争优势。包围拦截型是针对竞争对手的技术和产品路线进行研究，进而制定相应的专利挖掘规划和技术研发策略，提前设置外围专利，干扰和遏制竞争对手的专利策略，形成"你中有我，我中有你"专利态势，从而在该领域获得与竞争对手进行交叉许可的专利筹码。

按照专利挖掘的对象不同，将专利挖掘分为研发项目型、专利改进型、技术改进型和标准制定型。研发项目型是针对具体的技术攻关项目或者产品开发项目所进行的专利挖掘，这种类型是企业专利挖掘工作中最基本也是最主要的类型。专利改进型是针对特定的专利和专利申请，从专利角度、竞争策略或者技术改进、升级等方面所进行的专利挖掘。这种类型是企业自身或者其他企业的专利需要再度改进、升级、延伸进行专利挖掘，这些专利必然是企业技术或产品具有较大影响的重要专利。技术改进型是企业为了解决产品存在的技术问题、缺陷或者不足进行的专利挖掘。这种类型的专利挖掘要紧扣相关技术问题和缺陷开拓思维，围绕要素关系改变、要素替代、要素省略等方面充分进行横向发散思考和研究。标准制定型是在制定技术标准过程中，围绕标准中所包含的技术方案、技术功能或者需求进行的专利挖掘。

三、专利挖掘的实施主体

专利挖掘的具体实施一般有企业的专利工程师、技术研发人员及提供专业服务的外部专利代理人3类人员来完成，各司其职，协同工作。其中，企业专利工程师和技术研发人员是专利挖掘最基本的实施主体。

1. 专利工程师

专利工程师负责统筹规划整个专利挖掘工作，主要负责以下工作：制订并推进专利挖掘的实施计划，确保实施计划的进度和效果；引导企业技术研发人员和外部专利代理人围绕挖掘项目进行思考和创新，如提炼核心关键点、引导分散性思维和聚焦、指导技术方案及技术问题的分解等；对专利挖掘输出文档的质量进行把关和控制，包括对企业技术研发人员撰写技术交底书进行指导，以及对外部专利代理人撰写专利申请文件的质量进行审核把关等。

专利工程师水平的高低直接决定了企业专利保护技术创新成果的能力，并进而影响企业核心竞争力的培育。因此，专利工程师不仅要具有专利相关的专业技能，能够理解企业商业经营模式及企业的产品和技术，同时还要具备一定的项目管理和协调能力，具有系统性思维能力和思考能力。

2. 技术研发人员

技术研发人员主要从事专利挖掘过程前端的工作，即在专利工程师的引导下，梳理提出具有创新意义和商业价值的技术方案，并撰写相应的技术交底书，同时，协助专利工程师进行技术分解。技术研发人员要具备一定的专利基本知识和技能，能够较好地理解专利法有要求的专利"三性"的基本含义，能够把握技术交底书"3个基本要素"之间的关系和表达技巧。

3. 外部专利代理人

专利代理人利用其在专利申请文件撰写、专利无效、专利诉讼等方面的专业经验，根据技术研发人员提出的技术创新方案，撰写专利申请文件。现在越来越多的外部专利代理人逐渐深度参与企业的专利挖掘全过程，尤其是深入专利挖掘过程的前段工作，直接与技术研发人员讨论和提炼技术创新点。实践中，有一些企业直接将整个专利挖掘项目整体外包给专利代理机构，以确保重大研发项目的专利布局保护力度和效果。

四、专利挖掘的基本要求

1. 从产业链和技术链的高度指导专利挖掘

技术细节对于专利挖掘十分重要，是有效进行专利挖掘的基础，但技术细节容易令人"见树不见林"，只有从技术创新项目所属产业、所属技术领域进行相对宏观的整体观察，才有可能明显提升专利挖掘的整体层次，既考虑到技术创新点本身，又考虑到技术创新点在产业链、技术链的地位、作用和价值，真正做到"见树又见林"。因此，在实施推进专利挖掘时，不要受限于企业在行业中的地位，而要站在整个产业链、技术链高度，俯瞰产业和技术的上下游，方能准确把握专利挖掘的关键和重点。苹果公司在推出 iPhone 之前，针对零部件生产商、手机生产商、移动互联网服务商等上下游企业，在触控技术、UI 界面、手机操控、移动应用商店、应用图标、产品外观等方面进行创新，从商标、专利、版权、工艺设计等各个方面展开了严整绵密的知识产权保护设计。

2. 从现有技术对比出发聚焦差异和贡献进行专利挖掘

在专利挖掘过程中，一定要立足于现有技术，找出创新的技术方案与现有技术的差异，并聚焦此差异，确定技术创新方案对现有技术的真正贡献。唯有如此，才能够使未来所申请的专利不仅具有坚实牢固的法律稳定性，而且通过专利挖掘使其非必要技术特征从独立权利要求中剥离，有可能获得与此技术贡献相匹配的最优权利要求保护范围。其中，值得注意的是，在确定创新技术方案，相对于现有技术的差异和贡献要建立在充分检索、尽量收集和获取相关现有技术资料的基础上进行，而不能仅凭技术人员的感觉作出结论。

3. 从培育完善专利组合的角度进行专利挖掘

专利挖掘不仅是对散落整体技术解决方案之中、具有实质性技术贡献的技术点的挖掘，更重要的是通过全面充分的挖掘，培育建立起相互支持、相互补充的专利组合。在专利挖掘过程中，确定应申请专利的技术创新点，应当区分核心技术、基础技术和外围技术，进而确定每一件专利的作用及重要性，分清核心专利、基础专利和外围专利，以便在后续的专利维护和管理中制订不同的策略进行有效管理，甚至作为重要的专利资产进行管理。

4. 从尽早识别专利风险的角度进行专利挖掘

在专利挖掘过程中，需要对于企业技术创新成果相关的现有技术尤其是专利进行大量阅读和对比分析。在阅读相关专利文献时，势必会发现与企业技术创新项目中有关技术点的技术构思相似甚至相同的专利，如果这些专利仍然处于授权有效状态或在审未结状态，企业相关技术创新项目未来推向市场的产品就极有可能面临专利风险，如果可能构成专利侵权的专利为企业竞争对手所拥有，则这一专利风险发生的可能性就将进一步加剧。这样的话，企业可以及早地调整技术方案，改变技术方向或者采取替代技术手段，既能减少技术研发的沉没成本，又能节省技术研发的宝贵时间，还能对企业无法规避的专利风险能够及早采取措施，抓住一切可能的机遇窗口实时进行妥善应对。

五、专利挖掘的实施流程

专利挖掘的实施流程分为发明构思的收集和筛选、发明创新点的梳理和挖掘及技术交底书撰写和评审 3 个阶段。

1. 发明构思的收集和筛选

做好发明构思收集工作的前提是：一方面要求专利挖掘的人员全面了解和把握企业技术研发、商业运营等方面的战略、现状、组织模式等基本状况；另一方面要求企业专利部门结合企业组织运行架构设计并建立符合企业内部运行状况的发明构思提交和收集机制。在此基础上，开放而无偏见地广泛收集发明构思。

由于企业内部收集的发明构思，往往源于不同的研发项目设计，不同的技术领域解决不同的技术问题，并且提交发明构思的技术人员的技术水平和专业素养也不尽一致，因此，有必要对收集到的发明构思进行分类整理。发明构思筛选的目的是初步过滤剔除价值不大、可行性不足的"杂质"，筛选出具有一定价值的发明构思，以提高后续流程的整体效率。

2. 发明创新点的梳理和挖掘

发明创新点的梳理和挖掘通常需要经过技术分解、检索查新、风险排查和规避、发明点提炼等环节。

（1）多维度技术分解

技术分解一般有两种方法：一是从技术研发项目任务出发，按照研发项目需要达到的技术效果或技术架构进行逐级拆分，直至每个技术点，这是专利挖掘采用的最主要的技术分解方式；二是从特定的技术创新点出发，分析关联的技术因素，适当对其进行多技术维度的扩展延伸，找出可能存在的外围发明构思，并据此形成可能申请外围专利的技术方案。这两种方法可以相互结合应用，一般来说，首先可以从项目出发进行技术分解，对于有价值的特定的技术创新点，可以进一步延伸关联到其他的相关技术创新点。

（2）全方位检索查新

专利挖掘的检索包含三个方面：一是对技术分解后得到的每个技术创新点进行检索，以确认该技术创新点是否可以成为发明点；二是对技术创新点的上一级技术组成进行检索，确认整体技术方案是否可以申请专利；三是对技术创新点的相关联技术进行检索，确认相关联技术是否存在可申请专利的可能性。

（3）风险排查和规避

专利挖掘中的风险排查和规避主要是将检索查新得到的相关专利与发明构思进行比对分析，预估相关技术方案可能面临的潜在专利风险，并着重从技术上寻找替代的解决方案，提前制订风险应对预案，为企业最大限度避免和减少损失做好准备。

（4）千锤百炼发明点

发明点的提炼不是简单的确认技术点是否"新"，而是从专利运用、技术占位、市场控制、侵权诉讼等方面综合进行考量，涵盖了技术、市场、法律等多重因素。其基本要求主要发明的技术特征是且仅是该发明最基本的必要的技术特征。

3. 技术交底书的撰写和评审

技术交底书作为专利提案的基本形式，是专利挖掘工作形成的重要成果，是发明人将需要申请专利的发明创造清楚、完整地呈现给专利代理机构或企业专利部门的文件。技术交底书记载了具体的发明创造内容，是企业专利部门评判发明创造是否合适进行专利申请的基础，也是撰写专利申请文件的基础。

技术交底书的撰写要求包括六个方面：一是清楚描述现有的技术及其缺点；二是清楚描述发明所采用的技术方案；三是清楚描述发明技术方案的有益效果；四是全面提供相关实施例；五是提供产生有益效果的原因；六是提供附图并详细描述附图。

企业应当建立专门的专利评审委员会，对专利挖掘所产生的技术交底书进行评审。评审成员应当至少包括专利工程师、技术研发专家及专利部门负责人。其中，技术研发专家应当由企业各个技术部门选派资深的技术人员组成，并且在技术研发专家的人选和人数上应当综合考虑各个技术领域的分布和配置。同时，企业内部应当建立相应的评审流程，明确评审组织成员在流程中的活动及相应的职责，并将流程及职责建立信息化系统。

六、专利挖掘的规划管理

1. 前瞻部署专利挖掘规划

专利挖掘作为专利工作最为基础、最为常规化、最需要部门间协作配合的一项基本业务，制订工作规划尤为必要。

从形式上看，可以是企业专利工作整体规划的组成部分，也可以是专项制订的专门规划；从内容上看，企业根据所处的专利工作发展阶段，结合企业的行业特点、技术特点、整体战略，制订相应的专利挖掘工作规划，如表4-1所示。

表4-1 专利挖掘在企业不同发展阶段的特点

阶段	初期阶段	中期阶段	运营阶段
特点	企业处于专利原始积累阶段，专利挖掘基本上是零星产出，缺乏整体性和规划性	企业处于专利快速积累阶段，专利挖掘制度化和日常化运作；建立相应的制度和规范，并持续优化；逐步掌握专利挖掘的技巧，并形成相对完整的操作性指南或模板	企业处于专利布局性储备阶段，专利挖掘主要以项目方式运作；强调专利价值管理，关注专利的商业价值；强调专利挖掘的规划性、全局性、方向性和前瞻性

一份完整、翔实的专利挖掘规划通常包含挖掘的技术领域、重点方向、挖掘目标、策略、成员、责任人和里程碑等基本要素，如图4-1所示。缺少任一要素的部署和安排，都有可能导致在后续的专利挖掘推进实施中出现诸多不确定的执行障碍。

为了更好地突出专利挖掘规划的重点并保证规划的可执行性，在制定战略规划时，可以强化对专利挖掘重点项目的规划。重点项目是专利挖掘规划的重中之重，需要通过明确重点技术领域、重点技术研发项目甚至重点技术方向，进一步明确专利挖掘的重点，并在资源投入上予以重点保障，确保企业最重要的技术研发项目的技术创新成果得到充分、全面、深入的挖掘。重点挖掘项目的实施成败，直接影响专利挖掘规划执行实施成功与否。

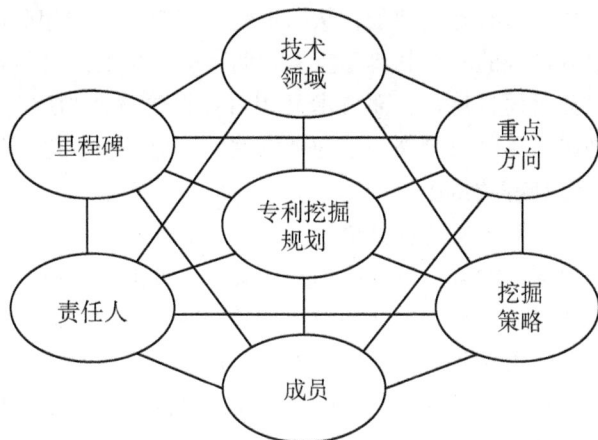

图4-1 专利挖掘规划内容的关键要素

2. 科学实施规划管理

（1）专利挖掘项目计划的进度管理

专利工程师负责整个专利挖掘项目的统筹管理，担负着项目进度安排和检查督促的责任，要按照不同的阶段制订任务进度计划表，明确各阶段任务的人员、具体工作及各团队成员的具体职责，确定具体进度日程和输出节点，并建立每周、每月的进度定时汇报机制，保证有效推进专利挖掘工作。

（2）专利挖掘产出专利的组合管理

为了专利资产组合和评估管理的需要，将企业的专利按照一定的标准划分成若干个专利组合来加以管理，相应地，为提高专利组合管理效率，企业应当建立与之相对应的数据库，并在专利管理信息化系统中设置配置相应的功能。

（3）专利挖掘协作配合的沟通管理

专利挖掘涉及的多个人员、多个部门，特别是跨部门事宜的协作，企业应当设定相应的工作模式和流程，建立健全顺畅、有效的协作沟通机制和平台，在各部门、各成员之间搭建起有效沟通的桥梁，才能保证整个项目有条不紊地推进。

第3节 专利管理

一、专利申请管理

1. 确定是否申请专利

不同的发明创造成果，其本身特性是不相同的。有些发明，其发明点完全体现在相应的产品上，一旦产品上市销售，就意味着该发明对社会公开。这些发明，如果不及时申请专利，则很容易导致技术公开而使发明人丧失独占的可能性，故而必须申请专利。还有一些发明，由于是产品的生产方法或者是工艺的改进，这些技术并不会随着产品的销售而公开，只要发明人采取的措施得当，完全有可能以商业秘密的方式予以长期保护，这样就可以大大延长发明人对其发明的技术独占实施的期限，从而不受专利权固定的相对较短期限的限制。可口可乐的配方就是用后者保护的一个和典型。从发明所能产生的经济效益来看，如果一项发明创造的经济效益比较显著而且持久，而技术又相对容易仿冒，则此时就有必要申请专利。相反，如果一项发明创造虽然可以带来一定的经济效益，但是技术更新较快，则此时快速抢占市场可能就要比申请专利有效得多。

2. 决定是否委托专利代理人代为申请

专利申请的专业性很强，如果一件发明创造从实质条件上完全符合授权条件，可以获得专利权，但是因为形式要件不能满足专利法关于申请和审查的要求，最终也不能获得专利权，这是相当可惜的。发明人对其取得的发明创造从技术上来说是非常清楚的，但是要让每一个发明人都能准确撰写符合要求的专利申请文件及能够准确界定专利权的保护范围，这是不容易的。专利代理人能够为发明人、申请人解决这方面的问题，不仅能够对发明人的发明创造从专利申请的角度予以理解并撰写申请文件，而且还能够运用其经验、知识在专利申请审查及其他相关程序中提供专业服务，更好地与专利行政机关的审查人员进行沟通，对有关专利申请、审查期限等事项进行监督，防止申请人因为对程序不熟悉而导致权利丧失，如避免视为撤回、视为未提交、视为放弃专利权等，不排除某些申请人自己撰写申请文件，自己处理相关申请事宜，并且最终获得授权，但是在专利权保护的质量上，可能会因为如权利要求书中对必要技术特征的认识不足，从而导致保护范围缩小的情形发生。申请人必须对这一后果认真考虑，决定是否委托专利代理人代为申请专利。

3. 选择专利申请的类型

我国《专利法》中规定了3种专利类型，对同一发明创造，存在着获得3种不同专利的可能性。选择何种专利类型，既需要考虑发明创造本身的特性，例如，创造性高低，也需要考虑发明人的经济承受能力，以及专利法对不同专利类型的不同要求。一般来说，如果发明创造为开创性发明，则其创造性程度很高，这样的发明创造可以申请发明专利；如果发明创造为小革新、小发明，则可以申请实用新型专利。当然这两种专利类型的界限并不是绝对的，有的发明创造既可以申请实用新型专利，也可以申请发明专利，完全取决于申请人的意愿。按照我国《专利法》的规定，发明专利申请费用比实用新型专利申请费用要高，而且在专利授权之后的专利年费也相差比较悬殊，如果申请人经济压力较大的话，则可以申请所需费用较少的实用新型专利，否则可以申请发明专利。特别是由于我国《专利法》对发明专利申请实行实质审查制度，而对实用新型专利申请采取初步审查制度，因此，从审查授权程序的复杂性及难易程度上来看，实用新型专利申请要简单很多，而且能够在较短时间内得到授权。由此所产生的不足则是由于没有经历实质审查，所以这样的实用新型专利在无效宣告程序中容易被确定为无效。而对于发明专利申请来说，虽然花费的时间和费用较多，但是专利授权之后比较稳定，保护期限相对较长。

4. 把握专利申请的时机

申请专利时。总的原则是，及早申请专利，以防止他人申请在先而使自己丧失权利。但在某些特殊情况下，并不是越早申请越好。某些具有创造性的发明，如果整个社会对该成果还不能接受，或者不具备实施的社会环境，则即使获得了专利也不能从实施中获得经济回报，反而会为了维持专利有效而支付专利年费。

5. 确定专利保护的范围

对专利申请人来说，专利保护范围越大，对其越有利。但是在申请专利时，申请人必须对自己的发明创造与现有技术的区别有清楚的认识，正确界定专利权的保护范围，也就是在权利要求书中准确确定该发明创造的全部必要技术特征，如果拟保护的范围过大，将导致专利行政部门无法授权；如果拟保护的范围比该发明所能获得的保护范围小，则专利权人取得的专利权将有损失。因此，申请人应当考虑专利申请文件中的有关措辞，尽可能将专利保护范围拓展，指出该技术方案的技术目的、效果、功能等与现有技术相比所具有的新特点，指出其本身的区别技术特征，这样将使专利权保护更加完善。

6. 决定专利申请的国别

现代社会是开放的社会，国际范围的商品流通及技术流通相当活跃。由于专利的地域性，一个国家授予的专利在另一个国家并不能得到保护，因此，申请人还必须根据自己专利产品的销售地域或者专利技术的主要应用地区来决定应当在哪些国家或地区申请专利。当然也不是所有的国家都要申请专利，否则，专利申请费用将是不小的负担。

二、专利费用管理

专利费用主要包括向国家知识产权局缴纳的各种费用及专利代理过程中产生的代理相关费用。

按照专利申请所处的阶段来划分，分为申请前、审查中和授权后3个阶段的费用，如表4-2所示。

表4-2　按专利申请阶段的费用构成

阶段	申请前	审查中	授权后
费用	申请官费 代理费 发明人奖金	实质审查请求费 恢复权利请求费 复审请求费 代理费	专利登记费 年费 发明奖金
	著录事项变更费		
	无效宣告请求费		

按照缴费时机和对象来划分，分为按合约支付的专利代理费、按通知缴纳的费用（如申请费、恢复权利请求费、复审请求费和专利登记费等）和主动缴纳的费用（如年费、实质审查请求费等）。

专利申请各个阶段的费用可以委托专利代理机构缴纳，也可以自行交纳。如果企业的专利数量较少，则可以全部委托专利代理机构代为缴纳；如果是自行缴纳的，则需要代理机构及时传递相关专利文件，并注意在缴费期限前缴纳。其中年费缴纳前需要对授权专利是否维持进行评估，评估的频率与企业有效专利的数量有关，专利数量越多，评估频率就越低。

三、专利文档管理

由于专利的法定保护期限长达10~20年，专利从提案、检索、申请、审查及各类通知、专利证书等，以及复审、无效及诉讼的相关事务等，涉及的专利文档不仅数量巨大，而且种类繁多、内容复杂，不同的文档在不同的阶段都有其存在的必要性。因此，确保专利文档能够快速查找和归位对于企业专利管理显得非常重要。

如图4-2所示，以一项最终授权的发明专利申请为例，在递交后授权前一定会收到的通知书有：专利申请受理通知书、初审合格通知书、发明专利申请公布通知书、进入实审审查阶段通知书、审查意见通知书、授权及办理登记手续通知书、专利证书等。在专利审查过程中，可能还会收到补正通知书、视为撤回通知书、驳回决定、视为放弃取得专利权通知书、授权后可能产生有关提醒缴纳年费的缴费通知书或专利权终止通知书等；如变更代理机构、发明人、专利申请人或专利权人，则需要办理著录项目变更事宜，可能会收到视为未提出通知书或手续合格通知书；在办理撤回、视为放弃等事宜，可能收到恢复权利请求审批决定等。

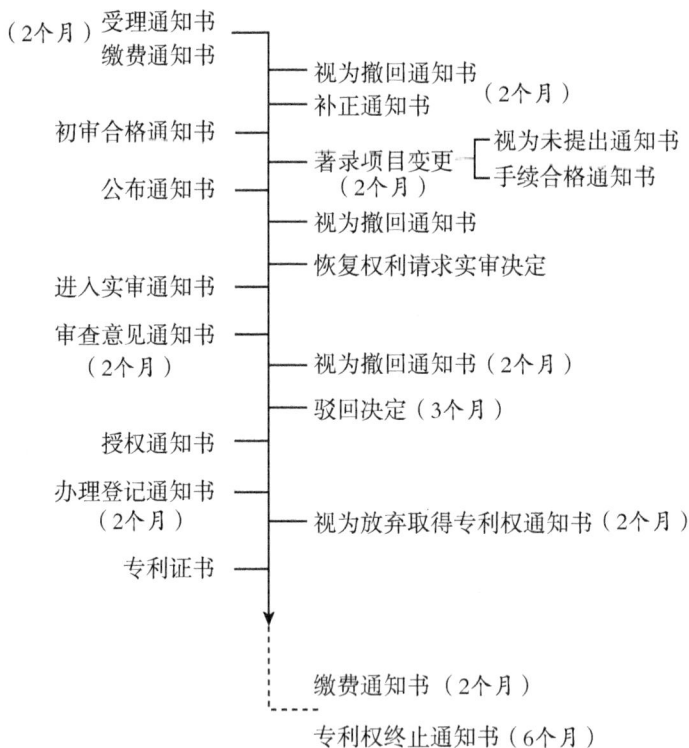

图4-2 各类主要通知书类型

四、专利期限管理

专利期限管理的目的是确保企业专利申请工作必须在国家知识产权局规定的专利期限内完成，这对于保持专利申请活动的顺畅性、维持专利申请的有效性及避免不必要的流程失误至关重要。专利期限既包括实体意义上的期限，如专利的有效期限，也包括程序意义上的期限，如答复审查意见的期限、缴纳授权费或年费的期限等。其中答复期限和缴费期限是两种典型的程序意义上的期限。常见的专利期限如下。

①专利申请费缴纳期限：自申请日起 2 个月内。

②发明专利申请主动修改申请的期限：提出实审请求时，及时对第一次审查意见答复时。

③实用新型或外观设计专利申请主动修改申请的期限：自申请日起 3 个月内。

④发明专利早期公布的期限：自申请日（或优先权日）起 18 个月内。

⑤发明专利申请请求实质审查的期限：自申请日（或优先权日）起 3 年内。

⑥提出分案申请的期限：原案授权通知发出前。

⑦提出行政复议的期限：接到专利局通知后 15 日内。

⑧请求恢复权利的期限：自接到通知后 2 个月内。

⑨申请人请求复审期限：自收到驳回决定后 3 个月内。

⑩申请人对复审不服，向法院起诉期限：自收到复审决定 3 个月内。

⑪办理专利登记手续的期限：自接到通知 2 个月内。

⑫对侵权行为处理决定不服，向法院起诉期限：自收到决定起 3 个月内。

⑬以中国专利申请为优先权申请 PCT 或者进入外国国家阶段的时限：自中国专利申请日起 1 年内。

⑭答复第一次审查意见的期限：自收到第一次审查意见之日起 4 个月内。

⑮答复第二次和第三次审查意见的期限：自收到第二次或第三次审查意见之日起 2 个月内。

⑯缴纳实质审查费的期限：自申请日（或优先权日）起 3 年内。

⑰缴纳授权登记费的期限：自收到办理登记手续通知书之日起 2 个月内。

⑱缴纳年费的期限：不迟于下一年度年费缴纳之日。

专利期限具有时效性和程序性，一般由企业的专利管理部门的人员负责，在具体的管理过程中需掌握一定的方法和技巧，避免期限管理方面出现的程序性失误导致的损失。

五、专利代理管理

在专利代理管理中，关键在于如何选择并有效利用代理资源，以及与代理之间进行通畅的业务沟通，包括初选入围、比较评估、业务考察、择优汰换等几个阶段。

1. 初选入围

根据公司实际情况需要，选择代理机构进行评估，考虑因素包括专业领域、业务运作、管理制度、组织架构、人力资源、地理位置、代理价格、年业务处理量、现有客户、协同机构等。

2. 比较评估

通过对实际案例的撰写，评估各专利代理机构的业务能力与企业产品和技术的匹配程度。

3. 业务考察

对确定的专利代理机构进行代理业务管理，主要是案件的质量和效率。

4. 择优汰换

根据一个业务周期，对现有专利代理机构进行代理能力考评。

六、专利维持管理

专利维持管理是对维持专利的效力并延续的状态和措施的管理，专利维持管理分为两种：一是对专利申请状态的维持管理；二是对专利生效状态的维持管理。

专利维持管理由企业的专利管理部门负责，并在第一时间判断专利是否需要维持及采取怎样的维持手段，必要时，相关的技术研发人员、市场销售人员、财务管理人员等协助专利管理人员共同判定，有时也请外部的代理机构一起参与专利的维持管理。专利维持管理的措施有两种：一是在法定期限内足额缴纳相应的费用，使专利生命状态得以持续；二是在法定期限内完成专利主管机关要求完成的任务，使专利生命状态得以持续。在专利申请状态的维持方面，通常需要同时采用上述两种措施；在专利生效状态的维持方面，由于专利已经得到授权，通常只需要用第一种措施，如及时缴纳年费等费用。

七、上市企业的专利管理

企业上市过程中的专利管理是指在企业针对上市过程中必须符合的专利条件进行的准备、布局、维护和运用等相关的工作。专利在企业上市过程中的意义不仅表现为企业能够获得审查机构的认可并顺利上市，更为长远的是，企业具有核心竞争力的专利可以体现出企业具有核心竞争力和持续盈利的能力，从而获得投资者的青睐，企业的股票也能成为绩优股，进而推动企业持续健康发展。

按照企业上市的阶段，专利管理工作主要有以下几个方面。

1. 企业上市前的准备工作

（1）企业上市前，应当进行专利分析、专利规避设计、控制专利诉讼风险，并预先建立专利侵权处置方案。同时，需要核查专利权属状况、发明人资格及奖金报酬状况，对于有问题的，要及时予以处理。

（2）在制作招股说明书时，将发行人及发行人关联公司的专利权及专利申请情况进行梳理，制作清单；然后统计专利申请及专利权的法律状态，务必做到专利信息准确，保证披露的专利为有效的专利申请或专利权，对于可能对企业产生较大影响的专利诉讼，要予以披露。

2. 企业上市审批过程中的工作

在制作招股说明书完毕至正式向中国证监会提交申报材料期间，要加强专利申请及专利权的维护及状态的监控，并对招股说明书中的专利信息予以及时披露；同时，对于专利诉讼发生变化的要及时更新，对于新发生的有可能对企业产生较大影响的专利诉讼要及时披露。在此期间，企业应当采取有效措施，避免在用专利发生重大不利变化的风险。

3. 企业核准发行过程中的工作

企业经中国证监会核准后至发行结束前，发生重要专利事项的，企业应当向中国证监会书面说明，并经中国证监会同意后，修改招股说明书或者作相应的补充公告。

4. 企业上市后的工作

公司上市后，无须再列举专利清单，也无须对公司影响甚微的专利诉讼、仲裁及其他专利信息进行披露，对公司有较大影响的专利诉讼、仲裁或是重大专利事件要予以披露。专利工作不必过于顾虑上市公司的属性，而是切实根据公司的发展需要确定专利战略和开展专利工作，同时将主要精力投放在重大专利风险的控制及重大专利诉讼的处理上，以免给公司造成不利影响。

第4节　专利布局

一、专利布局的根本目标

专利布局是指企业综合产业、市场和法律等因素，对专利进行有机结合，涵盖了与企业利害相关的时间、地域、技术和产品等维度，构建严密高效的专利保护网，最终形成对企业有利格局的专利组合。专利布局的根本目标是通过在一些市场地域，围绕一定的产品和技术有目的地进行专利部署，为企业的市场竞争服务，维护、巩固和提升企业市场竞争地位。

为此，专利布局工作的重点是综合考虑多种因素制定战略布局规划，围绕企业的产品、技术和市场地域进行针对性的专利布局，获得合理的专利数量和分布结构，形成有价值的专利组合。在数量规模上。要与企业自身所掌握的技术资源，市场份额相匹配，要与行业整体专利规模和竞争对手专利储备量保持一定的均衡性；在分布结构上，要突出企业的优势技术、重点产品和主要市场地域，并覆盖保护自身产品和对抗竞争对手所必需的专利布局。

二、专利布局的指导思想

1. 以前瞻性的视野进行总体规划

"产品未动，专利先行"。企业的专利申请和部署是为了能够在未来的市场竞争中形成有利格局。专利布局效果的优劣，也是通过这些专利在未来的市场竞争中能否为企业的市场自由保驾护航，能否保证企业技术创新收益的获取来检验。因此，企业在进行专利布局规划时要有前瞻性，要瞄准未来市场中的技术控制力和竞争力。

企业的专利布局首先应该与企业自身的商业发展规划为基础，根据企业未来的市场定位进行专利规划，配合企业的技术、产品和市场的发展战略提供必要的专利支撑。在企业开始产品规划和市场规划的同时，就要着手进行专利规划，在产品开始研发前就要开始准备专利部署。同时，企业还需要关注技术演进趋势、行业发展动态等外部因素，对未来的市场竞争环境作出预判，确立未来的技术热点、市场增长点、面临的威胁，从占据技术控制优势和管控专利风险的角度双管齐下，确定专利挖掘的重点对象及专利的组合形态，并以此指导专利申请文件的撰写工作，甚至为研发项目的规划提供方向性指引。

2. 以维护和巩固企业的技术优势为突破方向

企业进行专利布局前，往往不得不面对的现实情况是，在该领域已经积累了大量的专利或专利申请，这些专利和专利申请随时都有可能成为企业市场拓展的障碍和潜在的风险。应对这些风险构建专利防御体系，企业势必需要考虑自身的技术优势，有重点的进行突围。

事实上，在市场竞争日益激烈的时代，一家企业很难在一类产品或某个技术领域的各个方面完全超越其他竞争者而占据绝对优势。企业尤其是众多跟随型企业在产品和技术上的竞争优势，往往是通过其产品和技术上的一项或几项差异化的特性或功能来体现。反映在专利上，也是如此。因此，企业的专利布局也需要紧紧围绕这些差异化的技术竞争优势来展开，通过点上的突破来推动企业整体专利竞争优势的提升。从而，企业将在专利竞争中变被动防御为攻防结合，摆脱他人的专利约束，增强与对手进行专利谈判和交叉许可的实力。

3. 以针对性的专利部署进行具体落实

对象清晰、目标明确、策略得当的专利申请，才可能为企业带来大量有实际运用价值的专利资源。企业在进行专利部署时，要针对其保护的不同产品、技术、地域及其防御的不同竞争对手的各自特点来开展，确定各自的专利部署规模和结构。这些特点包括该产品、技术、地域本身的专利申请和保护现状特点，也包括企业自身的专利需求和技术实力特点，行业的整体环境和发展态势的特点，竞争对手的市场规划和专利储备特点等。对于每一个产品、每一项技术、每一处地域的专利布局，都需要综合考虑这些因素后，确定出其各自的专利竞争特点，有针对性开展专利布局。例如，对于不同的产品和服务，其未来发展的重心和方向也不尽相同，所占市场规模、竞争情况、销售区域等都存在很大的差异，企业在该领域所掌握的技术研发资源和研发能力也不同，这都需要根据其特点和企业需求来制订相应的专利布局策略，从而使得企业专利申请更系统、更具针对性，才更有效地发挥作用。

4. 分阶段有计划地进行有序组合

专利布局的规划可以指导企业配合研发项目的进展分阶段、有计划地开展专利挖掘工作，确保在重点挖掘对象上的专利产出数量和质量，使企业的专利部署策略得到很好的延续和执行。并且，通过一系列任务的分解和指标的制订，辅助企业及其内部的各个产品部门和研发部门完成制订的专利战略目标。

在这种规划指导下，企业获得的将不再是若干件的专利，而是围绕特定的技术、产品，由具备一定内在联系、互相补充、有机结合、整体发挥作用的多个专利结合形成的专利组合。通过这种组合形态，可以有效增强企业对其优势技术的保护效力及与竞争对手专利的对抗能力，并使得企业针对未来热点领域的专利圈地成果更具威慑力。

5. 配合企业的整体战略调整布局数量和结构

专利布局归根到底是为企业整体战略服务的，需要与其整体战略相协调，体现在专利布局的数量和结构应该与其所掌握的技术资源相匹配，满足其不同时期的技术研发、产品拓展、市场发展及竞争等需求，满足企业未来专利运用的考虑。

在配合企业战略进行专利布局时，一是考虑企业现实的资源、能力和需求，有意识地在其重点发展领域进行优先的专利部署，保证其专利数量和分布结构的优势；二是要充分从企业长远发展规划出发，提前在一些领域建立专利储备资源；三是要随时根据企业发展规划的变化，调整其专利的规模和结构、专利布局的重点领域。此外，这种协调也体现在对于那时已经对企业的市场竞争失去运用价值的专利，及时进行转让、许可、放弃等，从而减少企业的经济负担。

三、专利布局的方案制定

1. 专利布局方案的制定流程

在专利布局方案的制定过程中，通常会涉及专利管理部门、管理层、市场部门和研发部门，其中专利管理部门在整个专利战略布局中起到重要的主导和推动作用。

①专利管理部门与多个部门就企业发展规划、市场情况、技术发展情况、竞争情况、技术和产品特点等诸多因素进行交流和沟通，全面了解企业战略布局的方向、目标、需求和重点。

②专利管理部门通过专利检索和分析排查，了解整个行业专利数量规模、分布状况、近年申请变化趋势和申请密集领域，主要竞争对手的专利布局状况、近年申请状态等，以此确定企业在整个行业中的战略竞争位置，为企业进一步明确专利布局的数量规模、结构分布、每年的申请专利指标等提供参考。

③专利管理部门结合企业的发展目标、布局需求和技术资源状况，提出专利布局方案。

④专利管理部门在专利布局方案经公司管理层批准后，制定具体的专利布局策略和实现措施，完成专利布局的总体规划。

⑤专利管理部门按照专利布局规划，在企业内部各个部门协调下共同推进实施。

2. 专利布局的基本类型

为了获得市场竞争地位，提升其专利竞争实力，企业可以通过保护性专利布局、对抗性专利布局和储备性专利布局3种方式来实现。

（1）保护性专利布局

保护性专利布局是为企业自身的产品方案和技术成果提供较为完整的保护，尽量消除他人通过规避设计来绕开企业专利的可能，并争取在个别技术领域或技术点上占据一定的专利优势。对于保护性专利布局，企业可以围绕产品的原料、零部件、制造工艺、功能构成、结构特征、理化特性、操作方法等方面进行专利部署、在专利部署时，又往往以企业自身的优势技术为出发点，围绕技术的基本方案，该技术在产品中的主要应用方式等建立核心保护圈，并在此重要的改进方向、主要的应用扩展领域及关键的配套支撑技术上，提前建立外围专利屏障，此外，还可以适当地向上下游扩展，通过沿产业链的专利布局来增强其整体保护效力。

（2）对抗性专利布局

为抵御主要竞争对手在企业重点产品和市场上发动的专利攻击行为，并在个别领域形成一定的专利反击力量提供专利筹码，尽量消除竞争对手在这些产品和市场上对企业的战略威胁。对于对抗性专利布局，企业可以依托自身的优势技术领域，根据竞争者的产品特点、市场分布和规划情况、研发资源重点投入方向及战略布局状况，在细分市场和领域中寻找能够遏制和威胁对方产品发展甚至占据领先地位的专利。例如，在竞争对手研发投入和专利布局的薄弱点上，或在其产品的一些主要改进方向上，设置专利障碍；围绕竞争对手的核心专利，从不同的实现方案、效果、成本、应用等层面进行纵向和横向的扩展，申请大量外围专利，对核心专利形成包围，覆盖其核心技术进入商业应用时可能采取的最佳产品结构和技术实现方式，给技术的有效商业应用设置专利障碍。

（3）储备性专利布局

为在未来的产品换代、技术升级、产业变革中继续保持和提升其市场竞争力，甚至在某些领域谋求专利控制地位提前进行专利圈地，以技术演进趋势和行业发展态势为导向，将企业的专利部署和覆盖范围向未来可能的市场竞争领域延伸。对于储备性专利布局，企业可以通过技术和市场信息的调查和跟踪，对于未来哪些技术和产品会引领行业发展和产业变革，哪些技术将对产品的主要性能表现起到制约和控制作用，哪些领域可能会出现突破性的发展作出判断，对产品未来的可能结构变化、性能演进、功能增减或整合需求作出预测，并根据这些判断和预测提前在相关产品和技术领域进行专利部署。储备性专利布局还可以瞄准行业的标准，以能够参与下一代行业标准的制定为目标进行专利部署。

四、专利布局的阶段规划

一般情况下，企业专利布局方案需要包括企业在未来一定时间内专利布局的总体目标，并按照企业的发展规划进一步对各个布局阶段作出具体的规划，确定各个阶段的专利布局任务和措施。在各个实施阶段，企业的专利管理部门还需要对专利布局的数量和结构提出更为具体的指标。此外，在实施过程中，企业还需要结合专利布局方案和已执行的情况，企业发展规划的调整，外部的技术，行业和市场环境的变化，对布局方案作出调查。总体上，可以将企业的专利布局规划分为短、中、长期3个阶段。

1. 短期专利布局规划

短期规划的主要任务是为即将上市的产品提供专利保护，针对产品开发中的各项技术成果进行专利挖掘，在其优势技术点上进行重点部署，并完成既定的专利申请量指标；同时，配合企业的中长期发展规划，执行中长期专利布局的工作，关注下一代产品的专利部署，启动基本的专利保护点的铺设工作。此阶段，以在各个技术点迅速积累大量专利申请为主，通过维持一定的专利申请量和储备量，初步建立企业的专利库，为企业的商业扩展提供必要的专利支撑和保障，以免出现较大的专利风险。此外，在保证数量的同时，不能放松对质量的要求，并有意识地注重不同保护主题和保护内容的专利之间的搭配，为实现专利组合打下基础。

2. 中期专利布局规划

中期规划的主要任务是结合企业中期产品规划和商业发展情况，以及竞争对手的专利申请情况，完成阶段性的布局目标。根据需求初步完成保护性专利布局、对抗性专利布局和储备性专利布局，形成一定数量规模的专利组合。此阶段，专利申请是一个量质并重的过程，申请量通常将趋于稳定增长，增长率基本和行业平均增长率保持一致，目的是不断完善和巩固已经成型的专利库，提高专利在产品、技术、市场地域上的覆盖范围，进一步优化专利的结构分布，提升专利质量。

3. 长期专利布局规划

长期规划的主要任务是从企业的长期商业发展战略、产品规划路线和专利定位相呼应，支撑企业未来的市场发展。一般而言，企业的长期专利布局规划更加关注其提升专利的整体价值。此阶段，企业的专利储备已经达到一定的数量规模和结构分布，在部分领域具有一定的专利实力甚至优势地位，企业往往更加关注专利的运用价值的提升和专利成本的有效控制。考虑对于价值不高的专利放弃或者转让，基于自身的经济实力和专利实力的增长，企业可以采取更为多元化的方式来完善其专利布局，补充其专利组合中的专利构成，如利用交叉许可、购买及同行企业结成战略联盟等方式。

五、专利布局的影响因素

1. 企业产品的市场占有情况

随着企业产品市场占有率的扩张，技术模仿者会大量出现，同时由于影响竞争者的利益，专利纠纷出现的概率也会随之增加。如果专利布局规划没有跟上，可能会对企业发展产生不利影响，因此，随着市场占有率的提升，有必要增加专利申请的数量，提高专利的技术覆盖范围，并完善保护性专利布局。

2. 企业未来的专利定位

如果企业的专利定位仅仅用来防御，保护自己的产品更好地进行市场拓展，那么专利的积累只要和产品紧紧结合即可，不需要太多前瞻性申请和储备性申请；如果企业未来的专利定位是实现专利许可、授权，甚至是作为诉讼标的，则需要注重挖掘和部署一定数量的具备行业控制力的专利。

3. 企业研发人员的数量和研发投入

专利产出的源泉是企业研发团队的技术革新，因此，专利申请量的规模要以技术人员的数量呈一定的比例，过大则会造成专利质量下降，过少则会出现专利保护流失的情况。企业在其重点项目上往往会投入较大的研发资源，这些项目的成功与否甚至关乎企业未来的生存。对这些重点项目，在专利布局上要加以侧重，保证专利申请的数量和质量，优化专利组合的结构，形成有效的专利保护和专利对抗能力。

4. 企业的市场扩张情况

企业需要根据未来几年市场扩张情况，来确定专利的积累量及部署的地域，例如，当需要增加产品种类和准备进入某个地域时，相关的专利布局也需要及时跟上，保证满足基本的保护效果；当企业的产品种类和销售地域相对比较稳定时，企业的专利积累在数量规模也趋于稳定，而更加关注结构的优化调整，以免不必要地消耗企业成本。

5. 行业专利分布状况和变化情况

行业内专利的分布状况在一定程度上反映了该领域所受到的关注度和风险分布状况，而从其变化情况则可以了解行业的发展动向。企业应根据行业总体情况来调整专利申请量和增长率及专利部署的结构分布，以维持企业的专利竞争地位。例如，当某个技术领域的专利申请量增长很快的时候，企业在该领域的专利储备量也可以适当调整增长速度；当行业整体的专利申请量和增长率下降时，企业需要考虑出现该情况的原因并重新审视自己的专利布局规划。

6. 竞争对手的情况

专利布局的目的就是为了与竞争者在专利上达成一种势力均衡或者保持优势的状态。为此，企业需要参考主要竞争对手的专利储备现状和变化情况及产品和市场扩张情况，来制订企业的专利布局方案，确保企业具备足够的专利对抗筹码。

7. 产业的发展阶段

在不同的产业发展阶段，专利竞争态势和未来的市场预期不同，相应的专利布局重点也会有所差异。例如，在产业发展萌芽期，企业专利布局的重点在于及早对一些基础性技术和共性技术进行专利申请，完成专利圈地；在产业的成长期，企业专利布局重点在于重要的技术应用和改进方向上占据一定的优势地位；在产业的成熟期，企业专利布局的重点在根据市场状况对专利的数量、结构分布进行调整，并对可能的替代性技术和产品进行储备性专利部署。

第5章　企业商业秘密管理

第1节　商业秘密

一、概述

商业秘密是指不为公众所知悉、能为权利人带来经济利益、具有实用性并经权利人采取保密措施的技术信息和经营信息。

商业秘密是企业的财产权利，它关乎企业的竞争力，对企业的发展至关重要，有的甚至直接影响到企业的生存。根据《反不正当竞争法》的规定，商业秘密的行政管理部门是各级工商行政管理机关。

二、商业秘密的条件

根据我国《反不正当竞争法》的规定，无论是技术信息还是经营信息，要构成商业秘密，应当具备以下几个条件。

1. 不为公众所知悉，具有秘密性

只有那些不为公众所知悉的技术信息和经营信息，才可能构成法律意义上的商业秘密，即这些信息应当具有秘密性。"不为公众所知悉"是指该信息是不能从公开渠道直接获取的。反之，如果该信息已经被公众所知悉或者能够从公开渠道直接获取，则居于"公知技术"或"公知信息"，而不构成商业秘密。例如，企业的技术信息在报刊或杂志等公开发行的出版物上公开发表过或者因为申请专利而被国家专利局公开过等都会导致其秘密性的丧失，其他企业或社会公众都可以通过查阅相关文献获得相关的信息，此时，这些信息也就不能构成商业秘密了。因此，秘密性既是企业维持商业秘密经济价值的必要条件，也是商业秘密受到法律保护的前提和基础，这就要求企业必须采取有效的措施对商业秘密进行管理和保护。

2. 能为权利人带来经济利益，具有实用性

"能为权利人带来经济利益"，是指商业秘密能够为权利人带来现实的或者潜在的经济利益和竞争优势，它既包括现实的经济利益，也包括潜在的可预期的经济利益。更为重要的是，商业秘密可以为企业带来竞争优势，而商业秘密的泄露和公开将导致这种优势不复存在。"具有实用性"，是指商业秘密具有确定的可应用性，即它应该具有现实的使用价值，是确定的、具体的、可应用的方案或信息，而不能是大概的原理性或抽象的概念。

3. 权利人采取了适当的措施，具有保密性

商业秘密是一种特殊的知识产权，它要求权利人对其信息采取适当的、合理的保密措施

使其处于秘密状态，从而使一般人不易从公开渠道直接获取，否则就不能作为商业秘密受到保护，此即商业秘密的"保密性"。保密性强调权利人的保密行为，而不是保密的结果，它并不要求权利人采取万无一失的保密措施，仅需采取合理的保护措施即可。所谓适当的保密措施是指权利人根据不同信息的特点，采取的能够有效地控制和保护该信息的措施，如制定保密制度、与涉密人员订立保密协议或竞业禁止协议、设立保密场所等。

三、商业秘密的特征

与专利等其他知识产权相比，商业秘密有着以下特点。

1. 非公开性

商业秘密的前提是不为公众所知悉，而其他知识产权都是公开的，对专利权甚至有公开到相当程度的要求。

2. 非排他性

商业秘密是一项相对的权利。商业秘密的专有性不是绝对的，不具有排他性。如果其他人以合法方式取得了同一内容的商业秘密，他们就和第一个人有着同样的地位。商业秘密的拥有者既不能阻止在他之前已经开发掌握该信息的人使用、转让该信息，也不能阻止在他之后开发掌握该信息的人使用、转让该信息。

3. 利益相关

商业秘密能使权利人获得利益，获得竞争优势，或具有潜在的商业利益。

4. 期限保护

商业秘密的保护期限不是法定的，取决于权利人的保密措施和其他人对此项秘密的公开。一项技术秘密可能由于权利人保密措施得力和技术本身的应用价值而延续很长时间，远远超过专利技术受保护的期限。

四、商业秘密的类型

根据我国《反不正当竞争法》的规定和国家工商行政管理局的《关于禁止侵犯商业秘密行为的若干规定》的列举及其他各国关于商业秘密的法律文件和各国学者的观点，一般将商业秘密分为以下两种类型。

1. 技术信息

技术信息指在生产者在生产的实验、生产、装配、维修和操作等过程中所总结或发现的不享有一般知识产权保护，尤其是专利权保护的某种技术性成果。如设计资料、程序、产品配方、制作工艺、制作方法等，主要寓于图纸、资料、胶卷、软件等载体中。

2. 经营信息

经营信息一般包括以下两类。①具有秘密性质的市场及与市场密切相关的商业情报或信息，如原材料价格、销售市场和竞争公司的情报、招投标中的标底及标书内容，还包括供销渠道、贸易记录、客户名单、产销策略等。②经营管理方法和与经营管理方法相关的资料和信息，一般是指合理有效地管理各部门各行业之间的相互合作与协作，使生产与经营有机运转的秘密。通常表现为管理的模式、方法、经验及管理公关等。

可以看出，技术信息和经营信息涵盖的范围是极其广泛的，而企业中处于秘密状态且能为企业带来经济利益或竞争优势的技术信息和经营信息都属于商业秘密的范围。因此，任何一家企业从成立之日起，也就有了产生商业秘密的可能，甚至可以说没有无秘密的企业。

五、商业秘密的价值

商业秘密因其处于保密状态，其价值量的大小不以交换价值体现出来的，而是以能够满足权利人需要的价值为标尺，即能够让权利人取得竞争优势，带来经济利益。因此，商业秘密的价值往往是通过损失逐渐表现出来的，损失主要包括自身价值和商业价值两部分。当商业秘密因侵权而丧失秘密性，自身价值和商业价值均为损失的内容；而实践中大部分商业秘密没有被公开，被侵权的商业秘密没有灭失，仍因其处于保密状态而为权利人所用，侵害行为对商业秘密本体价值影响不大，损失的内容不是其自身价值，而是竞争优势的弱化，经济利益的减少，也即商业价值的减损。

商业秘密在不同情形下体现出不同的价值，具体有以下几种情况。

其一，有些商业秘密本身只是技术的细微变化，也可能是权利人的经营心得，甚至一项经营指示信息，其所凝聚的无差别人类劳动量并不大，即自身价值较小。但开发者凭借信息的保密取得竞争上的优势，往往能获得商业上的巨大回报。例如，美国马萨诸塞州最高法院审理 USM 公司诉马森固件公司等一案中威尔金斯法官所指出的那样，虽然被告声称本案的商业秘密可能仅是一种"微小的改进"，且 USM 公司研发时也只花费了极低的成本，这虽然可能是事实，但与本案审理侵犯商业秘密诉讼及确定损失额无关，法院查明的事实表明，正是这种改善，即使它是非常微小的改良，被告依靠这个技术秘密获得了利益。

其二，有些商业秘密需要花费大量的人力、物力，经过长时间的开发才能形成具有实用性、经济性的技术信息或经营信息，其自身价值较大。例如，王志俊等侵犯深圳华为科技发展有限公司商业秘密犯罪一案中，涉案的技术信息由华为公司历经 6 年时间才研发完成，投入资金人民币 2 亿多元，参与研发人员 1500 多人。华为公司称其产品国内销售额达到人民币 150 亿元。在该判决中，法院以被告人实际转让给另一家公司取得的款项作为华为公司的损失。而没有以商业秘密的自身价值来确定损失额，更没有将华为公司涉案产品的经营额作为"损失"。这样的认定是否妥当姑且不论，至少，没有将研发费用或权利人的经营额作为"损失"是合理的，研发费用不是该技术信息在商业竞争中的价值，经营额也只是说明权利人在商业中利用该技术信息获得的利益，不能反映因被告人的侵权行为造成权利人竞争地位下降而带来的损失。如果以商业秘密自身价值来衡量侵权损失，结果可能远远超过实际造成的损失。

其三，所谓的"消极信息"，对于权利人而言，不再能够创造新价值，但是保守秘密仍可以使其维持竞争优势的信息。例如，权利人在研发过程中的实验失败记录，如让竞争对手取得，可以"抢跑"，少走弯路，有助于降低研发成本，这就是所谓的商业秘密间接使用。该失败纪录保持其秘密性，可以让权利人处于一个更好的竞争地位，符合商业秘密的价值性要求，仍应按商业秘密予以保护。消极信息权利人的损失不在于其自身价值，而是其使用价值"商业价值"，是权利人竞争优势的削弱。如果以消极信息本体价值衡量侵权造成的损失，背离了消极信息的价值所在，也不符合损失的真正含义。

其四，组合的信息，即公知信息与非公知信息结合而成立的新的独立信息。实践中，大多数商业秘密中既包括公知信息，也包括非公知信息。只要组合信息体现了组合符合权利人特有要求，甚至所有组合信息中所有单个信息均为公知信息，当组合本身满足非公知性的要求，并且信息的组合能够让权利人在商业活动中处于优势地位，给权利人带来商业价值，就是商业秘密，其价值评价不是由商业秘密本身价值评价，而是因为保持秘密获得商业上的优势，由此而产生的价值。

综上，在大部分商业秘密没有被公开的情况下，侵权损失额不是从商业秘密的自身价值去衡量，而是从商业价值、从对其他经营者是否具有价值来判定，即从商业活动中体现出来的经济利益来判定。

第2节　商业秘密管理

一、技术成果的保护方式

企业在选择技术成果的保护方式时，可以根据以下几个因素来进行综合判断和分析，然后决定其技术成果是申请专利还是作为商业秘密加以保护。

1. 技术成果获得专利保护的可能性

企业应当对其技术申请专利的可能性进行分析和评估，掌握其获得专利保护的可能性大小。对于那些根本不可能获得专利保护的技术或者获得专利保护可能性很小的技术应该采用商业秘密的方式进行保护；对于那些可以获得专利保护或获得专利保护可能性较大的技术，则既可以申请专利，也可以来用商业秘密的保护，应根据其他因素综合进行考虑。

2. 技术成果是否容易被破解

技术成果的难易程度也是企业进行保护方式选择时必须考虑的因素之一。如果企业的技术成果很容易被他人通过反向工程进行破解，则申请专利应该是最佳的保护途径，因为反向工程是法律所允许的获取他人商业秘密的方式，商业秘密的持有人无法阻止他人以此种方式获取并使用其商业秘密。反之，如果企业的技术成果很难被他人通过反向过程进行破解，那么就可以考虑采用商业秘密进行保护。例如，一些产品的质量既跟它的材料或原料相关，又依赖于它的制作工艺或生产工艺，即使材料完全相同，但制作工艺或生产工艺不同，最终的质量也可能具有很大的差异。对于这类技术，采用商业秘密的方式进行保护是不错的选择，米其林轮胎就是一例，米其林轮胎能成功地用商业秘密来保护其关键技术，原因可能是这种轮胎质量能得以保证的关键——生产工艺，如果竞争者不到现场仔细分析，很难把这种工艺的关键部分以质量分析数据描述出来。

3. 技术成果的生命周期

对那些生命周期长于专利保护期限，而且难以破解的技术成果，企业可以考虑采用商业秘密的保护方式，这样可以在更长的时间内维持企业的竞争优势。在美国，很多饮料和食品的配方均不再申请专利，而是保守商业机密，原因就在于这类产品生命周期很长，而且难以破解。例如，肯德基炸鸡的原始配方一直未公开，至今仍然是肯德基公司的商业秘密。但如果企业对于企业技术成果的保密没有足够的能力和信心，则应申请专利，这样更加稳妥。对那些技术更新快、生命周期和经济寿命在专利审批完成前就可能结束的技术成果，则应该采用商业秘密的形式。

4. 技术成果的商业价值

对于那些商业前景好、价值大的技术成果，企业应尽可能申请专利。以药物科技和生物科技为例，竞争对手对药物产品或生物产品进行反向工程的难度比较大，但同时药物科技和生物科技的经济价值又大得惊人，一些药物一年的销售额就有上百亿美元之多。尽管对药物科技或生物科技进行破解具有一定的难度，但是一旦被破解，将给企业带来巨大的损失。因此，企业对这种商业价值很大的技术成果应尽可能申请专利。那些商业价值比较小的技术成果，特别是商业价值小于申请专利和维持专利的成本的技术成果，则应采用商业秘密的方式进行保护。

5. 绕过或替代技术成果的可能性

如果企业的技术成果很容易被竞争对手绕过或者根据有关信息开发出相应的替代技术，对这类技术企业可以考虑采用商业秘密的方式进行保护。为了更好地维护企业的技术成果利益，企业在某些条件下，可以综合运用专利等知识产权和商业秘密来保护同一项技术成果。事实上，以专利等知识产权和商业秘密结合的方式来保护企业的技术，可以在一定程度上克服单纯商业秘密或专利技术保护的弊端，是目前最为有效的保护方式之一。专利权人在申请专利之时，可以将容易破解的一些技术内容申请专利，而对于那些关键技术或核心技术，可以通过技术秘密的方式加以保护，或者用一般的技术方案替代企业的核心技术或关键技术部分，以满足申请专利的需要。这样，即使部分技术内容因为申请专利而被公开，企业的竞争对手也只能了解一些非核心技术。假设企业研制了一种新产品，通过技术人员分析，其中某一创新点在产品投放市场后易于被反向工程解密，而其他都是不易被产品所反映的工艺、程序、结构等，那么企业完全可以针对那一项创新点去申请专利的保护，而对其他的技术采用商业秘密保护；一旦这项含有商业秘密的产品享有盛誉占领了市场，商业秘密在某些情况下又可借助商标法的保护，其他人即使利用了同样的方法或配方制成了同样的产品，由于不能使用该畅销商品的注册商标，也就不能挤占该畅销产品的市场获利。例如，驰名全球的可口可乐饮料，即使有人分析出其配方，制成同样的饮料，也仍不能使用"可口可乐"商标，不可能轻易进入市场，打开销路。

二、商业秘密的归属

根据我国法律规定，商业秘密的权利人包括商业秘密所有人和经商业秘密所有人许可的商业秘密使用人。当商业秘密遭到侵犯的时候，所有人和使用人都有权要求侵害人停止侵害并承担法律责任。

因为经营秘密的归属问题通常是容易确定的，而技术秘密的归属确定情况比较复杂。这里主要讲雇佣关系、委托开发关系和合作开发关系中商业秘密的归属问题。

1. **雇佣关系下商业秘密的归属**

雇佣关系下商业秘密的归属分两种情况，即职务技术成果的归属和非职务技术成果的归属。

（1）职务技术成果的归属

根据《合同法》第326条，职务技术成果属于单位所有，由单位拥有并行使技术成果的使用权、转让权。

（2）非职务技术成果的归属

如果技术成果与员工的工作任务和责任范围没有直接关系，而且不是利用本单位的物质技术条件完成的，就属于非职务技术成果。非职务技术成果的属于员工个人，其使用权、转让权由完成技术成果的个人拥有和行使。

2. **委托开发关系下商业秘密的归属**

企业除了自行研究开发之外，往往也会出资委托其他企业或科研机构研究开发生产技术。《合同法》规定，委托开发关系下商业秘密的归属由当事人自行约定，也就是说当事人可以约定委托关系下完成的技术成果属于委托人，也可约定属于被委托人。如果没有约定或约定不明的，委托人和被委托人都有使用和转让的权利，也就是说由当事人共同拥有。但是，被委托在向委托人交付研究成果之前，不得转让给第三人。

3. **合作开发关系下商业秘密的归属**

有时企业也会和其他企业和科研机构合作开发技术项目，以取长补短。合作开发关系下，商业秘密的归属由当事人自行约定，也就是说当事人可以约定合作关系下完成的技术成果属于参加合作的任何一方或几方。如果没有约定或约定不明的，归全体合作人共同拥有，共同行使使用权、转让权和申请权。

三、商业秘密的泄密途径

1. **互联网**

互联网成为商业秘密泄露的一个重点途径。网络安全公司 Websense 对美国的统计：90％的企业遭受过黑客攻击，30％的企业网络上有间谍软件；30％的企业对等请求是下载色情内容；45％的企业 IT 经理报告网络感染过病毒。苹果公司的双芯片 G4 计算机系统和高级鼠标曾被提前公布于网上而泄密。

2. **离职、在职员工或派遣人员**

受不当利益驱使，员工或员工集体离职后，可能带走商业秘密；不忠实的在职员工也可能向他人提供商业秘密。企业内部员工泄露商业秘密的比例比较大，据有关调查显示，企业泄露商业秘密，80％是企业的在职员工，20％是离退休的员工。例如，华为在职人员利用参与研发盒式2.5G光网络设备的机会与外面人员合资成立公司合作开发生产，最终以涉嫌侵犯商业秘密罪被拘；佛山市某铝合金公司锻造项目，租赁的工程师在项目结束后对其技术设备升级并销售导致泄密。

3. **工/商业间谍**

研究开发最有效的捷径莫过于获取竞争对手的商业秘密，因而，越来越多的公司甚至是具有良好信誉的企业，利用工/商业间谍非法获取竞争对手的商业秘密。例如，日本维尼公司的总会计师田中德川去医院看牙，不择手段的竞争对手竟然买通医生，在其假牙内安装了微型窃听器。维尼公司的财务秘密变成了对方的"撒手锏"，在竞争中极其被动，最终破产。

4. 外来人员采访、参观、考察、实习

采访、参观、考察等有助于提高企业的公众形象，但同时这也是商业秘密失密的重要渠道。有些企业在谈判、参观或者考察的过程中透露的信息过多，而使对方掌握了相关的商业秘密，此时，企业的商业秘密对对方已经没有吸引力了，合作或贸易也可能就此结束；有的企业在接待外单位参观时，缺乏警惕性，或急于谈判成功，过于热情，最终造成商业秘密被泄露。例如，20世纪80年代初，日本某企业派人参观龙须草席生产全过程，对每一道工序都作了详细了解和拍照。此后不久，日本就停止从我国进口，同时在国际市场上与我国竞争，逐步取得垄断地位，最终导致我国出口生产厂家全部倒闭。

5. 供应商与客户

企业经常需要把产品、零部件、材料、生产设备或工艺的某些机密透露给供应商或客户。而这些供应商或客户往往也要与该企业的竞争对手或潜在的竞争对手从事商贸往来。因此，即使是最讲信用的供应商，也可能是泄露商业秘密的潜在危险源，尤其是关键环节的供应商。就客户或未来的客户而言，他们也有可能把企业商业秘密泄露给竞争对手，或者由商业秘密使用者变成企业的竞争对手。

6. 技术研发人员的公开发表和演讲

技术研发人员为了谋取在技术领域的学术地位和专业威望，将最新的研究成果公开发表或演讲等，这些研究成果随意进入了公共领域，造成企业永远不能再对该技术成果要求拥有商业秘密。例如，20世纪80年代初，我国的杂交水稻技术处于世界领先水平，但由于这项科技成果先后在期刊上公开发表了50多篇论文，使这项技术的"秘密性"丧失殆尽。

7. 广告及商贸展览

广告与展览一方面为了促销，极力宣传企业开发的最新、最先进的技术；另一方面这些广告又可能泄露了企业的商业秘密。通过广告或展览，对新开发的技术进行说明和描述，就属于向公众披露，从法律上讲，就等于剥夺或损害了企业获得商业秘密保护的权利。

8. 废旧秘密载体

除了正规的文件、资料外，商业秘密还普遍存在于废旧电脑磁盘、办公废纸及工业垃圾等废旧载体中，这些涉密载体的维修和报废销毁监控最易被忽略。中关村二手电脑市场的调查发现，许多旧电脑存有企业财务信息、客户资料等商业秘密文档。

第3节　商业秘密保护

一、商业秘密保护的优势

与专利等传统的知识产权保护比较而言，商业秘密保护方式的优势主要体现在以下几个方面。

1. 保护对象的广泛性

商业秘密保护的条件比较低，涵盖范围比较广。那些发明程度不高，不能被授予专利的发明创造，只要具备一定的价值，企业都可以采用商业秘密的方式对其加以保护。专利保护的条件较高，若企业将其技术申请专利又没有获得批准，则该技术方案会因为申请专利而被公开，也就不能再受到商业秘密的保护。

2. 无期限保护

只要企业的商业秘密没有被公开或泄露，其保护就可以无限期地继续。而专利的法律保护都有其保护期限的，一般 10～20 年，期满后便进入了公共领域，任何人都可以无偿自由使用。对于那些经济寿命比较长的技术或产品来说，不能很好地发挥它们的竞争优势。可口可乐的配方已经保密了一个多世纪，成了最著名的例子。

3. 无地域限制

商业秘密无地域性特征，它的所有人可以向任何国家的任何愿意得到它的人发放许可证，而专利等知识产权保护则都有地域性限制。

4. 不公开

商业秘密是不公开的，而专利等知识产权都是公开的。商业秘密只被少数人知道，一旦被侵权，也比较容易发现；专利在世界公开，在地球的某个角落发生侵权行为，很难及时发现。

5. 保护费用较低

专利的申请是一个漫长而成本高昂的过程，而商业秘密不需要履行注册等程序，只需采取合理的保密措施即可，可以说是一种经济、实用的保护手段。

二、商业秘密保护的劣势

1. 独占性较差

商业秘密不能对抗通过合法方式而获得同一商业秘密的第三人，任何合法获得相同商业秘密的第三人都可自由使用该商业秘密。而专利保护具有垄断性，企业将一项技术或产品申请专利，并被授予专利权后，其他任何企业或个人在没有取得权利人允许的情况下，都不能实施该专利；即使是在企业申请专利之前就开始使用相同的技术的企业或个人，他们的使用或实施都要受到极大的限制。

2. 保护程度差

秘密性是商业秘密保护的前提，商业秘密的内容一旦被公开就不能再受到法律的保护。因此，选择商业秘密的保护要求企业必须有一套完整和有效的保密措施，否则风险很大。

3. 不能对抗专利权

如果相同的技术秘密被他人研制出来并申请和获得专利权，由于商业秘密不能对抗专利权，则企业对该项技术秘密的使用将受到他人专利权的限制。

4. 举证困难

在发生商业秘密侵权纠纷后，企业必须就其商业秘密的存在及其范围进行举证，而这存在一定的难度。与此不同，专利权的存在和范围则比较明确，企业可以通过专利证书和公开的权利要求书来证明专利权的享有及其保护范围，可以避免商业秘密授权举证困难的问题。

三、商业秘密的保护措施

针对商业秘密泄密的各种途径和方式，企业应当从组织制度、商业秘密及其载体管理、涉密人员管理和辅助措施4个方面采取系统的保护措施。

1. 建立健全组织和相关制度

一个正规高效的商业秘密保护的专门部门，是商业秘密得到有效保护的前提。企业领导应该高度重视商业秘密对于企业经营的重要作用及失密的严重后果。首先从组织上确立保障，成立一个专门部门，或原有部门如经理办公室、知识产权部、法律事务部等下面的专门小组，专人负责商业秘密的认定、保护措施的开发与实施。

合理完善的保密制度可以使员工对企业的义务明晰化，使员工有相应行为准则，有利于实际遵照执行及在诉讼中举证。保密规章制度的制订要合法合理、切实可行。规章制度如果过于琐碎，可能会造成工作障碍，影响经营活动。相反，如果过于简单，则又形同虚设。企业制订保密规章制度一般应至少考虑以下几个方面：商业秘密的范围、商业秘密的管理者及责任、商业秘密档案管理、商业秘密的申报与审查、商业秘密的保密义务、相应处罚等。

2. 对商业秘密及其载体的管理

首先，确定商业秘密的范围。企业应该根据商业秘密的法律特征对企业内部构成商业秘密的种类、分布罗列出来，这样才能提高警惕并确定应采取的各种措施。一般来说，只要是企业自主研发的技术、自主制订的经营策略，都可以作为商业秘密来保护。

其次，确定商业秘密的密级。法律法规对商业秘密密级的划分没有规定，法律对任何商业秘密的保护和救济的原则都是一致的。是否划分商业秘密的密级，完全取决于企业保密工作需要和权利人意愿。从企业保密防范的原则来讲，划分和确定商业秘密密级，有利于商业秘密的分级管理，有利于突出重点、确保企业核心秘密的安全。对我国企业而言，熟悉而简单的分类就是"绝密""机密""秘密"3个等级。

最后，加强涉密文件的管理。涉密文件是指以文字、图表、音像及其他记录形式记载商业秘密内容的资料，包括公文、书刊、函件、图纸、报表、磁盘、胶片、幻灯片、照片、录音带等。对这些商业秘密的载体，必须进行严格的管理，限制其传阅和复制。

3. 对涉密人员的管理

（1）与员工签订保密协议

保密协议不仅是保护商业秘密的最好方法之一，也往往是执法机关判断保密措施是否合理的一项重要因素，没有保密协议可能导致企业的商业秘密得不到法律的保护。可以在劳动合同中加列保密条款，也可以单独签订保密协议，要求员工遵守保密义务。签订技术保密协议，应当遵循公平、合理的原则，其主要内容包括：保密的内容和范围、双方的权利和义务、保密期限、违约责任等。一般而言，员工对企业承担保密义务的内容包括：保守商业秘密的义务；正确使用商业秘密的义务；获得商业秘密职务成果及时汇报的义务；不得利用单位的商业秘密成立自己企业的义务；不得利用商业秘密为竞争企业工作的义务；等等。而且，保密协议、保密条款并不因劳动合同、劳动关系的终止而终止，在员工离职后一定期限内仍然有效。

（2）加强员工保密教育

除了签订保密协议外，企业应进一步加强对员工进行保密教育，使员工了解到企业文化、保密的范围、工作规则、违约的后果等，使员工认识到保密工作的重要性，防止在外来参观、咨询或洽谈业务中泄露。通过企业商业秘密管理制度的规范和对员工的教育与培训，在企业内部逐渐培育和形成一种保密文化。例如，美国通用电气公司对凡到该公司工作的人都要送上一份《保守商业秘密知识手册》，该手册既有普及性、教育性功能，还告知雇员负有什么样的保密义务。

（3）健全员工人事资料

企业应当建立健全员工人事资料，如员工的学历、专长及有无发明等资料，一方面，企业可用来参考以决定分派员工担任适当的职位；另一方面，当未来和员工有商业秘密相关的争议时，也可供执法机关据以认定员工究竟有无创作能力及是否窃取公司机密等问题。另外，企业还具体告知并详细记载员工的职务范围，以避免将来在是否构成职务技术成果上造成不必要的争议。

（4）离职员工的管理

对接触过商业秘密、即将解职的员工进行离职检查，除要求其履行有关的交接手续，彻底点收员工所领借的各种物品，以便该员工所承办的各种业务能继续顺利开展外，要重申员工在离开企业之后应继续保护商业秘密的义务，最好根据员工掌握商业秘密的具体情况，再签订一份详细、具体的保密协议，因为一般最初的保密协议，尤其是保密条款都比较笼统。必要时，还要与此员工未来的雇主进行沟通，分别或一并向离职员工及其新雇主阐明有关保守商业秘密的法律责任。

（5）与高管人员签订竞业禁止协议

现阶段商业秘密纠纷主要表现为雇员带走雇主的商业秘密，与雇主从事竞争性生产经营的行为，为防止竞争者引诱员工跳槽，竞业禁止协议成为一个较好的选择。竞业禁止是指单位与知悉商业秘密的人员约定在解除劳动关系后一定时间内，该人员不得自己经营或在生产或经营与商业秘密信息相关竞争行业的其他单位任职，单位给予一定补偿的协议。其核心内容在于约定离职者不得利用在原单位掌握的商业秘密从事此行业的不正当竞争业务。很显然，竞业禁止协议与员工的择业自由相冲突。竞业禁止之所以被允许，是基于商业秘密保护的一个重要原则，即不可避免披露原则。这是美国判例法确定的一个原则，根据这一原则，如果员工被新雇主雇佣后，会不可避免地使用前雇主的商业秘密，发布竞业禁止令是合法与必要的。

签订竞业禁止协议时尤其应注意以下四点。一是适用人员不宜过多。由于竞业禁止协议限制了离职员工的择业自由，一般只适用于企业高级管理人员和技术人员等关键涉密人员，而不适用于就业竞争力较弱的一般员工。二是禁止就业范围不宜过宽。必须有限制的必要，以与员工所接触之商业秘密密切相关的行业为限，过宽则有失合理性。三是规定合理的限制期限，竞业禁止协议的期限不得超过 3 年。四是支付一定补偿。竞业禁止期限内企业应给离职员工一定补偿，一般不低于该员工离职时年薪的 50%。如果这四项内容规定有失公平，可能导致竞业禁止协议被认定为无效。特别要强调的是，竞业禁止只是对涉密人员择业的一种限制，不能简单地等同于保密义务。竞业禁止期满或被认定无效，只意味受限制人员不再受择业方向限制，并不意味免除了保密义务。竞业禁止协议解除后，员工仍需履行保密义务，不能泄露、使用原单位的商业秘密。

（6）供应商和客户等第三人管理

企业商业秘密经常涉及被许可人、供应商、客户、制造商、销售代理商，以及向公司提供产品或服务的建筑师、工程师、顾问、承包人、分保人等第三人。而这些人即是生意上的重要伙伴，也往往是商业秘密泄露的重要途径，所以，要求有必要得知商业秘密的第三人签订适当的保密协议是极为重要的。而且清楚地表明公司对于有关文件享有的所有权，以及有关文件及其包含信息的专有性和机密性。同时，在对外签订的经济合同中，写明保密条款，要求对方保证不泄露履行合同时掌握的企业的商业秘密，否则将承担违约和赔偿责任。我国《合同法》也将保密义务规定为重要的一种合同附随义务，交易双方必须按约定和交易惯例保守对方的商业秘密，而且，这种保密义务是全面的，包括缔约前的保密义务，合同履行中的保密义务，合同履行后的保密义务。

4. 其他辅助措施

①要划定保密区域，在保密区域内加强保卫措施，确定如门卫、上锁、限定员工进入区域、密码钥匙或密码通行证，并经常变换密码等措施和管理办法，这将有助于防止商业秘密失窃。

②控制参观、实习。企业进行贸易或合作、谈判、参观或者考察是必要的，但企业必须注意那些假借谈判之名来窃取商业秘密之人，在谈判中，应尽量不透露商业秘密的任何信息，确实需要透露部分信息的，也只能限于非核心、非关键的信息。参观或者考察时，要限制参观人员的行为，一般应禁止参观人员拍照、摄像，一些关键的场所，不允许进入，提供样品时，也要谨慎。必要时要求来访者参观商业秘密设备时签订保密协议。

③产生、处理、存储、使用商业秘密的部位，是保密管理的重点。企业应根据商业秘密信息产生、使用和保管的实际，把那些最集中、最核心的部门或者部位确定下来，在企业内部通报，使管理者和被管理者做到心中有数。这些部门或部位大致为产品技术开发研究部门、商业秘密信息集中处理部位、计算机中心和数据库、商业秘密信息集中存放部位、企业策划部门、财务部门、商业秘密信息显现的生产部位等。商业秘密的重点部位应有必要的监控措施。例如，重点部位"红线区"管制，电子监控报警，人员身份识别系统，人员进出特别许可批准制度，进出特许身份牌标识，对外接待禁止参观区域和禁止行为标识明示，进出携带物品的禁止目录或检查措施，涉密人员离开工作地点前清理工作台面和计算机制度等。

④防止发表公开或广告、展览公开。必须使员工牢记，出席专业领域的会议，发表学术著作、演讲，经常是处于本领域内具有深厚专业背景的同行中。这些同行经常能够捕捉到有关信息字里行间的言外之意。因此，某些员工认为微不足道、无足轻重的信息，很有可能正是竞争对手一直寻求的关键信息。所以，应对企业员工发表专业性文章、出版著作及相关讲演等做相应教育，必要时，应进行适当监督及控制。同样，对于广告、展览等可能失密的活动也应进行相应的教育、检查与控制，以防止失密。

第6章 企业商标管理

第1节 商标

一、概述

1. 商标的概念

商标是指商品的生产者、经营者在其生产、制造、加工、拣选或者经销的商品上或者服务的提供者在其提供的服务上采用的，用于区别商品或服务来源的，由文字、图形、字母、数字、三维标志、声音、颜色组合，或上述要素的组合构成，具有显著特征的标志，是现代经济的产物。在商业领域而言，文字、图形、字母、数字、三维标志和颜色组合，以及上述要素的组合，均可作为商标申请注册。经国家核准注册的商标为"注册商标"，注册商标具有排他性、独占性、唯一性等特点，属于注册商标所有人所独占，受法律保护，任何企业或个人未经注册商标所有权人许可或授权，均不可自行使用，否则将承担侵权责任。

我国《商标法》规定，经商标局核准注册的商标，包括商品商标、服务商标和集体商标、证明商标，商标注册人享有商标专用权，受法律保护。如果是驰名商标，将会获得跨类别的商标专用权法律保护。

2. 商标的标记

在标注商标时应在其右上角加注®，它是"注册商标"的标记，意思是该商标已在国家商标局进行注册申请并已经商标局审查通过，成为注册商标。圆圈里的 R 是英文 register 注册的开头字母。

用 TM 则是商标申请注册中的意思，即标注 TM 的文字、图形或符号是正在等待国家核准的商标，国家已经受理注册申请，但不一定会核准注册。TM 是英文 trademark 的缩写。

需要特别说明的是：已经成为注册商标的文字、词汇、符号，在实际使用中，如使用字体版本不同于注册时使用的字体，不能作为注册商标使用®符号。

3. 商标的主体

因为不同国家商标权的取得途径不同，所以商标权的主体可能是通过使用商标而取得专有权的人，也可能是通过注册取得专有权的自然人、法人或者其他组织。根据我国《商标法》，商标权的主体应该是有资格申请商标注册的自然人、法人或者其他组织，或者转让注册商标中的受让人。

4. 商标的客体

商标可分为视觉商标和非视觉商标。视觉商标是指用视觉可以感知的商标，包括文字商标、图形商标、立体商标、颜色商标及各种要素组合的商标；非视觉商标是指无法用视觉可以感知的商标，包括听觉商标、嗅觉商标、味觉商标和触觉商标等。

我国现行《商标法》增加了声音商标注册，增加了单一颜色商标，同时取消商标注册中的"可视性限制"。

5. 商标的主要特征

①商标是用于商品或服务上的标记，与商品或服务不能分离，并依附于商品或服务。

②商标是区别于他人商品或服务的标志，具有特别显著性的区别功能，从而便于消费者识别。商标的构成是一种艺术创造。

③商标是由文字、图形、字母、数字、三维标志、颜色和声音组合，以及上述要素的组合的可视性标志。

④商标具有独占性。使用商标的目的就是为了区别与他人的商品或服务，便于消费者识别。所以，注册商标所有人对其商标具有专用权、受到法律的保护，未经商标权所有人的许可，任何人不得擅自使用与该注册商标相同或相类似的商标，否则，即构成侵犯注册商标权所有人的商标专用权，将承担相应的法律责任。

⑤商标是一种无形资产，具有价值。商标代表着商标所有人生产或经营的质量信誉和企业信誉、形象，商标所有人通过商标的创意、设计、申请注册、广告宣传及使用，使商标具有了价值，也增加了商品的附加值。商标的价值可以通过评估确定。商标可以有偿转让，经商标所有权人同意，许可他人使用。

⑥商标是商品信息的载体，是参与市场竞争的工具。生产经营者的竞争就是商品或服务质量与信誉的竞争，其表现形式就是商标知名度的竞争，商标的知名度越高，其商品或服务的竞争力就越强。

二、商标的构成要素

我国商标标志的构成要素包括文字、图形、字母、数字、三维标志、颜色组合和声音等，以及上述各种要素的组合。实践中商标有以下几种基本形式。

1. 文字

作为商标的文字可以是汉字、汉语拼音、少数民族文字、英文或者其他国家的文字，从广义上来说，字母和数字同样也包含在文字的范围之内。用文字作为商标的构成要素，具有一定的优势。文字商标便于称呼，广告宣传、商品交易中交流也比较方便。由于文字构成商标的显著部分，其文字、字义、字音、字形及书写方式等起着主要的认读作用，因此，易于判断区别，易于保护。但文字商标也易受语言文字的限制，特别是附有该商标的商品营销地区的人们的风俗习惯、社会心理对商标文字的选择影响很大。例如，非常著名的"golden lion"商标，其中文含义为"金狮"，但在中国香港地区，"狮"与"输"谐音，显然"金狮"商标在香港地区就不能被认可，后来其创始人将其改名为"金利来"，取得了意想不到的效果。

一般来说，文字商标中的文字从字面上看是有确定含义的，如"幸福""永久"等。但是也存在一些商标，其文字不表现出任何的含义，或者根本就是生造的文字，如"SONY""NIKE"等。这些商标的文字一般都是经过企业费尽周折、花费大量资金才取得的，体现了这些企业的商标战略，的确这些商标已经成为世界驰名商标，在社会公众中具有广泛的声誉，设计得比较好的文字商标能够产生较大的影响，迅速赢得社会公众的关注。例如，"娃哈哈"商标，读起来朗朗上口，而且容易产生联想，这样对于品牌的宣传具有事半功倍的效果；我国联想集团曾经长期使用"legend"作为自己的商标，并在海外广泛使用和注册，但是经过调查发现，"legend"这一词汇被广泛使用在各类产品上作为商标，这样联想集团的"legend"商标并不能凸显其特色，经过认真权衡，联想集团决定弃用"legend"商标，而改用"lenovo"商标。

2. 图形

作为商标的图形，其范围非常广泛，有着无限的变化空间和易于表达的视觉外观。它不受语言文字的限制，无论是在使用什么语言文字的国家和地区，人们只要认识图形就很容易识别。图形商标的特点是比较直观，艺术性强，并富有感染力。由于图形商标往往给人以直观的视觉效果，因而往往能够引起人们的兴趣与关注。例如，海尔公司的"海尔兄弟"图形商标，可爱的小男孩形象很容易让人记住海尔公司的产品。但是，单纯的图形商标具有一定的局限性，即这些图形商标很难通过人们的口头方式予以表达出来，虽然人们普遍对该图形商标有所了解，口头表述上的困难有可能导致该商标难以进一步宣传和传播，特别是某些抽象的图形，由于没有文字作为商标的辅助要素，则这种困难更甚。设想一下，假如 Chanel 公司仅仅使用 Chanel 经典的美女形象而没有 Chanel 这一名称的话，在进行广告宣传如广播或者消费者之间传播该品牌时，将陷入难以精确称呼的境地。

因此，在绝大多数的情况下，图形要素应当和文字要素一起作为商标的组成部分，而不是单独作为商标，除非该图形商标对于社会公众而言，具有明确的含义，而且便于社会公众称呼。如玫瑰花的图形、燕子的图形等。像我国中央电视台原来所使用的台标，即几个环套在一起的标志，虽然比较形象，但是难以识记、表述，因而中央电视台按照国际惯例，放弃原来的标志而改用"CCTV"标志。

3. 字母

字母商标是指用拼音文字或注音符号的最小书写单位，包括拼音文字、外文字母（如英文字母、拉丁字母等）所构成的商标。

字母商标可以由缩写、字头或者无含义的字母组合乃至单个字母组成。由于字母数量有限，字母的注册一直受到严格的限制。两个以下的字母组成的商标通常不被认为具备固有显著性，或者必须结合特殊的字体或颜色，或者提供具备获得显著性的证据，否则不能得到商标保护。一般来说，单个字母或数字由于缺乏显著性，所以在世界上大多数采取审查制度的国家都是不能注册的。因此，必须有两个以上的字母或者数字才可以用作文字商标。不同语言的文字或数字之间可以互为组合，文字的组合可以使用有含义的词语，也可是生造的无任何含义的词语。

4. 声音

声音商标是非传统商标的一种，与文字等其他商标要素一样要求具备能够将一个企业的产品或服务与其他企业的产品或服务区别开来的基本功能，即必须具有显著特征，便于消费者识别。声音商标在市场营销领域应用的比较早，但是由于声音商标有别于传统意义上的商标，具有不可视的特点，通常不被作为商标看待，因此，声音商标的保护问题一直是个难题。自2014年5月1日起实施的新《商标法》增加了声音商标。

声音成为注册商标必须符合三个条件：第一，必须严格按照法律规定，不能滥用商标法规定的禁用条款，如军歌、国歌等；第二，要具有显著性和独特性，第一时间引发客户对商品或服务的联想，也就是人们通常所说的条件发射；第三，有别于文字、图形等传统商标，只要不是地名或法律禁止的不文明用语等，且未被其他人注册的，都可以被注册成商标。声音商标是已经为大众所熟知的，有特定的指向性的声音。

新《商标法》实施后，中国国际广播电台在国家工商行政管理总局商标局成功提交了中国国际广播电台"开始曲"的声音商标申请。据悉，这也是新《商标法》实施后，国家工商总局商标局接到的中国首例声音商标申请。

声音商标在市场应用中发展出多种形式，最常见的是声音标识。例如，小霸王游戏机采用的著名播音员李扬所说的"哈哈，小霸王其乐无穷"的声音作为商标开创了中国声音商标的先河。声音标识随同广告用短乐、品牌主题音乐和一连串的品牌题材使用。一个声音标识是一支很短的独特曲调或旋律，主要被安置在广告的开头或结尾。声音标识与其他可视标识具有同等价值，通常会通过声音与可视标识的结合使用来增加强品牌的辨识度。成功的典型例子如英特尔芯片广告、诺基亚开机短乐、摩托罗拉的"hello moto"等，都在消费者脑海中形成了独特的画面，将这些旋律与他们的所属商家建立了唯一联系。声音标识在某些产品上会给特定顾客产生深刻的印象。曲调是声音最难忘的组合方式，这是因为当曲调开始时，人便自动想到结尾。一个理想的商标的最基本的品质是独特、难忘和灵活，声音商标也不例外。例如，英特尔的"Intel inside"、诺基亚之歌、苹果麦金塔电脑的开机声音等。声音商标可以经由手机、ATM、笔记本电脑、PDA及其他不计其数的音频设备使其增进用户体验更加容易及更加令人愉快。通过这些声音，消费者可能也会体会到创造这个声音的公司的某些想法。有特定目的的制造者、创造这些声音软件的设计师和面向市场的人，通过应用声音商标来表达对某事的看法。

另一种形式的声音商标涉及组织的公共关系或非营利音乐组织的赞助，如音乐艺术家或者艺术家团体。例如，一些公司在与它们完全无关的网站上提供的可以自由下载的音乐。以流行音乐歌曲随声附和一个公司口号，表达公司独特的销售特色或品牌价值（而不是直接推销品牌或产品）。其中一个例子就是王力宏演唱的麦当劳餐厅歌曲"巴巴巴巴巴～～，我就喜欢"。

5. 颜色组合

我国《商标法》规定，在进行商标注册时，商标注册申请人应当提交商标的图片，需要保护特定颜色的则需要提交商标的彩色图样。显然，商标颜色对于商标具有不可忽视的意义。但是单一的颜色不能独立作为商标的构成要素。我国长期以来禁止将颜色作为商标进行注册，《商标法》在2001年修订之后，允许注册人将颜色组合进行商标注册。独特新颖的颜色组合，不仅可以给人以美感，而且能够使人产生强烈的视觉对比效果。例如，壳牌公司的贝壳形状的商标，其实质就是一个颜色组合商标。实际上不同颜色的组合，按照一定规律放置在一起，其效果与图形商标有些相同。

6. 三维构型

三维构型商标则是以具有长、宽、高 3 种度量的立体物质形态出现,既可以出现在商品的外形上,也可以表现在商品的容器或者其他地方。三维构型进一步使商标的构成要素得以扩充,企业在选择商标时,选择余地更大。目前比较有影响的三维构型商标有可口可乐公司的"可乐瓶"造型三维商标。由于我国 2001 年才放开三维构型商标注册,因此,到目前为止,企业申请注册三维构型商标的数量还不是很多。

7. 要素组合

组合商标中包含了多种要素,提供信息较多,比较容易满足商标使用人希望尽可能向社会提供较多信息的心理,同时由于多种要素所涵盖的标记含义范围较大,因而能够尽可能地排斥他人使用类似标记的可能性。但是反过来,由于组合商标中的要素过多,有可能会使得人们难以记忆该商标。一般来说,越简单的标记被人们记忆的可能性越大。正是这样的原因,我们在市场上就难以见到包含十几个词汇、多个图形的组合商标,因为这样的商标在满足商标所要求的显著性的情况下,却增加了社会公众、消费者识别的难度。因此,一般情况下,组合商标主要是以文字和图形结合在一起而出现的。

组合商标在注册后应当作为一个整体对待,不可以更换其中组合或者排列,也不可以擅自改动其中某一部分,否则,商标管理部门将对这种行为予以处理。

三、商标的禁用要素

我国《商标法》在第 10 条、第 11 条中对哪些标志可以作为商标使用、哪些标志可以作为商标注册作了明确的规定,企业在选择使用商标及在注册商标时,应当予以重视,否则将导致其标志不得作为商标使用或者无法获得商标注册。

1. 绝对禁止使用标志

《商标法》第 10 条规定,下列标志不得作为商标使用:①同中华人民共和国的国家名称、国旗、国徽、军旗、勋章相同或者近似的,以及同中央国家机关所在地特定地点的名称或者标志性建筑物的名称、图形相同的;②同外国的国家名称、国旗、国徽、军旗相同或者近似的,但该国政府同意的除外;③同政府间国际组织的名称、旗帜、徽记相同或者近似的,但经该组织同意或者不易误导公众的除外;④与表明实施控制、予以保证的官方标志、检验印记相同或者近似的,但经授权的除外;⑤同"红十字""红新月"的名称、标志相同或者近似的;⑥带有民族歧视性的;⑦夸大宣传并带有欺骗性的;⑧有害于社会主义道德风尚或者有其他不良影响的。这些标志要么与我国国家形象有关,要么涉及对外国政府、国际组织的尊重,要么涉及民族、种族平等,或者社会道德风尚等方面,如果允许将这些标志作为商标使用将产生严重的社会后果。

另外,根据《保护奥林匹克标志内罗毕条约》,国际奥委会的相关标志也不得作为商标使用。北京举办 2008 年奥运会,我国对国际奥委会、中国奥委会、北京 2008 年奥运会申办委员会、北京 2008 年奥运会组委会的相关标志也作出了相关规定,未经许可,任何单位、个人均不得擅自使用这些标志。在此之前,北京市第一中级人民法院就曾经对金味公司没有得到中国奥委会许可而使用奥林匹克五环标志一案作出了判决。

2. 地理名称

《商标法》规定，对于县级以上行政区划的地名不得作为商标使用，如番禺、增城，除非该地名具有其他含义，如凤凰、平安等，在《商标法》实施之前已经注册的除外，如上海牌手表等。同时，公众知晓的外国地名也不得作为商标使用。县级以上行政区划名称一般不得作为商标使用，主要是考虑到这些地名作为社会公共标志，不允许被个别企业独占，因为这些标志除了作为地名之外，并不具有其他的含义。考虑到我国商标使用和商标注册的实际，对于由于历史原因或者《商标法》颁布之前已经注册或者使用的地名商标，一定程度上承认既成事实，允许其继续存在，因为这些商标经过长期使用，已经在相关社会公众中产生了一定的声誉和影响，如果断然禁止使用，反而会造成不利影响。

《商标法》第 16 条第 1 款规定："商标中有商品的地理标志，而该商品并非来源于该标志所标示的地区，误导公众的，不予注册并禁止使用；但是，已经善意取得注册的继续有效。"所谓地理标志是指标示某商品来源于某地区，该商品的特定质量、信誉或者其他特征，主要由该地区的自然因素或者人文因素所决定的标志。例如，广东某产茶叶之地的企业就不得为其出产的茶叶使用"龙井"商标，因为"龙井茶"作为一种地理标志已经被人们广为熟知，如果其他地方的企业使用"龙井"标志，将会误导公众。

3. 相对禁止注册标志

除了以上绝对不得作为商标使用的标志之外，对其他的标志，《商标法》没有作出禁止性的规定，即如果企业或者个人坚持将某个标志作为商标使用，则应当允许这些行为，不过这些标志是否能够真正起到商标的作用，则另当别论。为了对这些标志作为商标使用进行规范，《商标法》也规定了某些情形的标志不得作为商标进行注册，这在一定程度上反映了《商标法》对商标注册的引导。

《商标法》第 11 条规定，下列标志不得进行商标注册：①仅有本商品的通用名称、图形、型号的；②仅直接表示商品的质量、主要原料、功能、用途、重量、数量及其他特点的；③其他缺乏显著特征的。这些标志不得注册为商标，主要原因在于不能起到区分商品来源的作用，无法满足商标所要求的显著性条件。例如，"大米"标志显然无法将某一企业所生产的大米与其他企业生产的大米区分开来，人们无法将"大米"牌商标的大米与其他商标的大米区别开，从而产生实际上的混淆，不符合商标运用的初衷。但是如果将"大米"标志作为玩具的商标则是可以注册的，因为其他玩具生产商完全可以使用其他标志作为商标。关于商品的主要特性的标志，一般情况下也是不能作为商标注册的，否则将可能剥夺其他企业所生产的商品因为具有相同特性而不能使用该标志的权利。但这仅限于商品的主要特性的标志，而不是只要涉及商品的部分属性的标志就一概不得作为商标注册。曾经有企业就"两面针"牌牙膏使用了一种叫"两面针"的中草药，要求商标局撤销"两面针"商标的注册，但最终柳州牙膏厂关于"该两面针中草药并非牙膏主要原料的答辩意见"获得了商标评审委员会的认可，维持了商标注册。一项标志如果经过长期使用，已经在相关社会公众中产生良好声誉，或者说已经建立了该标志的第二含义，从而使该标志因为使用而获得了显著性，则可以进行注册。因此，某项标志是否能够注册并非绝对，而要看该标志是否具备了商标注册所需要的显著性条件，如果满足了这一条件，则当然可以注册。所以，目前有很多企业准备将某些标志作为商标使用并拟今后予以申请注册，但不能确定是否可以获得注册。为了保险起见，这些企业先在其生产销售的商品上使用这些商标，并给出明显提示，例如，在该标志边添加"TM"标记，以告诉社会公众该标志作为该企业商标正在使用。这样，经过较长时间的使用，企业就可以以此为由要求商标局进行注册。但这种情况下，要防止他人抢注。另外，《商标法》第 12 条规定："以三维标志申请注册商标的，仅由商品自身的性质产生的形状、为获得技术效果而需有的商品形状或者使商品具有实质性价值的形状，不得注册。"这对三维构型商标的注册构成了一定的限制，因为前述几种情形的标志如果允许注册，同样将影响到生产、销售相同商品的其他经营者对这些标志的正当使用。

四、商标的类型

按照商标显著性程度的不同，可以将商标分为以下几种类型：创新性商标及奇特或图案鲜明的商标、暗示性商标、描述性商标、分类性商标。不同类型的商标，其体现的显著性程度各有不同，这势必影响到商标是否能够成功注册。

1. 创新性商标及奇特或图案鲜明的商标

创新性商标是为使用于某一商品而独创的，它本身不仅不对其标志的商品或服务作任何描述，不传递任何有关商品服务的信息，更重要的是商标所使用的文字、图形也不代表其他任何事物，不发挥任何其他功能。一般来说，创新性商标标志是生造的，该标志在创作出来之前是不存在的，因此，这种标志天然就具有显著性。对于创新性商标，其适用范围可以是全部商品类别，在任何商品或者服务上都可以进行注册，而不会受到限制。但是完全绝对的创新性商标，其创设需要花费巨大的人力、物力，日本"SONY"商标设计的故事说明了这一问题。SONY 创业之初有一个不太吸引人的名称"东京通信工业"，创办者决定将公司名字改成四五个英文字母拼成的名字，要短促有力，一定要令人印象深刻。经过长期的研究。拉丁文"SOUNDS"（表示"声音"之意）被选中，其与公司产品性质相符合。由于公司创始人盛田先生最喜欢的歌"阳光男孩"（Sunny Boy），改成 Sonny，其中也有"可爱"之意。为了要适合日本文化（"sonny"在日本读音为"赔钱"），把第 3 个"n"去掉，"SONY"的大名终于诞生。经过 SONY 公司不懈努力，最终将"SONY"商标创建为世界驰名商标。

奇特或者图案鲜明的商标是指除了通过市场知识了解的特性外，这类商标并不反映商品的特性。这种商标除了包括创新性商标之外，还包括其他与商品没有任何联系的标志作为商标的情形，如"长城"牌电扇、"红梅"牌香烟、"幸福"牌摩托车等。

2. 暗示性商标

暗示性商标是间接地描述或者影射它所表明的商品或者服务，虽有一定的描述性，但区别性是主要的，即主要还是突出其特征。如果一个商标只是通过想象、思考或者知觉来反映一个产品的特性，这种商标就是暗示性商标。商标的暗示性这一特性并不是任何企业都能够想到并在商品上加以使用的，或者其他企业通过某种方式可以附会的。尽管暗示性标志可能或多或少使人对商品的特性有所认识和了解，但是这种认识和了解只是一种间接的而非直接的判断，因而应当允许人们使用暗示性标志作为商标使用并予以注册。目前有大量的商标都是暗示性商标，如"健力宝""上好佳""益力多"等。其实前述的"健力宝""上好佳"

等商标，如果单就其中某一个字来说的话，其实是符合商标相对禁止注册条件的，因为这些词语在一定程度上将反映出商品的质量、性能或者数量，并且在将这些标志最初作为商标使用时，显然并不会具有显著性。所以，这些标志作为商标注册存在着一定的障碍。但是，这些标志作为一个整体时并不能反映出商品的主要相关属性，且由于我国词汇之中并不存在这些汉字的组合，因而将这些常见的词汇经过一定的排列组合形成的新标志具有《商标法》所要求的显著性，满足注册的要求，对这些标志进行商标注册也就不存在什么问题了。同时一些企业通过比喻、双关、借代等形式所创设的一些标志，同样对商品的相关属性会予以间接反映。我国由于悠久的文化、历史、传统等原因，使得我国企业在运用这些方式设计商标时得心应手，设计了大量的暗示性商标，如"白玉"牙膏、"雪花"啤酒、"长安"汽车、"湘泉"酒、"小护士"护肤品等。这些暗示性商标的成功之处就在于通过商标本身引导消费者认识和理解商品的功能和用途。

3. 描述性商标

所谓描述性商标是指商标中直接描述了商品的某一特性如商品的质量、性能、用途、数量、功能等，从而将商品的有关信息直接表达出来，如"棉纱"牌衬衣、"玉米"牌烧酒等。这些描述性商标由于直接对商品的有关特性进行了表述，一旦允许对其进行注册，将会影响到其他生产经营者所提供的相同商品对有关特性的表述，影响到公共利益，因此，这些标志一般是不允许进行商标注册的。但是《商标法》规定，这些描述性标志在经过使用后获得显著性的，可以予以注册，因此，并不能认为描述性标志就一定不能获得商标注册。"五粮液"商标其实就是一个描述性商标，假如放在今天申请注册的话，并不一定能予以注册。但由于其经过长期使用之后，已经在相关社会公众之中建立了良好的社会声誉，因此而获得注册。

关于使用地名商标来表示商品的来源，《商标法》并不禁止使用地名商标，除了特别规定的情形之外。但是，如果某个地方的地名恰好与某种特定商品的地理标志地名相同，则在该地出产的与地理标志所在地出产的同种商品之上，不得使用该地理标志名称作为商标注册，因为一旦注册，则将会使社会公众产生混淆。

另外，个人的姓名作为商标也将会对该商品的来源进行直接描述，因而也构成描述性商标。要特别注意的是，对于使用与名人相同的姓名商标，在注册商标时不得与名人构成混淆。例如，一个叫姚明（并非球星）的人，在体育用品上注册"姚明"商标，将可能不能获得注册，因为消费者看到该商标时实际上会将该商品与球星姚明联系起来，而不会想到彼姚明。虽然姓名权的行使是个人的正当权利，但是在这种情况下，姓名权是否就一定能够运用于商品上作为商标权行使，则要受到一定条件的限制。

4. 分类性商标

所谓分类性商标是指将商品的分类特征的相关标志作为商标，如商品通用名称、图案、型号等。一方面，由于商品分类涉及对商品的难确划分，方便对不同商品的管理，以及社会对商品的正常使用，商品分类的相关标志应该作为公共资源的一部分，任何人都无权予以占用，当然也就不得将这些标志作为单个个人或者企业的商标来进行使用。另一方面，如果使用了这样的标志作为商标，必然也将引起社会很乱。例如，"大米"牌大米面世，必然也将使人不知所云。对于这类标志，显然不可能通过对该标志的长期使用而获得显著性。我国药品行业由于药品名称与药品商标注册制度的不协调，曾经引发了普遍的药品名称与药品商标之争，不仅企业之间引发了无数的纠纷，同时政府有关部门也卷入了纷争之中。深圳南方制药厂的"三九胃泰"商标由于与卫生部所收录的药典中"三九胃泰"药品相同，因而被海口市制药厂要求撤销"三九胃泰"商标，其理由是"三九胃泰"是该药品的通用名称，按照《商标法》规定，通用名称不能注册商标。《经济日报》曾经数次专版对此案件进行过报道。

第2节　商标的管理

一、商标的取得

企业商标权的取得，一般来说，可以有两种方式：一是通过使用商标来取得；二是通过商标注册来取得。目前我国对这两种方式取得商标权基本上没有强制，注册与否采取自愿原则。

1. 商标使用

有很多企业在刚刚推出产品的时候，还没有完全考虑商标注册的事情，或者有些企业仅仅是为了完成某一项目而成立，并提供相应商品，是否长期经营可能还没有考虑，还有一些小企业根本就没有打算注册商标。按照我国法律规定，除了个别商品类别之外，商标使用人可自行选择商标并进行使用，不需要到商标局进行注册。未注册的商标同样可以使用。但是，我国《商标法》中所说的"商标权"是注册意义上的商标权，因此对于未注册商标，权利人不能援引《商标法》对其未注册商标进行保护。这种权利一般只能认为是一种事实上的权利。要保护需要按照民法一般原理及《反不正当竞争法》的有关规定来进行。相对于《商标法》对注册商标的绝对保护，通过其他法律保护未注册商标具有一定的难度，需要满足较严格的条件。作为权利人来说，其需要承担过重的举证义务，否则将很难受到保护。一旦他人将该商标注册，则意味着给他人做"嫁衣"。北京举行亚运会之前，有一家生产饮料的企业，其商标为"维尔康"，由于给亚运会提供赞助并进行了广泛宣传，具有一定知名度，但是该商标没有注册，之后反而被另外一家企业注册了商标，最终其不得不痛失"维尔康"商标。未注册商标在使用时由于不需要到有关部门进行审查，则可能会因违反《商标法》中商标绝对禁止使用条件而受到查处，所以，通过使用方式取得商标权，应当注意不要使用一些特殊标志，如国家标志、特定组织的标志、其他公用标志等。

虽然以使用方式能够比较容易取得商标权，但是企业应当注意其中所包含的风险，不要出现上面所举例子的情形，在企业发展到一定阶段时应当尽量对其使用的商标进行注册。对于有更大抱负的企业，不仅要在国内注册，还要根据自己产品的销售及潜在市场，选择不同的国家进行商标注册，不要出现类似于海信公司"Hisense"商标被西门子公司抢注的情形。在有些国家，虽然并没有要求商标必须注册，但是在保护时是以注册商标为主的。国际化企业要根据所在地国家的法律规定，进行商标注册。

2. 商标注册

狭义的商标注册申请仅指商品和服务商标注册申请、商标国际注册申请、证明商标注册申请、集体商标注册申请、特殊标志登记申请。广义的商标注册申请除包括狭义的商标注册申请的内容外，还包括变更、续展、转让注册申请，异议申请，商标使用许可合同备案申请，以及其他商标注册事宜的办理。一般来说，商标注册，并不需要一定在商品上使用商标，按照通行做法，只要商标注册申请人具有"使用意图"就可以在相关商品类别上申请商标注册，并最终获得核准注册。但是通过核准注册的商标，其商标权的维持却需要企业满足一定的条件，即必须使用商标，如果在相当长的时间内连续不使用商标的，则可能会导致商标权的丧失。我国《商标法》规定，商标注册人如果在连续 3 年时间内不使用注册商标的，则商标局可以撤销商标注册。我国对烟草制品上的商标使用有强制性要求，即必须使用注册商标，便于对这些特殊商品进行监管。

对于商标注册，商标注册申请人必须按照规定的程序提出申请，由商标局受理进行审查，审查合格的才能予以登记并公告。在商标注册之后，按照《商标法》的规定，有关单位、个人有权进行监督，提出不同意见，要求商标评审委员会对不符合商标注册条件的商标撤销注册。同时商标局也可以依职权对已经注册的商标进行监督，如果属于不应当注册的情形，则可以撤销商标注册。

二、商标的注册条件

我国《商标法》规定，申请注册的商标除了必须有合格的主体、适当的商品或服务及恰当的标志外，还应当具有合法性、显著性、非功能性及在先性。合法性是指商标不得违反商标法及其他法律；显著性是商标的本质属性，是指该标志使用在具体商品或服务时，能够让消费者觉得应该或实际与商品或服务的特定出处有关；非功能性是指作为立体商标注册的三维标志，不能具有功能性，否则不予以注册；在先性是指申请注册的商标不得与他人在先取得的合法权利相冲突。

三、商标的拟制

1. 商标的拟制原则

给商标命名，除了要符合商标命名的法定要求外，还应注意遵循下列原则。

（1）易认、易读、易懂、易记、易写

商标的名称首先要明白简洁；用词要通俗易懂，不要用艰深冷僻、古奥晦涩的词；用字要力求笔画简单，易于书写印刷，不要用笔画繁杂、难于辨认或已被淘汰了的古字、废字；读音要响亮顺口有音乐美感，要避免佶屈聱牙，平仄不分。此外，名称的文字也不能过长。

（2）把握特征，突出重点

商标名称很简短，只能显示商品某一方面的特点，这就要把握特征、突出重点。这种突出，或侧重于展示身份，如"贵州茅台酒"；或侧重于展示技术，如"古汉养生酒"；或侧重于展示用料，如"两面针牙膏"；或侧重于展示价值，如"钻石电扇"；或侧重于展示效用，如"中国硬酒"；或勾画形象，如"小白兔牙膏"；或抒写情趣，如"喜盈门毛巾被"；

或显示气派，如"公主牌钢琴"；或表达产品品类，如"垦得机有机大米"；等等。

（3）名实一体，避免自相矛盾

名称要从某一个侧面反映出商品的某种特征，这种特征应该与商品有一定联系，而不应出现商品的名与实不相称或有损商品形象的现象。例如，"黑豹牌农用车"的"黑豹"显示了车子的强劲有力，"菊花"电扇的"菊花"给人以清凉感，名实结合是合理的。

（4）要考虑消费对象的心理

商品有一定的消费对象，命名要考虑消费对象心理才能赢得市场。例如，儿童产品要考虑儿童心理，如小天使童鞋、大白兔奶糖、娃哈哈果奶；老年保健品要考虑老人的心理，如百年乐中成药、老来福口服液、如意牌拐杖；化妆品的消费对象主要是青年女性，如奥琪、雅倩、海飞丝；高档消费品则要显示商品的名贵、精良、耐用、先进，如斯特劳斯牌钢琴、蓝宝石牌手表等。

（5）名称要有美感，有寓意

有美感是指名称形象鲜明，能使人产生美好联想，如郁金香牌壁纸、企鹅牌羊毛衫、莲花牌味精。

有寓意是指名称能包含较多的信息，例如，"中意"既表明产品引进了意大利技术，又告诉人们该产品可令人满意；"老来福"既有中文意思老来得福，又与英文 longlife（长寿）谐音。

2. 商标的拟制方法

（1）介绍说明式

这是一种最常用的方法。这种方法用语平实、通俗，有的介绍产地，如上海、青岛、天津；有的介绍功效，如神力、永久、健民等。

（2）比喻式

这种方式的特点是名称是喻体。喻指商品某方面的特点，例如，电视机的名称，"长虹"喻灿烂，"牡丹"喻鲜艳，"孔雀"喻多彩。

（3）暗示式

这种方式的特点是名称虽不是喻体，但它能隐隐约约地透出较多的其他信息。例如，"华日"暗示了产品的日本技术，"航天"暗示了尖端技术，"硬酒"暗示了酒的某种作用功效、价值取向，玉羊牌毛毯暗示了毛毯的用料。

（4）象征式

这种方式的特点是名称能给人以丰富的联想。例如，"长城"象征了一种创造精神，"黄河"象征了中华民族的古老悠久。有的更抽象，如"双环""三角"，那就只能由消费者自由联想，见仁见智了。

（5）权威式

权威式的特点是用权威命名，或借用名人，如"李宁牌""星海牌"，或自封权威，如"天王牌""霸王牌"。

（6）祝愿式

祝愿式的特点是名称有吉祥喜庆色彩。如"美好""大发""喜盈门""双喜"等。

四、商标的注册流程

1. 注册准备

选择注册方式：一种是自己到国家工商行政管理局商标局申请注册；另一种是委托一家经验丰富的商标代理组织代理服务。

2. 准备资料

准备商标图样10张（指定颜色的彩色商标，应交着色图样10张，黑白墨稿1张），长和宽不大于10厘米，不小于5厘米，商标图样方向不清的，应用箭头标明上下方；如果是个人提出申请，需出示身份证并递交复印件另加个体营业执照复印件并且经营范围与注册的商标一致；若是企业申请，则出示企业《营业执照》副本并递交复印件；盖有单位公章商标注册申请书。

3. 开始申请

4. 按商品与服务分类提出申请

商品和服务项目共分为45类，其中商品34类，服务项目11类。申请注册时，应按商品与服务分类表的分类确定使用商标的商品或服务类别；同一申请人在不同类别的商品上使用同一商标的，应按不同类别提出注册申请。

5. 申请日的确定

这是最重要的一点，由于中国商标注册采用申请在先原则，一旦和其他企业发生商标权的纠纷，申请日在先的企业将受法律保护。所以，确立申请日十分重要，申请日以商标局收到申请书的日期为准。

6. 商标审查、初审公告、注册公告

商标审查包括形式审查和实质审查两个步骤。形式审查是对商标注册申请书能否受理的审查，内容包括对商标注册申请人资格是否符合规定，商标注册申请书的填写是否真实、正确、准确、清晰、完备等；实质审查是对商标是否具备注册条件的审查，其主要从两个方面进行：一是审查商标是否具备显著性，是否违反法律禁用条款；二是审查该商标与在先申请或者注册的商标是否有相同或近似，即近似性审查。

商标局在对商标申请进行审查的过程中，可能会给申请人发出各种文件。主要有：商标注册申请受理通知书和商标注册驳回通知书等文件，如果商标局在审查过程中要求申请人对原申请内容作一定的修改并回复，还将送达申请人补正通知书。

商标注册申请经商标局审查后，对初步认为符合《商标法》有关规定的，在商标公告中予以初步审定公告。初步审定的商标自刊登初步审定公告之日起3个月内没有人提出异议或者被提出异议后经裁定异议不成立的，该商标予以注册，同时刊登注册公告。商标自公告期截止后的第二日注册生效，受法律保护，商标注册人享有该商标的专用权。注册商标的有效期限为10年，自核准注册之日起计算，注册商标有效期满，需要继续使用的，可以申请商标续展注册。

7. 领取商标注册证

商标完成注册后，商标局向注册人颁发证书。

若是通过代理组织的由代理人向注册人发送《商标注册证》；直接办理注册的，注册人应在接到《领取商标注册证通知书》后 3 个月内到商标局领证，同时还应携带：领取商标注册证的介绍信、领证人身份证及复印件、营业执照副本原件和加盖当地工商部门的章戳的复印件、领取商标注册证通知书、商标注册人名义变更的需附送工商部门出具的变更证明。

五、商标注册的注意事项

自然人、法人或者其他组织对其生产、制造、加工、拣选或经销的商品或者提供的服务需要取得商标专用权的，应当依法向国家工商行政管理总局商标局（以下简称商标局）提出商标注册申请。企业申请商标注册时，应当注意下列有关问题。

1. 商标注册人名义

我国市场主体类型很多，企业形式各异，既包括组织机构比较正规的有限责任公司和股份有限公司，同时还有设立相对比较灵活的合伙企业及独资企业。不同的企业形式在注册商标时应注意到底以谁的名义进行商标注册。商标注册人名义不同，将意味着商标权归属的不同，对企业及企业经营者有特别的意义。

有些合伙企业、独资企业的投资人或者一人公司的股东往往以个人名义进行注册，然后再将商标许可给企业进行使用，这样商标权就可以为个人所拥有，同时不影响企业运作。我国很多合资企业所使用的商标往往也是外国合资者注册的商标，然后由外国商标权人许可合资企业进行使用，这样做在短期内对合资企业有利，同时对中方合资者也有利。但是从长远来看，由于合资经营一直使用的是外国品牌，合资期满之后，并不能形成我国的民族品牌。我国合资企业中这方面的教训很多，特别是合资企业把中方具有一定知名度的换算表作价作为出资，但是由于外方坚持使用外方商标，中方商标长期处于搁置状态，这就事实上形成了民族品牌的流失。上海家化与美国公司共同成立的合资公司，曾经将上海家化的"美加净"商标作价 1000 万元作为出资，但是一直不用该商标，最后上海家化不得不花累计将近 3.6 亿元巨资将该商标重新赎回。赎回之后，上海家化迅速将该"美加净"商标投入使用，重新又获得市场认同，销售额增长好几倍。

2. 商标注册商品类别

商标注册是按照商品与服务分类表进行注册的。按照国际条约规定，目前所有商品与服务类别一共分为 45 大类，每一商品或服务类别都必须单独注册。对于没有注册的商品或者服务类别，商标权人并不能对其注册的标志享有商标权。因此，企业在申请商标注册的时候，必须根据本企业生产经营的类别及今后发展的方向，在相关商品或服务类别上进行注册。

3. 联合商标与防御商标的注册

企业在注册了自己需要使用的商标之后，可以根据具体情况来进行联合商标和防御商标的注册，从而更好地保护自己注册的主商标的正常使用和商标权。联合商标注册是将与主商标相近似的一些标志在主商标注册的商品类别上注册，一般仅使用主商标，而联合商标并不使用。例如，娃哈哈公司注册了"娃哈哈"商标之后，还注册了"哈哈娃"商标，"哈哈娃"商标就是联合商标。联合商标一般仅作防御之用，而不会实际在商品上使用，对于联合商标，一般不要求满足使用义务。防御商标注册是指在一类商品上注册一个商标之后，觉得有必要在其他商品就相同标志注册同样的商标，以便于今后在该类商品类别可以用相同的商标进行经营，有利于企业开展自己的商标战略。

联合商标和防御商标的注册是商标注册人转变商标保护思路，将商标权授权的事后保护、被动保护变为商标注册时的事前保护、主动保护。这样将免除商标侵权案件发生后烦琐、困难的举证要求，即判断两个商标之间是否构成近似，而直接以商标相同来进行判定。也就是说，如果侵权人使用的是权利人的联合商标，则不需要用主商标与侵权人所使用的商标进行对比，而是用联合商标与侵权人的商标进行比较，这样就比较容易确认授权。

4. 申请在先原则

目前国际上比较通行的商标注册的原则是"申请在先"原则，我国也采用这一原则，即按照申请商标注册的时间先后来决定最终的商标注册归属。所以，如果企业打算在将商标使用一段时间之后再行注册的话，此时将会面临较大的风险，即他人在企业提出商标注册申请之前已经在相同商品或服务类别提出了商标注册申请，则此时该企业将无法获得商标注册。虽然该企业可以在先权利为由要求商标局对他人的申请不予注册，或者要求商标评审委员会撤销他人的商标注册，但是这种在先权利的维护事实上比较困难，先使用商标并不必然构成对他人商标注册撤销或者禁止注册的绝对理由。因此，企业在使用商标之前必须谨慎从事，不要贸然对未注册的商标进行宣传，而要及早提出商标注册申请。

5. 优先权原则

在我国企业纷纷迈出国门之际，到外国申请商标注册已经逐渐成为越来越多的企业的自主选择。到哪些国家申请商标注册，什么时候注册，不能不说是非常关键的问题。我国企业可以充分利用《巴黎公约》中对商标注册的优先权原则，在我国首次提出商标注册申请之后，在6个月的时间内充分考虑，选择在哪些国家注册商标。优先权能够使商标注册申请人在优先权期限内免除他人先于自己提出商标注册申请而使商标权旁落的后顾之忧，因为只要在规定的优先权期限内，《巴黎公约》成员国提出商标注册申请，该申请就相当于申请人在最初提出商标注册申请一样，也就是说，最早的申请日视为在他国申请商标注册的申请日。

六、商标注册的意义

通过商标注册，企业能够取得商标专用权。这种方式虽然不是商标权取得的唯一方式，但是对企业来说却具有重要意义。

1. 商标能够指明商品或者服务来源

商标的最主要功能在于能够指明商品或者服务的来源，即商标能够把不同经营者所提供的相同商品或者服务区分开来，从而使消费者、社会公众能够根据不同的商标选择自己所需要的商品或者服务。能够对消费者、社会公众选择商品或者服务提供引导作用，商业标记很多，如商品外观、包装、装潢、商号等，但是这些商业标记区分商品来源的功能都没有商标强。正是这个原因，企业在选择使用商标时，往往会将商标与其他商业标记刻意区别，使之更加醒目，以引起人们注意。我国有很多企业在选择商标及使用商标时就非常注意这个问题，例如，将商标文字、图案放大，标示在商品或者经营场所的显著位置，如"娃哈哈"

饮用水、"王老吉"凉茶、"雕"牌洗衣粉等。还有一些企业，为了更加突出企业商标，将企业商号也以"商标"命名，以防止其他企业利用我国企业名称注册的不同规则来注册与其商号相同的企业名称，从而使商标更加准确地指明商品或者服务的来源。但是，仍然还有很多企业，它们对商标的作用体会不深刻，认为商标只不过是履行某种监管的需要或者是无关紧要的标志，即使注册了，使用时也是不显眼地标记在商品装潢的角落，根本不能引人注意。特别是一些商品本身尺寸就很小，如果商标再不突出显示的话，怎么可能产生商标应该产生的效果。这不能不说是一种遗憾。

2. 商标具有很强的广告宣传作用

现代社会，各种媒体的影响力十分强大，在对商品进行广告宣传时，设计独特、特点鲜明突出、呼叫响亮、易于记忆的商标将更能达到宣传效果，如"健力宝""娃哈哈"等。因此，企业在设计商标时，也应当充分考虑现代广告媒体的特点，选择易于宣传并能够带给人强烈印象的商标。

3. 商标具有标示商品质量的作用

商标作为一种商业标记，本身并不能直接反映商品质量、性能，那么为什么说商标具有标示商品质量的作用呢？这主要可以从3个方面来说。首先，商标权利人使用商标、注册商标的目的不仅仅是为了将自己的商品或服务与他人的区别开来，更主要的是，在现代社会，商标权越来越成为企业的一项财产。企业通过创建在市场中具有一定声誉的商标，特别是驰名商标，将可以获得比一般商品更强的竞争力。可以说，任何正当经营的商标使用者在最初开始使用该商标时，都怀有这样的目的。如何实现这一目的，当然就需要经营者在提供商品时，保证商品质量，取得消费者信赖，建立良好的社会声誉。一般来说，在社会中知名度越高的商标，其商品质量更符合相关标准及要求，或者优于一般企业所提供的同种商品。其次。按照我国《商标法》规定，商标注册人所提供的商品质次价高、欺骗消费者的，商标管理部门可以作出撤销商标注册的决定。这就在一定程度上对使用注册商标的商品质量提出了要求。最后，商标使用许可中，商标权人对被许可人进行商标许可，如果被许可人生产的商品质量不能满足商标权人的产品质量要求，则将影响商标权人及其商标声誉，商标权人必将对这种情况进行干预，从而保证商品质量维持在一定的水平。

4. 驰名商标对企业具有特别意义

驰名商标是指在市场中享有较高声誉、为相关公众所知悉的商标。驰名商标与一般商标的不同之处在于，按照国际公约规定，对驰名商标的保护要比对普通商标的保护更为严密。普通商标的保护范围仅及于与注册商标所注册的商品相同或类似的商品上不得使用与注册商标相同或近似的商标或者其他商业标记；而驰名商标则采用跨类保护的原则，无论驰名商标的权利人是否在其他商品类别上从事商品经营活动，都有权禁止其他人使用与驰名商标相同或近似的标志。而且由于驰名商标的知名度更高，一般比较容易认定他人搭驰名商标的"便车"。例如，可口可乐公司不仅可以在"可口可乐"商标注册的商品类别上对他人进行禁止，而且可以对他人在文具或者其他商品使用该标志进行禁止，而一个新注册的"乐怡"饮用水商标权人则无权干涉他人在服装上注册或者使用该标记作为商标。除此之外，对企业意义更大的应该是驰名商标荣誉背后所组合的巨大商业价值，驰名商标标志的商品，其价格往往要比一般企业的商品价格高，企业可以因为驰名商标而获取部分垄断利益。对企业而言，从开始生产商品时起，就应该有创建驰名商标的目标，努力提高商品质量，提高企业竞争力。驰名商标的确认，对企业来说意味着一项独立的财产，其同样具有非常高的价值，甚至这个价值比企业的固定资产还要高，如经过评估，"可口可乐"商标的价值高达几百亿美元。但是，也要看到，驰名商标对企业而言也是一把"双刃剑"，知名度越高，意味着关注度越高。企业当然可以享受因为商标驰名而带来的利益，不过如果因为商品质量控制不到位，酿成了严重的质量事故，就会对企业形成严重危机，部分企业很可能会一蹶不振。例如，"康泰克"商标，由于药品中含有违禁成分，社会对其反应强烈。后来企业虽然改变了药品配方，重新以新"康泰克"形式投放市场，但在相当长的时间内并不能获得社会接受；南京"冠生园"公司陈年月饼馅事件，波及其他以"冠生园"命名的企业，社会公众对这些企业避之唯恐不及，使这些企业的生产经营销售受到极大影响；三鹿集团及国内其他乳品生产企业爆发出"三聚氰胺"丑闻，最终导致三鹿集团破产，国内众多乳品生产企业纷纷与三鹿划清界限，唯恐避之不及，三鹿的品牌价值从140余亿元降低到接近于零。

第3节 商标的使用

一、商标的价值

商标是企业的无形资产，商标的价值多少，没有一个非常标准的判定。商标在投资或经营过程中作为资产的价值，即商标资产所含资本量的大小。商标价值是指其资本价值，而不是荣誉上的或主观上的价值。

影响商标的价值主要由以下几个方面。

1. 商标占知识产权的重要位置

商标的价值量是没有固定值的，也随着发展而不断变化。例如，最早将"海尔"作为商标注册的是舒城县的一家工厂，却是海尔集团公司使"海尔"成为中国驰名商标。不同的商标在不同的消费群体中享有各自的盛誉，同样具有其自身的价值。例如，贵州茅台素有国酒之称，用于宴请国宾、酬谢贵客，而寻常百姓杯中的"红星"二锅头则是大众名牌。同一商标在不同的状态下价值不同。例如，联想集团公司的"联想"商标从创立、发展到居国内计算机业第一位的过程中，"联想"商标的价值在不断变化，不同的阶段其价值也不一样。

2. 商品声誉是决定商标价值的首位

最初，商标的功能是表示商品的来源，区别不同的生产者。在市场竞争的环境中，商标表示的是商品的质量，彰显的是商品的声誉。从消费者的角度来说，是想通过识别商标来选择厂商。从企业来说，是想让消费者通过识别商标来购买企业的产品。影响商标价值的因素很多，且不同的因素影响力不等，但商品的声誉是第一位的。

3. 企业运营影响商标价值

商品的声誉来自生产它的企业，因此，直接影响和最终决定商标价值的是企业的综合实力。例如，经历了 320 年历史变迁的"同仁堂"，始终传承"以诚为本"的商业道德，真材实料，精工细制，消费者信任"同仁堂"，企业在积累信任的过程中得以生存发展。

二、商标的价值类型

1. 信誉价值

商标的价值归根结底是来自商标所代表的商品和服务的质量和信誉对消费者的吸引和价格竞争力上。好的商标可以大大减少广告（费用），而同时很快地被消费者所接受，并可以采取优质优价的方式获得超额收益。

2. 成本价值

商标作为企业生产经营的一个要素，从其构思、设计，申请注册、维持商标权保证产品质量和服务质量，进行广告宣传等方面都需要相应的费用。这些费用是取得商标权和获得一定的知名度所必需的，构成了商标权的成本价值基础。

3. 转让价值

商标的转让价值和许可使用价值实际上是商标权的信誉价值和成本价值的具体表现。商标的价值特征就其本质上讲，是一定商品质量、性能、服务等效用因素的市场综合性体现。

三、商标权的内容

商标权是指商标权人对其注册商标进行支配的权利。从权利内容方面看，商标权包括专用权、禁止权、转让权和使用许可权。

专用权是指商标权人对注册商标专有使用的权利。注册商标的专用权，以核准注册的标志和核定使用商品为限。

禁止权是指商标权人有权禁止他人未经许可使用其注册商标。商标权人对于未经许可在同一种商品或类似商品上使用与其注册商标相同或近似的商标的均有权禁止。

转让权是指注册商标所有人将其对注册商标的所有权转移给他人的权利。

使用许可权是指注册商标所有人将其对注册商标的专用权许可给他人行使的权利。

四、企业的商标管理

1. 商标的实时监控管理

（1）商标印制的管理

现代社会分工非常细致，绝大多数企业的商标都是委托专业厂家来印制的，为了防止他人取得商标生产仿冒产品，企业应当加强商标印制的管理。在委托他人代为印制商标时，应当在合同中规定保密义务，即印制人不得泄露企业商标的设计、样图及印制的方法等，以免他人通过印制人的渠道获取商标的印制方法，用于假冒商标的印制。其中，还应当包括印制图纸、材料等物品的处理。

（2）经常进行市场调查，杜绝侵权行为产生

商标侵权行为不仅会造成市场秩序混乱，损害消费者利益，而且会对商标权人造成直接损害。企业必须强化维权意识，时刻对市场保持监控，严厉打击商标侵权行为。企业应建立

防假、打假的信息网络，要主动向社会和消费者介绍辨认真假商标标志的知识。企业在监控市场时，可以利用营销网络获取第一手信息，同时也注意与消费者保持密切联系、拓展消息渠道。及时发现侵权线索后，要做好相关的调查取证、证据保全工作。加强和执法机关的合作，发现违法侵权线索要及时向工商行政管理部门投诉，或向人民法院提起诉讼。

2. 商标的续展策略

注册商标的专用权是有时间限制的，而不是一经注册即可无限期地专有使用。注册商标的有效期就是法律对注册商标的有效保护期间。根据我国《商标法》第39条的规定，注册商标的有效期为10年，自核准注册之日起计算。但是，一个注册商标，经过多年使用，对商标注册人来说，已形成了一种无形资产。为了更好地维护企业的利益，法律又赋予企业延长注册商标有效期的机会，这就是注册商标的续展。

所谓注册商标的续展，是指注册商标期满需要继续使用的，应在法律规定的期限内，通过向商标局办理续展注册申请手续，使商标有效期得以延长，商标权得以继续利用。通过商标续展注册，注册商标的有效期得以延长，注册人对商标的法定权利得以延续，从而保证了注册商标在市场经济活动的连续性、稳定性，保护了权利人运用商标作为载体体现其商誉的积极性，也使得商标权利的财产权性质得到进一步体现。法律对续展的次数没有限制，企业只要愿意就可以通过不停地续展而使注册商标永久为其所用，使商标权成为其一种永久性的权利。

（1）续展与否的选择

商标续展是可选择的，企业可以续展，也可以不续展，企业在决定是否进行续届时应当考虑该商标对企业是否具有价值，如果该商标对自己已经没有任何价值，则可以放弃该商标而不予续展，若仍有价值则应及时进行续展。但是，企业放弃商标应当谨慎，应进行充分的评估。

（2）续展的时间

商标法为商标权人办理注册商标续展手续所规定的期间被称为续展期。根据我国《商标法》第40条的规定，续展期包括两部分：一是商标权人应当在注册商标有效期满前12个月内申请续展注册；二是注册商标有效期满后6个月（即宽展期），商标权人仍然可以提出续展申请，在宽展期内还没有进行续展的，商标局将注销其注册商标。因此，企业应当及时进行续展。

3. 商标淡化的防止

企业商标的日常事务管理还必须注意商标的淡化问题。商标淡化，是指减少、削弱驰名商标或其他具有相当知名度的商标的识别性和显著性，损害、玷污其商誉的行为。企业商标权刚刚获取时，一般并不具有多大价值，只有经过一段时间经营运作，使其具有一定的知名度，才能转化为一种含有较高价值的无形资产。企业的商标在经过大力推广和宣传之后，其商标往往凝聚了企业的信誉，若企业的商标被淡化，将直接影响到该商标的形象和声誉。因此，企业必须对其商标实施有效的管理，以防止商标的淡化。

（1）防止相同或近似商标的注册

企业在注册了某一商标之后并非就"万事大吉"了，一些不诚实的经营者可能会采用搭便车的方式谋取利益，最典型的就是注册与该企业的商标相同或近似的商标，利用该商标已经积累起来的良好信誉，以扩大销路，而这将影响到商标的价值和企业的利益。因此，企业应当定期检索商标局发布的相关公告，一旦发现有人有搭便车的事情，可以利用现行的法律制度防止相同或近似商标的注册。例如，可口可乐公司对商标公告保持监视，一旦发现有人注册"可口可乐"中英文相同或相近的商标，就会及时向商标局提出异议，目前已经有好几件在相同或相近产品上注册的与可口可乐相同或相似的商标被宣告无效了。

（2）防止商标通用化

商标通用化，即通过使公众将驰名商标看作一种商品种类而不是一种商品来源标志的使用方式使用该驰名商标的行为。这种通用化通常发生在某一类商品没有统一的通用名称或通用名称不为普通消费者所熟知时，其结果可能就是此类商品中影响较大的商标被用来直接指代此类商品，而逐渐成为商品的通用名称。当商标成为某一类商品的通用名称时，将彻底丧失区分商品来源的作用，商标注册人不能继续享有商标专用权，也不能阻止他人使用这一商标。例如，由于历史的原因，我国在相当长的时间内把吉普当成了越野车的通用名称，而吉普商标权为美国克莱斯勒汽车公司在进入中国时，在商标局注册了商标。克莱斯勒汽车公司对这种通用化提出了意见，商标局也向有关部门介绍说吉普商标已经注册，应该受到保护，于是我国公安部门迅速改变了在长安街上的指示牌，把吉普改成了越野车。吉普商标权人克莱斯勒公司一发现淡化就立刻提出来，这是一个成功的反淡化、保护自己商标权的案例。

防止商标的退化，可以从以下几种途径入手。①积极主张权利。在产品销路较好、影响较大时，要定期到市场调查，一旦发现他人将自己的商标用作商品名称时，应当予以阻止，必要时可以以侵犯商标权为由提起诉讼。②可以适当扩大商标的使用范围，在多种商品上使用同一商标，打破该商标与某类商品的单一联系。由于有两种或两种以上的商品在使用同一商标，人们就不容易把该商标当成某商品的通用名称。

（3）防止商标的丑化

所谓商标的丑化，是指商标受到污损、贬低或其他相对负面的影响，使得该商标及其所指产品的良好商誉或正面形象被冲淡、丑化的现象。商标被丑化主要有两方面的情况：一是在不健康或有伤风化的情况下使用他人商标，例如，将他人的健康商标用于黄色网站的域名、将他人的食品商标用于作杀虫剂的商标、将他人的牙膏商标用于马桶之上等，这种使用行为实际上是损毁性的使用行为，将给商标带来负面影响；二是将他人用于高质量商品的商标用于低质廉价的普通商品上，这将损害商标与商品品质形象的联系。例如，"4711"本是德国某公司拥有的驰名世界的香水商标，而德国一家污水处理公司在其臭气四溢的货车车厢上标上"4711"几个大字，尽管查明这其实是该公司的电话号码，但法院认为这种标志会在消费者中产生负面影响，损害香水商标的声誉，判决禁止污水处理公司在车厢上标"4711"。

商标的丑化行为可能是行为人的无意为之，也可能是竞争者的恶意为之。无论是哪一种使用方式，都会损害企业商标的形象和价值。因此，企业首先应当及时关注商标局公告，若发现有相关丑化商标的行为，立即提出异议程序；其次，应当采取措施防止自己的商标被丑化，在发现丑化行为之后，应当立即与行为人交涉，使其停止丑化行为，必要时可以采取法律手段，以维护企业商标的形象和价值。例如，可口可乐公司发现有人申请洗涤剂、杀虫剂等商品类别的"可口可乐"商标，立即提出异议程序，防止损害其声誉。

（4）防止他人将企业的商标用作其他标志

在生活中还存在企业名称（商号）、网络域名、地理标志等商业标志，还有很多具有公益性的非商业标志，如地名或道路。因此，企业在防范他人以商标的形式淡化其商标的同时，还应当注意他人在其他商业标志或非商业标志中损害其商标权。特别要注意，防止商标成名之后把商标作为地名或道路、标志性建筑物名称等公益性使用，从而使商标进入公有领域。例如，我国以生产方便面为主的河北华龙食品集团有限公司，其使用在方便面及相关产品上的商标是华龙。1999 年"华龙"注册商标被认定为中国驰名商标，一些违背诚实信用原则的企业和个人，挖空心思傍"华龙"的名，分享"华龙"商标的商业信誉。由于华龙集团所在的生产基地叫华龙食品城，华龙食品城便成为分布在华龙集团周围 13 家方便面生产企业共用的经营地址，这些厂家堂而皇之将"华龙"使用在他们的产品包装上。从 2000 年起华龙集团所在地隆尧县莲子镇正式更名为华龙镇，华龙镇上的那些与华龙商标毫不相干的法人和自然人，都名正言顺地成为"华龙镇"的地名使用人。如果说过去那些与华龙比邻而居的小型方便面生产企业，曾偷偷摸摸地傍华龙的名，口头上宣称"与华龙是一个村的"、是"华龙的联营厂"，行动上假冒华龙商标，在相同商品上使用与华龙近似的商标，或仿冒华龙的包装、装潢的话，那么现在这些企业则完全可以理直气壮地使用"华龙"了。

企业在生产经营中，一定要注意防止他人在其他商业标志或非商业标志中损害其商标权，尤其是非商业标志性使用。例如，将商标用作道路名称，确实可以作为一则长效的免费广告，对宣传企业商标、提高产品及其企业形象，可能起到较好的效果。但从长远来看，其后果就是商标的淡化、消费者的混淆和误解及品牌价值的降低等负面效果。因此，不能简单地为了宣传商标，提升品牌形象，将商标使用为道路名称、地名等。

4. 互联网的商标管理

在互联网环境中，由于网络信息技术的存在，使得网络商标表现出与传统商标显著的差异。在这种情况下，企业应该采取以下策略有效地对网络商标进行管理。

（1）开展电子商务前的商标跨国检索

商标具有地域性的特点，一般来说，不同国家不同企业使用相同的商标是允许的，一个国家的企业使用另一个国家企业的非驰名商标也不构成侵权。但是互联网是面向全球开放的，企业在电子商务活动中使用的商标，应该是可以在全球范围内使用的。企业在从事电子商务之前，首先应该对本企业的商标进行检索，看看是否对他国或他人的驰名商标构成侵权。而对其他相同或相似的商标，可以在使用本企业商标的同时明确标注商标的归属，避免顾客的混淆，也使自己在可能出现的商标纠纷中免责。

（2）注重企业商标的域名注册

对于电子商务而言，城名和商标都是极其重要的无形资产。将企业的传统商标注册为域名，无疑会加强商标在互联网上的知名度。同时，也有利于企业借助传统品牌的宣传，以较低的成本在互联网上顺利推广自己的产品或服务，有利于吸引已有顾客在电子商务中对本品牌商品的忠诚度。此外，还可以防止他人将本企业的商标注册为域名，避免商标的淡化和误用，从而有效减少商标和域名侵权的纠纷。

（3）在尽可能多的国家和地区进行注册

对于电子商务而言，企业一旦进入互联网，按照传统商标的观念，就应该在所有互联网覆盖的国家或地区注册自己的商标，这显然是不大可能的。因为各国商标制度不同，而相关的管理和维持费用也是一笔相当巨额的开销。因此，比较可行的办法依然是参照传统商标的注册标准，选择一些业务量或市场潜力较大的国家和地区注册，放弃业务量较小，或短期内不会从事贸易的国家和地区。即使在一些业务量小的国家或地区被他人注册，也不会对企业的商标及其市场产生大的影响。

（4）加强网上监控

我国对防止域名抢注也有一些相关的规定。如《中国互联网络域名注册暂行管理办法》第 11 条第 5 项规定："不得使用他人已在中国注册过的企业名称或者商标名称。"网上商标侵权具有隐蔽性，他人可以通过埋字串、链接、加框技术等方式对企业商标进行侵权。因此企业若想对网上商标进行有效管理，必须对网上市场进行严格监控，及时发现和处理各种假冒和淡化企业商标的行为。可以采取交涉、提请域名管理部门、商标管理部门或者法律诉讼的方式进行解决。总之，要迅速而有效，以免造成更大的经济损失。

五、商标的使用策略

企业商标良好信誉的建立凝聚了企业职工的劳动和心血，企业投入了大量的人力、物力、财力和时间。而保持商标使用的稳定性和连续性是商标信誉价值产生的前提和基础，企业只有稳定地、连续地使用商标，才能逐渐提高在消费者心中的地位，在消费者心中形成深刻、长期的印象，使人们成为该商标商品或服务的忠实消费者。如果经常变换商标，不但达不到培养忠实消费者的目的，还会使企业为之付出很大的代价。如果企业随意改变商标的文字、图形或者其组合，连续 3 年停止使用，还会导致商标专有权利的丧失。

1. 商标权的有效使用

商标注册申请的目的就是为了享有商标专用权，在使用商标权时能够区分不同企业提供的商品和服务，继而得到法律的充分保护。商标也是一种有限的资源，如果注册了商标而又不使用，不但商标不会产生价值、发挥其功能和作用，而且还会影响到他人的正常使用，这无疑是一种资源浪费。因此，世界上很多国家的商标制度都规定了可以通过法律程序撤销连续 3 年不使用的商标。根据我国《商标法》第 49 条和《商标法实施条例》第 66 条的规定，连续 3 年停止使用的，商标局可以责令限期改正或者撤销其注册商标，任何人发现商标注册人连续 3 年停止使用注册商标的，都可以向商标局申请撤销该注册商标，并说明有关情况。商标局应当通知商标注册人，限其自收到通知之日起 2 个月内提交该商标在撤销申请提出前使用的证据材料或者说明不使用的正当理由；期满不提供使用的证据材料或者证据材料无效并没有正当理由的，由商标局撤销其注册商标。

我国《商标法》关于商标使用问题包含的内容非常广泛，既有商标与商品结合或者贴附商标，还包括为销售商品而开展的必要的、辅助性交易活动所使用的物品，如合同、账簿、商品交易文书等，还包括为推销商品所作出的所有努力，如商品广告宣传、商品展示等。商标的使用不仅包括商标权人自己使用，也包括提供许可等方式授权他人使用的行为。

2. 商标的使用策略

商标注册后，企业要正确恰当地使用，才能使其在消费者心目中留下良好的印象，才能真正成为企业竞争取胜的有力武器。

（1）注册商标必须加注注册标记

注册商标使用时，必须加注"注册商标"标记。消费者看到标记后，产生对产品、企业的信任感，同时也防止他人侵权。

（2）商标的位置要醒目

商标在包装上位置应该突出、醒目，让消费者一目了然，既便于消费者选购产品，又达到扩大品牌知名度的目的。

（3）不要自行改变注册商标的注册人名义、地址或者其他注册事项

企业如确实需要改变商标注册人名义、地址或者其他注册事项的，应当向商标局提出变更商标注册申请。

第7章 其他知识产权管理

第1节 著作权管理

一、概述

1. 著作权的概念

著作权是指文学、艺术和科学作品的创作者对其所创作的作品享有的权利，其中作品是指具有独创性的各种形式的创作成果，如小说、诗歌、散文、戏剧、绘画等。著作权有广义和狭义之分。广义的著作权，除了作者就其所创作作品享有的权利外，还包括邻接权或者相关权，即作品的传播者，如表演者、录音录像制作者和广播组织的权利，也就是表演者、录音录像制作者和广播组织在传播作品的过程中，就自己的创造性劳动成果所享有的权利。狭义的著作权仅指作者基于其创作的作品而享有的权利。

2. 著作权的特征

著作权除了专有性、地域性和时间性外，还具有两个特征。一是权利自动取得。与专利权和商标权需要取得国家相关机构的授权不同，作品一经完成，作者（或者其他著作权人）就自动获得诸如署名、发表、修改、复制等法定权利。二是权利内容的二重性，即作者的精神权利与作者及其他著作权主体的财产权利。

3. 著作权的主体

著作权的主体，又称著作权人，是指依法就作品享有著作权的自然人、法人或其他组织，包括作者和著作权继受人：①作者是直接创作作品的自然人，但是在特定情况下可以将法人或其他组织视为"作者"，那些只提供和搜集资料，甚至提供想法和建议的人，只要没有参与创作，就不是作者；②著作权继受人是指通过受让、继承或受遗赠而获得和享有著作权的人，是通过合同约定或法律规定获得和享有著作权，与作品的创作活动无关。

4. 著作权的客体

作品是著作权法的保护对象，即著作权的客体。受著作权法保护的作品必须具有独创性或原创性，缺乏独创性的作品或者抄袭他人的作品，不受著作权法保护。另外，依法禁止出版、传播的作品，不受著作权法保护。

著作权法保护的作品包括以下列形式创作的文学、艺术和自然科学、社会科学、工程技术等作品：①文字作品；②口述作品；③音乐、戏剧、曲艺、舞蹈、杂技艺术作品；④美术、建筑作品；⑤摄影作品；⑥电影作品和以类似摄制电影的方法创作的作品；⑦工程设计图、产品设计图、地图、示意图等图形作品和模型作品；⑧计算机软件；⑨法律、行政法规规定的其他作品。

5. 著作权的内容

在英美法系国家，著作权被认为是一种经济权利，对作者的精神权利不予重视。但大陆法系的国家认为，著作权包括作者的精神权利和经济权利。我国沿袭了大陆法系的做法，在《著作权法》中规定了作者的精神权利和经济权利：①作者的精神权利是指作者就作品所体现的人格或精神所享有的权利，具体包括发表权、署名权、保护作品完整权和修改权。其中，发表权是指决定作品是否公之于众的权利；署名权是指作者在自己所创作的作品上署名，并宣告自己与作品的关系的权利；保护作品完整权是指禁止他人歪曲、篡改和割裂作品的权利；修改权是指修改或者授权他人修改作品的权利。②经济权利，又称财产权利，是指作者或其他著作权人所享有的利用作品并取得经济利益的权利，具体包括：复制权、发行权和出租权，展览权、表演权、放映权、广播权和信息网络传播权，摄制权、改编权、翻译权和汇编权。

二、与企业有关的著作权

著作权是与作品创作有关的权利。我国《著作权法》中所规定的作品种类很多，如文字作品、口述作品、美术作品、音乐作品、摄影作品、建筑作品、曲艺作品、舞蹈作品等。随着现代科学技术的发展，一些新的作品形式得以涌现。如美国所称的掩膜作品（通常称为集成电路布图设计）、多媒体作品、数据库等。作者或者其他权利人对这些作品所享有的复制、发行、出租、翻译、广播等经济性权利，就是一般意义上的著作权。但是，从完整意义上说，著作权是人身权和财产权的统一体。人身权主要是与作者人身相关的权利，一般不具有财产意义，对企业而言，人身权一定程度上呈弱化状态。此处仅针对财产权进行简单介绍。

从广义上说，著作权还包括邻接权，即传播作品的传播者所享有的权利，具体而言，主要是指表演者权、录音录像制品录制者权、广播组织权3种。

（1）常规意义上的著作权

从我国企业构成来看，大部分的企业主要是从事有形产品的生产、制造和销售，对这些企业而言，其关注较多的是通过提升技术水平和技术能力，取得技术成果，最好能够获得专利权，以此在市场竞争中占据主导地位，取得竞争优势而对于著作权则关注较少，或者虽然企业有些作品，如企业规划书、产品说明书等，但企业认为这些作品意义不是很大。因此一般的文字作品、美术作品、口述作品等，不会受到企业重视并作为企业财产对待。只有那些从事知识产品生及传播这些产品的企业才会对著作权给予足够的重视，并列为企业重要的财产权加以对待，如音像出版企业、唱片制作公司、电影企业，及刚刚兴起的动漫企业、网络经营企业等。可以说，著作权是这些企业的生命线，没有了著作权及著作权保护，这些企业就不可能在市场中获得立足并发展壮大。

企业比较关注的著作权权利主要有以下几方面。

1）复制权

复制权是指权利人通过多种方式将作品制成一份或者多份复制件的权利。复制权是一切著作财产权的基础，除了极少数作品之外，绝大多数作品的著作财产权的实现，都必须依赖于作品的复制，只有将作品予以复制对能将众多作品复制件通过发行行为向社会公众传播。企业通过行使作品复制权，就能够使最基本的作品使用行为控制在自己的掌控之中。

2）发行权

发行权是指权利人将作品原件或者复制件以有偿或者无偿的方式传播给社会公众的权利。如果说复制权是著作财产权的基础，那么发行权则是著作财产权行使的手段。有了作品的复制件，如果没有发行行为，著作权人的财产权仍然不可能得到真正实现。广义上的发行行为包括发行、出租、表演等行为。

3）出租权

出租权是指权利人以出租的方式向社会公众提供作品复制件的权利。出租权的特别之处在于，只有几种有限的作品的著作权人才能享有出租权，而大多数作品并没有出租权的问题。在我国，出租权限于电影作品、以类似摄制电影的方法所创作的作品及计算机软件这些作品，主要原因在于这些作品的创作不仅包含了创作者的辛勤劳动，而且每件作品创作完成都要巨大的投入，但是对这些作品的复制却十分方便，成本非常低廉，如果不对随意出租的行为设置一定的障碍，就会对权利人造成巨大的损失。

4）信息网络传播权

信息网络传播权是新规定的一种著作权，是指以有线或者无线方式向公众提供作品，使公众可以在其个人选定的时间和地点获得作品的权利。随着互联网的日益发展和普及，各种形式的作品都可以被权利人之外的人上传到网络上，由于互联网的特点，权利人对其作品的上传和他人对上传作品的下载及其他方式的利用都难以控制和干预。信息网络传播权的设置，使得权利人能够依法对这些未经许可的行为进行制止，能够比较好地保护其著作权。

（2）几种特殊形式作品的著作权

1）计算机软件著作权

对于软件企业而言，其开发的软件如果没有著作权的保护，将是软件行业的噩梦，将没有企业、个人从事软件的开发。计算机软件包括计算机程序和文档。计算机程序是指为了得到某种结果而可以由电子计算机等具有信息处理能力的装置执行的代码化指令序列，或可以被自动转换成代码化指令序列的符号化指令序列或者符号化语句序列。文档是用来描述程序的内容、组成/设计、功能规格、开发情况、测试结果及使用方式的文字资料和图表，如程序设计说明书、流程图、用户手册等。由于计算机文档本质上就是文字作品，因此我们通常所说的计算机软件是指计算机程序部分。虽然从形式上看，计算机程序与文字作品有些类似，如某些用计算机语言所编写的程序，看上去就是文字作品，但是由于这种作品可以被计算机等装置运行处理，能够得到人们所想要的结果，因而和一般的文字作品就有所不同。尽管国际公约要求对计算机软件按照文字作品进行保护，我国《著作权法》也作出了同样的要求，但考虑到计算机软件不同于一般文字作品的特性，我国另行颁布了《计算机软件保护条例》对计算机软件进行专门保护。

根据《计算机软件保护条例》规定，受保护的软件必须由开发者独立开发，并已固定在某种有形载体上。这样计算机软件保护与一般作品著作权的保护就有所区别，即计算机软件著作权的保护需以固定为前提，而一般作品并没有这种要求，如口头作品、音乐作品、舞蹈作品等。这主要是考虑到计算机软件比较复杂，不固定就难以对计算机软件本身进行认定，当然也就更谈不上对其进行保护了。

对于软件开发企业，其技术开发人员开发出的软件，软件著作权归企业享有，开发软件的作者仅享有在软件作品上署名的权利，这一点也和一般作品中职务作品的著作权归属有所不同。一般作品中的职务作品，大多数情况下其著作权仍然归完成作品的个人享有。因此，企业的软件开发人员"跳槽"到另外企业后，继续利用在原开发单位开发软件进行深化、升级、非本质的变更等都是非法的，是对原企业软件著作权的侵权行为。这种现象时有发生，应当引起重视。同时，企业还应当在劳动合同中明确规定职工的权利和义务，不允许职工擅自泄露本企业所开发的软件，也不得在离开企业后，在其他与本企业有竞争关系的单位利用原企业开发的软件。接受"跳槽"人员的单位也应当注意不能通过接受这些人员而获取或者利用其他企业的软件，否则将构成对该职工原来所属企业的软件著作权的侵权。

2）多媒体作品著作权

多媒体作品是随着计算机技术而发展起来的一种新的作品类别，它突破了传统作品的表现形式，集文本、图片、计算机图形、动画、声音、视频于一体，其最大的特点是交互性，正是这种特性，使得我们将多媒体作品与影视作品相区别。多媒体作品其实并非单纯一个作品，而是由众多作品按照一定的形式进行编排，其中涉及众多作者的共同参与。所以，从作品的数量上看，多媒体作品有些类似于汇编作品。但是从多媒体作品的参与人员来看，多媒体作品又有些类似合作作品，这些作者按照设计创作出各种类型的供人们交互学习、欣赏的利用现代计算机技术支持的作品。

生产多媒体产品的企业在保护自己的多媒体作品著作权时，要注意运用综合的方式、手段，要看到可能对其著作权造成侵害的不同形式，如摘编其中的文字部分、转录其中的音乐、复制软件等。但与此同时，由于多媒体作品中所涉及的作品类别、数量很多，多媒体企业组织进行作品创作时，一定要注意对他人著作权的尊重，在使用他人作品时，要取得他人的授权，否则一旦陷入侵权纠纷中，将可能会影响到多媒体产品的生产、销售等后续工作。

3）数据库著作权

从法律意义上讲，数据库并不仅仅限于电子数据库，而应当是"把按一定的组织形式编排的相互关联的数据信息的汇集，无论其是以印刷形式还是以计算机存储形式或其他形式存在的，都视为数据库"。世界知识产权组织通过的《世界知识产权组织版权条约》规定："数据或其他资料的汇编，不论采用任何形式，只要由于其内容的选择或编排构成智力创作，其本身即受到保护。这种保护不延及数据或资料本身，亦不损害汇编中的数据或资料已存在的任何版权。"这里的数据或其他资料的汇编，一定程度上可以理解为数据库。目前我国并无对数据库的具体规定，只是在《著作权法实施条例》中有关于"汇编"的规定：根据特定要求选择若干作品或若干作品的片段汇集编排成为一部作品。这可以在一定程度上理解为数据库。

当今国际社会对数据库的保护还没有完全统一认识，美国、欧盟各有做法。1995 年欧洲议会通过了《数据库法律保护指令》，决定采取特别权利保护体系保护数据库。而美国则以建立在反不正当竞争保护基础上的特别著作权保护方式来保护信息汇集，这表明美国不希望与欧盟保持相同的做法。目前世界上对于数据库保护的现状是各国自己采用符合各国国情的法律制度加以保护。从目前各国的立法现状看，建立统一的数据库保护条约还需要一定的时间。但是，这不是说建立世界性的数据库保护条约不必要，相反，还非常紧迫。不断发展的数据库业促使各国政府加强对数据库的法律保护措施，从而保护数据库投资者的利益。目前不能形成对数据库一致的保护意见，主要是由于几个数据库业大国为了自身利益的需要而各行其是，但为了在世界范围内推行其数据库产业，从中获取利益，数据库的国际性条约出台指日可待。世界知识产权组织为数据库的保护而不断做出立法尝试就充分说明了这一点。

对于我国企业来说，他们开发的数据库能否在我国得到保护，关键在于其是否可以按照我国《著作权法》关于汇编作品的认定而被确认为汇编作品，即在数据库构成材料的收集上是否体现了编排者独创性的编排、构思。如果符合，则可以作为汇编作品来享有著作权，否则不应受到著作权的保护。至于数据库中具有独创性的构成材料本身，由于其从创作完成时就是著作权的客体，因此当然受著作权的保护，这是不言自明的。

三、著作权的产生

我国企业在从事作品的生产、传播时，需要对著作权的产生有清楚的认识，并应注意到不同国家和地区关于著作权取得的不同做法，以更好地维护自己的著作权。

1. 著作权创作完成取得

著作权"自动产生原则"也可以称为著作权"自动保护原则"，早在1886年《伯尔尼公约》中就已经明确，即一件作品一经创作完成，即自动享有著作权，受著作权法保护，不需要办理任何手续，也不需要满足任何形式上的要求。通过这个原则确定著作权对著作权人比较有利，作品一旦完成，不会因为任何人为因素而丧失著作权，能够更好地保护著作权人的利益。我国《著作权法》中也采纳了这一原则。

2. 著作权登记取得

世界上有一些国家和地区对著作权的取得有特别要求，即作品创作完成之后，作者必须将作品拿到有关部门进行登记，将登记作为著作权取得的依据。当然不同国家对此规定稍有不同，如有的国家要求作品无论是否发表都必须登记；而有的国家则要求已发表作品必须登记才能使原来所享有的著作权得以继续延续，否则将停止原有的著作权，也有国家规定作品发表之后在登记宽限期内要求登记，如果没有登记则永远丧失著作权。

另外，还有一些国家也有著作权登记，但是这种登记并不是作为著作权取得的依据，而是要么作为登记者享有著作权的初步证明，要么作为著作权在司法诉讼中享受保护的前提。

3. 著作权加注标记取得

有些国家和地区要求，作品创作完成之后，作者必须在作品出版时的每份复制件上加注著作权标记才能取得著作权。按照《世界版权公约》的规定，著作权标记包括3项内容："著作权所有"或者加注"C"或"P"，著作权人的姓名或名称，作品出版年份。如果没有添加上述标记，就不能享有著作权。我国也加入了《世界版权公约》，因此在那些《世界版权公约》成员国国内，如果他们并没有加入《伯尔尼公约》，则我国企业就要注意在自己出版的作品上添加相应的著作权标记。

虽然我国国内法并没有要求在作品上添加著作权标记，更没有以此作为取得著作权的依据，但是国内许多出版物都包含了这些著作权标记，这也可以看作国内出版企业及著作权人对著作权的重视。

四、著作权的技术保护

在网络环境下，通过技术手段保护作品不被非法复制和传播已成为著作权人的重要手段。而且，根据《著作权法》及最高人民法院的司法解释。除非法律另有规定，任何人不得破解著作权人所采取的著作权技术保护手段。

著作权保护技术近年来发展迅速，在不同应用场合，主要使用以下不同的技术：数字著作权管理技术、条件接收技术及数字水印技术等。

1. 数字著作权管理技术

数字著作权管理技术是以数字加密技术为基础，结合一些软硬件技术，实现对数字内容的保护。数字著作权管理作为新兴的著作权保护、管理技术，突破了传统技术措施对作品的静态保护，实现了对数字作品从发行到使用的全程动态保护管理，逐渐成为著作权人实现其著作权利益的重要工具。数字著作权管理对作品的保护和管理主要依靠其内容模块和许可模块的技术规范来实现。内容模块通过加密的方式存储、保护数字作品内容；许可模块则通过计算机可读的授权许可语言将内容模块的加密内容进行自动发行许可。这样，借助于许可模块的技术规范，权利人可实现以技术手段控制数字作品的传播和使用。

典型数字著作权管理的许可模块主要由"用户享有什么权利"和"用户在何种条件下享有该权利"两组技术规范组成。"用户享有什么权利"主要规定用户可以对作品内容进行何种方式的使用：包括是否可以打印或者是仅能浏览，是否可以将数字内容从 PC 机转到笔记本电脑或者传输给第三人阅读，以及是否可以对作品进行编辑或将作品的部分内容嵌入到其他作品当中等。"用户在何种条件下享有该权利"则对每个特定的权利进行附加的特别限制，其主要界定享有不同权利的不同用户类型、可享有的权利范围（如使用的时间或者次数）及浏览作品必须采用的设备类型等。用户为了获得著作权作品，必须无条件地接受许可模块的协议内容。权利人在发行许可数字作品时，通常还要求用户提供个人的真实信息，以方便其通过数字著作权管理的跟踪系统对用户是否遵守协议的规定进行实时的跟踪反馈。

从数字著作权管理的技术属性可以看到，数字著作权管理不同于数字著作权保护，其复杂的技术规范已超出了现行著作权法对技术措施内涵的认识。数字著作权管理实质上是对数字信息使用方式的许可，而不单是对数字内容的加密保护。然而，数字著作权管理由于具有"限制未经作者授权或许可的行为"的传统技术措施的属性，故其可受著作权法禁止规避技术措施条款的保护；同时，其许可协议又属于《合同法》保护的范畴。因此，数字著作权管理不是著作权保护或合同保护之间的替代选择，而是两者的有机结合。而且，用户若不遵守以技术规范表现的许可协议，也仅能通过破解技术措施的方式才能实现，而这又会受到《著作权法》的规制。这即意味着著作权人能够以禁止破解技术措施的侵权条款来规制用户违反许可合同的行为。

2. 条件接收技术

条件接收技术是对视频、音频和数据等信息进行加密传输，并为合法用户接收解密的过程。只有获得授权的用户才能正常收看相应的内容。条件接收技术使得数字内容产业经营者能够对用户接收的信息进行授权控制。目前主要在广播电视行业中运用，被认为是广播电视行业打破以广告为主要收入的单一模式，实现多元化经营的技术基础和工具。

条件接受技术主要由以下两项关键技术组成的：一是传输加扰和解扰的方法；二是控制解扰。通过在控制端提供一个加密信息，使被授权用户端的解扰器能对加密信息进行解密，从而接收受著作权保护的数字内容。

3. 数字水印技术

数字水印技术是将一些标识信息（即数字水印）直接嵌入数字载体（包括多媒体、文档、软件等）当中，但不影响原载体的使用价值，也不容易被人的知觉系统（如视觉或听觉系统）觉察或注意到。通过这些隐藏在载体中的信息，可以达到确认内容创建者、购买者，传送隐秘信息或者判断载体是否被篡改等目的。

一般来说，数字水印技术具有以下几个方面的特点。①安全性。数字水印的信息应是安全的，难以篡改或伪造，同时，应当有较低的误检测率，当原内容发生变化时，数字水印应当发生变化，从而可以检测原始数据的变更，当然数字水印同样对重复添加有很强的抵抗性。②隐蔽性。数字水印应是不可知觉的，而且应不影响被保护数据的正常使用；数字水印不会降质。③鲁棒性。即在经历多种无意或有意的信号处理过程后，数字水印仍能保持部分完整性并能被准确鉴别。可能的信息处理过程包括信道噪声、滤波、数模转换、重采样、剪切、位移、尺度变化及有损压缩编码等。④水印容量。即载体在不发生形变的前提下可嵌入的水印信息量。嵌入的水印信息必须足以表示多媒体内容的创建者或所有者的标志信息，或购买者的序列号，这样有利于解决著作权纠纷，保护数字产权合法拥有者的利益。

第2节 植物新品种权管理

一、概述

1. 植物新品种权的概念

植物新品种权是工业产权的一种类型，是指完成育种的单位或个人对其授权的品种依法享有的排他使用权。

植物新品种是指经过人工培育的或者对发现的野生植物加以开发，具备新颖性、特异性、一致性、稳定性，并有适当的命名的植物新品种。完成育种的单位和个人对其授权的品种，享有排他的独占权，即拥有植物新品种权。

植物新品种权与专利权等一样，属于知识产权的范畴。由于知识产权是一种民事权利，所以，植物新品种权也是一种民事权利。

2. 植物新品种权的作用

植物育种需要智慧、资金、时间和精力的投入，而培育出来的新品种却易于被别人繁殖，使育种人没有机会收回自己的投资。如果没有相应的制度对育种人给予保护，人们就会失去对植物育种进行投资和研发的动力。世界农业发达国家发展农业的成功经验之一，就是十分重视植物新品种保护。

植物新品种权保护的最终目的是鼓励更多的组织和个人向植物育种领域投资，从而有利于育成和推广更多的植物新品种，推动我国的种子工程建设，促进农林业生产的不断发展。

由于我国对植物新品种权的法律保护还处于探索阶段，有必要对国际上现行的植物新品种权保护的相关制度进行比较分析，以确定对植物新品种权的保护模式。

3. 植物新品种权的保护范围

根据国家林业局和农业部在植物新品种保护工作上的分工，国家林业局负责林木、竹、木质藤本、木本观赏植物（包括木本花卉）、果树（干果部分）及木本油料、饮料、调料、木本药材等植物新品种保护工作。目前，我国对植物品种权的保护还仅限于植物品种的繁殖材料。对植物育种人权利的保护，保护的对象不是植物品种本身，而是植物育种者应当享有的权利。

二、植物新品种权的管理

1. 授予条件

授予品种权应具备下列条件。

①申请品种权的植物新品种应当属于国家植物品种保护名录中列举的植物的属或者种。植物品种保护名录由审批机关确定和公布。

②授予品种权的植物新品种应当具备新颖性。新颖性，是指申请品种权的植物新品种在申请日前该品种繁殖材料未被销售，或者经育种者许可，在中国境内销售该品种繁殖材料未超过 1 年；在中国境外销售藤本植物、林木、果树和观赏树木品种繁殖材料未超过 6 年，销售其他植物品种繁殖材料未超过 4 年。

③授予品种权的植物新品种应当具备特异性。特异性，是指申请品种权的植物新品种应当明显区别于在递交申请以前已知的植物品种。

④授予品种权的植物新品种应当具备一致性。一致性，是指申请品种权的植物新品种经过繁殖，除可以预见的变异外，其相关的特征或者特性一致。

⑤授予品种权的植物新品种应当具备稳定性。稳定性，是指申请品种权的植物新品种经过反复繁殖后或者在特定繁殖周期结束时，其相关的特征或者特性保持不变。

⑥授予品种权的植物新品种应当具备适当的名称，并与相同或者相近的植物属或者种中已知品种的名称相区别。该名称经注册登记后即为该植物新品种的通用名称。

2. 植物新品种权的归属

①个人执行其单位的任务或主要是利用其单位的物质条件，包括资金、设备、场地、繁殖材料及技术资料等所完成的育种属于职务育种，品种权属于其单位。非职务育种的品种权应属于完成育种的个人。

②委托育种的品种权的归属应由委托方与受委托方的合同确定，如没有合同约定，其品种权属于受委托方。也就是说，不直接从事育种工作的单位或个人也可以通过委托育种的形

式获得品种权，由此获得经济效益。

③合作育种的品种权属于共同完成育种工作的单位和个人。

④两个以上的申请人分别就一个植物新品种申请品种权时，品种权授予最先申请的人；同时申请的，品种权授予最先完成的人。

⑤植物新品种的申请权和品种权可以依法转让。在某种意义上讲，品种权实际上也是一种商品，因此也可以按照市场经济的原则进入市场。

3. 申请程序

育种者应提交相应的申请文件。文件内容包括：植物新品种权请求书、说明书和照片。文件准备齐全后，申请林业植物新品种权的申请人，可以直接向国家林业局提出申请，也可委托国家林业局指定的代理机构代理申请。对于申请品种权的育种者，可以直接向国家林业局植物新品种保护办公室递交申请文件，也可通过邮局邮寄申请文件。申请文件递交后，申请人所申请的保护品种将在国家林业局下发的书面公告或网上进行公告，如果在公告期没有任何人对该品种提出质疑，该申请人将获得新品种保护权。

4. 保护期限

一般来说，木本植物培育的时间较长，因此保护的期限也较长。我国已有明确规定：藤本植物、林木、果树和观赏树木的品种权保护期限为 20 年，其他 15 年。

第3节　集成电路布图设计管理

一、概述

1. 集成电路布图设计的概念

集成电路指半导体集成电路，即以半导体材料为基片，将至少有一个是有源元件的两个以上元件和部分或者全部互联线路集成在基片之中或者基片之上，以执行某种电子功能的中间产品或者最终产品。它是微电子技术的核心，电子信息技术基础。广泛应用于计算机、通信设备、家用电器等电子产品。具备集成性，整体性及工艺严格性。

集成电路布图设计是指集成电路中至少有一个是有源元件的两个以上元件和部分或者全部互联线路的三维配置，或者为制造集成电路而准备的上述三维配置。通俗地说，它就是确定用以制造集成电路的电子元件在一个传导材料中的几何图形排列和连接的布局设计。

为保护集成电路布图设计专有权，国务院于 2001 年 4 月 2 日通过了《集成电路布图设计保护条例》。根据该条例，国家知识产权局负责集成电路布图设计的申请受理、登记等管理工作。国家知识产权局还设立集成电路布图设计行政执法委员会，负责处理侵犯布图设计专有权的纠纷，调解侵犯布图设计专有权的赔偿数额。

2. 集成电路布图设计的保护

集成电路布图设计实质上是一种图形设计，但它并非是工业品外观设计，不能适用专利法保护。因为，从专利法的保护对象来看，针对产品、方法或其改进所提出的新的技术方案要求具有创造性、新颖性和实用性。这一点对集成电路布图设计而言往往难以做到。从专利的取得程序，专利申请审批的时间过长，成本较高，不利于技术的推广和应用。

集成电路布图设计虽然在形态上是一种图形设计，但它既不是一定思想的表达形式，也不具备艺术性，因而不在作品之列，不能采用著作权法加以保护。而且集成电路布图设计更新换代较快，若用著作权法来保护布图设计，则会因著作权的保护期过长而不利于集成电路业的发展。

由于现有《专利法》《著作权法》对集成电路布图设计无法给予有效的保护，世界许多国家就通过单行立法，确认布图设计的专有权，即给予其他知识产权保护。美国是最先对布图设计进行立法保护的国家，随后，日本、瑞典、英国、德国等国也相继制订了自己的布图设计法。

1989年5月，世界知识产权组织通过了《关于集成电路的知识产权条约》。此外，《知识产权协定》专节规定了集成电路布图设计问题，其缔约方按照上述公约的有关规定对布图设计提供保护。

我国的集成电路布图设计保护相对较晚。2001年3月28日国务院通过了《集成电路布图设计保护条例》，于2001年10月1日生效。根据《集成电路布图设计保护条例》，特制定《集成电路布图设计保护条例实施细则》，自2001年10月1日起施行。根据《中华人民共和国集成电路科设计保护条例》，制定《集成电路布图设计行政执法办法》，自2001年11月28日起实行。

3. 专有权的取得

布图设计专有权通过申请注册后，依法获得的利用集成电路设计布图实现布图设计价值得到商业利益的权利。

（1）集成电路布图设计权的主体

按照我国《集成电路布图设计保护条例》第3条的规定，中国自然人、法人或者其他组织创作的布图设计，依照本条例享有布图设计权。外国人创作的布图设计首先在中国境内投入商业利用的，依照本条例享有布图设计权。外国人创作的布图设计，其创作者所属国同中国签订有关布图设计保护协议或共同参加国际条约的，依照本条例享有布图设计权。

（2）客体条件

集成电路布图设计必须具备独创性。布图设计应当是作者依靠自己的脑力劳动完成的，设计必须是突破常规的贵的设计或者即使设计者使用常规设计但通过不同的组合方式体现出独创性时，都可以获得法律保护。

（3）方式和程序

目前，世界各国主要采取3种取得方式：自然取得、登记取得、使用与登记取得。大多数国家采取登记取得制。我国也采取登记制度。

取得的程序：①申请：向国家知识产权行政部门提交申请文件；②初审；③登记并公告；④对驳回申请的复审；⑤登记的撤销。

（4）集成电路布图设计申请阶段需提交的材料

①集成电路布图设计登记申请表。

②集成电路布图设计的复制件或者图样。

③集成电路布图设计已投入商业利用的，申请登记时应当提交 4 件含有该集成电路布图设计的集成电路样品。

④国家知识产权局规定的其他材料。

二、布图设计权的内容

与专利权相似，集成电路布图设计权主要包括财产权而不涉及精神权利。我国《集成电路布图设计保护条例》规定，集成电路布图设计专有权人享有复制和商业利用权。

1. 复制权

复制是指重复制作布图设计或者含有该布图设计的集成电路的行为。集成电路布图设计的复制权实际上是重新制作含有该布图设计的集成电路。集成电路布图设计专有权人有权控制未经许可的商业复制行为。

2. 商业利用权

商业利用则是指作为商业目的的进口、销售或者以其他方式提供受保护的布图设计、含有该布图设计的集成电路或者含有该集成电路的物品行为。集成电路布图设计的商业利用权是指专有权人为商业目的而利用布图设计或含有布图设计的集成电路的权利。

三、布图设计权的行使

1. 保护期限

布图设计权的保护期限为 10 年，自布图设计登记申请之日或在世界任何地方首次投入商业使用之日计算，以较前日期为准。但是，无论是否登记或投入商业利用，布图设计自创作完成之日起 15 年后，不再受到保护。

2. 设计权的限制

①合理使用，为私人的目的或者单纯为了评价、分析、研究或者教学的目的复制布图设计的，不构成侵权。

②反向工程，即"还原工程"，他人根据对布图设计的分析评价的结果创作出新的布图设计，不构成侵权。

③权利穷竭，权利持有人或其授权人将其布图设计或含有其布图设计的集成电路产品投放市场后，该产品的再销售等商业利用行为，无须再经权利持有人许可，其商业利用权即告用尽。

④善意买主，不知道或不应知道其购买的集成电路产品上含有非法复制的布图设计的善意买主，其对该产品的其他商业利用行为，不承担侵权责任，即不知情，不侵权。

⑤强制许可，凡第三人按商业惯例经努力而未获得权利持有人的许可，或为了公共利益的需要，国家主管部门可以向需要使用布图设计的人发放强制许可证，但使用人必须向权利持有人支付费用。

第 3 编 | 知识产权运用

◎ 知识产权合同管理

◎ 知识产权价值评估

◎ 知识产权运营管理

第8章 知识产权合同管理

第1节 知识产权合同

一、概述

1. 知识产权合同的概念

随着知识产权在市场竞争中的作用日益显现，促进知识产权的创造和运用已成为企业、研发机构的主要目标之一，而知识产权合同管理则成为促进其知识产权创造和运用的重要手段。因此，知识产权合同管理已成为企业、研发机构管理知识产权的主要方式之一。

知识产权是一种民事权利，知识产权合同性质上属于民事合同。知识产权合同，指平等主体的自然人、法人、其他组织之间设立、变更、终止知识产权权利义务关系的协议。从知识产权创造、运用的角度，将知识产权合同分为知识产权开发合同、知识产权转让合同、知识产权实施许可合同、知识产权质押担保合同；从知识产权合同交易客体类别的角度，可以将知识产权合同分为专利权合同、商标权合同、著作权合同等。

2. 知识产权合同的特征

与其他合同相比，知识产权合同具有如下显著的特征。

（1）合同标的的无形性

知识产权合同标的即知识产品，是一种没有形体的精神财富，其无形性是知识产权合同区别于其他民事合同的本质特性。知识产权合同标的的无形性表现在：第一，不发生有形控制的占有。知识产权合同的标的不像物权合同的标的有形物那样具有物质实体，不占有一定的空间，知识产权合同当事人对知识产品的占有不是一种实在而具体的占据，而是表现为对知识产品的理解、实现或使用。第二，存在着无形损耗。知识产品不像有形物使用那样发生损耗，不会在使用过程中被消耗掉，无须进行大批量的生产。但由于知识产品是智力成果，随着科学技术的发展，新的技术将会取代旧技术。产品也会升级换代，那么原知识产品也会在无形中损耗。第三，知识产权合同标的可以同时为多个法律主体所掌握。知识产品不可能通过实物形态消费发生损耗，由于其具有可复制性，知识产品可以在同一时间、多种场合为多个法律主体所占有和使用。

（2）合同一般为要式合同

要式合同，是指法律、行政法规要求合同必须具备某种特定形式才能成立、生效的合同。知识产权合同一般为要式合同。我国法律规定知识产权合同一般采用书面形式，并且大多要经有关部门登记或公告才发生法律效力。例如，《专利法》第10条第3款规定："转让专利申请权或者专利权的，当事人应当订立书面合同，并向国务院专利行政部门登记，由国务院专利行政部门予以公告。专利申请权或者专利权的转让自登记之日起生效。"根据《商标法》的规定，注册商标转让合同和注册商标使用许可合同也必须采取书面的方式，注册商标的受让人自公告之日起享有商标专用权，商标使用许可合同则应当报商标局备案。根据《著作权法》的规定，转让著作权中的财产性权利的，应当订立书面合同。根据《担保法》第79条的规定，以依法可以转让的商标专用权、专利权、著作权中的财产权出质的，应当订立书面合同并向其管理部门办理登记，质押合同自登记之日起生效。知识产权合同中，仅著作权许可使用合同的形式没有强制性规定，为非要式合同。

二、知识产权合同的管理流程

1. 合同的管理机构

企业为了对知识产权活动进行有效的管理，应当配备专职人员。知识产权合同管理部门以企业的知识产权管理部门为主体，设专人具体负责对内外知识产权合同的调研、签订和履行等事务，兼职知识产权合同管理人员由各职能部门对口配备，在合同事务中起组织履行合同和及时反馈知识产权合同管理信息的桥梁作用。

2. 合同的管理流程

企业在知识产权合同管理中，应严格把合同审批关，坚持审批权限的统一；严格把合同签订关，坚持签订程序统一；严格把合同履行关，坚持合同管理统一，形成立项、审批、会签、履行和归档的5个统一程序。

在合同立项阶段，申请部门要以书面报告的形式，说明合同的基本情况，提交企业主管领导审核研究，如认定项目合同可行，则有主管领导签字，并简要说明领导小组的意见。

在审批阶段，承办部门根据要求进行详细深入的调研和认证，对合同细节进行研究，对疑点问题和难点进行说明，提出完整的合同签订审批表，上报领导审批并签字。

在会签阶段，管理部门在批准合同签订审批表的基础上，组织相关职能部门进行会签，填写知识产权合同签单，合同生效。

在履行阶段，管理部门要对履行过程进行随时监督和检查，发现问题及时进行反馈相关部门直至领导小组进行解决，履行完毕后，有参加会签的部门全部验收，并填写验收单。

最后是归档阶段，从合同生成到终结的整个过程产生的各种资料，应该装订成册，编号归档以备后查。

三、知识产权合同的主要类型

从知识产权创造利用的角度，将知识产权合同分为知识产权开发合同、知识产权转让合同、知识产权许可合同、知识产权质押担保合同及与知识产权有关的其他合同等。

1. 知识产权开发合同

技术开发合同是指当事人之间就新技术、新产品、新工艺或者新材料及其系统的研究开发所订立的合同。技术开发合同应当采用书面形式。我国对知识产权开发合同的规定，主要集中表现在《合同法》第18章，涵盖了知识产权开发合同的大部分内容。

2. 知识产权转让合同

知识产权转让合同是指知识产权权利人将知识产权的相关权利转让给他人而订立的合同。具体包括专利转让、商标转让及著作权转让。在知识产权转让合同中，转让知识产权的一方称为转让方，根据合同取得知识产权的一方称为受让方。

3. 知识产权许可合同

知识产权实施许可合同是指知识产权权利人作为许可人许可和被许可人在约定的方式、范围、期限实施知识产权，被许可能支付使用费的合同。知识产权实施许可合同转移的是部分或者全部的知识产权使用权，知识产权本身并没有转移，仍属于知识产权权利人。

4. 知识产权质押合同

知识产权质押合同是指知识产权权利人以知识产权作为自己或者第三人债务履行担保的标的物而设定的质押协议。该协议旨在由债务人和第三人将知识产权出质于债权人以担保债务的履行，在债务人不履行债务的情况下，债权人有权将该知识产权折价或者拍卖、变卖该知识产权的价款优先受偿。

第2节　知识产权开发合同

一、开发合同的特征

①技术开发合同的标的是新技术、新产品、新工艺或者新材料及其系统。技术开发合同的标的是指在合同订立时尚不存在的技术成果，这种新的技术成果需要合同当事人进行研究开发，通过艰苦的创造性劳动才可能获得。例如，新的计算机软件的开发、新药的开发研制等。

②技术开发合同的主体具有广泛性和特定性。我国对技术开发合同的主体一般没有限制，无论是自然人、法人或者非法人组织，都可以成为技术开发合同的主体。但至少应有一方具有技术研发能力，否则合同将无法履行。因此，技术开发合同的主体又具有特定性。

③技术开发合同的风险大。技术开发合同能否达到订立合同的目的，不仅依赖于当事人能否按照合同约定全面履行合同义务和依照诚实信用原则履行附随义务，还不可避免地受到开发者或者人类现有的认识水平、技术水平和科学知识等因素的影响。技术开发合同的履行是一个从无到有、从未知到相对已知的技术创新过程。在这个过程中极有可能遇到无法预见和无法克服的技术困难而导致研究开发全部或部分失败。所以，技术开发合同的风险大。对于技术开发合同的风险责任，当事人应尽可能在合同中作出明确约定。

二、开发合同的类型

《合同法》第330条第2款规定："技术开发合同包括委托开发合同和合作开发合同。"从字面上看，委托开发合同，是指当事人一方委托另一方进行研究开发所订立的合同；合作开发合同，是指当事人各方就共同进行研究开发所订立的合同。

委托开发合同和合作开发合同的区别主要表现在以下几点。

（1）当事人的责任不同

委托开发合同是委托方委托受托方进行研究开发，由委托方按照约定支付研究开发经费和报酬，提供技术资料、原始数据等，受托方凭借自身的努力和掌握的知识完成研究开发成果；合作开发合同的各方当事人则共同从事研究开发工作，协作配合完成研究开发工作。

（2）当事人的技术能力要求不同

技术开发合同的标的是新的技术成果，新的技术成果产生于一方或合同当事人双方的科研实力之上。委托开发合同只需受托方具备一定的技术能力、拥有一定的科技工作人员及提供一定的技术设备，对委托方的科研能力不作要求。合作开发合同则要求各方当事人都须具备上述科研能力、人员和条件。

（3）技术成果的权益归属不同

委托开发合同的技术成果在没有约定的情况下，属于受托方。合作开发合同的技术成果，除当事人另有约定的以外，属于合作开发的当事人共有。

三、开发合同的注意事项

①详细论证，确保研究开发成功。对拟研究开发项目进行充分的可行性论证，选择适当的研究方案，制订详细的研究计划，从而降低研究开发项目的风险，确保研究开发成功。

②确保研发项目取得知识产权并约定其归属。对拟研究开发项目的成果能否取得知识产权及取得哪些知识产权进行充分的论证，并采用合理的措施确保项目成果取得合同约定的知识产权。对研究开发项目拟取得的知识产权的归属作出约定，防止知识产权流失，避免为自己委托开发或者共同研发项目取得的知识产权所困。

③不得非法垄断技术、妨碍技术进步。禁止任何一方当事人利用合同非法垄断技术、妨碍技术进步。知识产权开发合同不得限制任何一方在合同标的的基础上进行新的研究开发，也不得限制任何一方根据市场需求，以合理方式充分实施知识产权开发合同中所取得的知识产权。

④正确界定风险责任与违约责任。受认识水平、科学技术水平的制约，知识产权开发存在一定的风险。因此，正确界定风险责任与违约责任，依法保护各方当事人合法权益，非常必要。一般而言，风险责任按照约定承担或者合理分担，违约责任则由违约一方当事人承担。

第3节　知识产权许可合同

一、许可合同的特征

除具备合同的一般特征外，知识产权实施许可合同还具有如下特征。

1. 许可合同的标的是知识产权的使用权

知识产权是一种排他性的专有权。对依法享有的知识产权，知识产权权利人可以自己实施，也可以同时或者单独许可他人实施。未经知识产权权利人同意，不得实施其知识产权。《专利法》第12条规定："任何单位或者个人实施他人专利的，应当与专利权人订立实施许可合同，向专利权人支付专利使用费。"《著作权法》第24条规定："使用他人作品应当同著作权人订立许可使用合同，本法规定可以不经许可的除外。"《商标法》第43条规定："商标注册人可以通过签订商标使用许可合同，许可他人使用其注册商标。"

2. 经许可合同取得的知识产权使用权的有限性

知识产权实施许可合同的双方当事人要在合同中就使用知识产权的方式、范围、期间等进行约定，被许可人对知识产权的使用权受到合同的限制、不完整。被许可人必须要在合同约定的期间和范围内，以约定的方式使用知识产权。

3. 许可合同一般需要备案

知识产权实施许可合同一般需要备案。《专利法实施细则》第14条规定："专利权人与他人订立的专利实施许可合同，应当自合同生效之日起3个月内向国务院专利行政部门备案。"《商标法》第43条规定："商标使用许可合同应当报商标局备案。"《著作权法实施条例》第25条规定："与著作权人订立专有许可使用合同、转让合同的，可以向著作权行政管理部门备案。"知识产权实施许可合同备案只是作为有关机关处理知识产权实施许可合同纠纷的依据，并不影响知识产权实施许可合同的成立和生效。

二、许可合同的类型

知识产权常见的许可合同有专利实施许可合同、商标使用许可合同、著作权许可使用合同。

1. 专利实施许可合同

（1）专利实施许可合同的形式

专利实施许可合同是指专利权人或其授权的人作为让与人，许可受让人在约定的范围内实施专利，受让人支付约定的使用费的合同。受让人在合同成立后，可以在约定的地区、期限内，按约定的方式实施专利技术。专利实施许可合同转移的是专利的实施权，专利权并没有转移，仍属于专利权人。

按照让与人出让专利实施权和受让人取得专利实施权的程度和范围，专利实施许可合同分为3种。

①独占专利实施许可合同。受让人在规定的范围内享有合同规定的专利技术的实施权，让与人或任何第三方都不得同时在该范围内实施该项专利技术。

②排他专利实施许可合同。受让人在规定的范围的享有合同规定的专利技术的实施权，让与人仍保留在该范围内的实施权，但排除任何第三方在该范围内对该项专利技术的实施权。

③普通专利实施许可合同。受让人在规定范围内享有对专利技术的实施权，同时让与人不仅保留着在该范围内对该项专利技术的实施权，而且还保留着在该范围内将该项专利技术的实施权出让给任何第三方的权利。

（2）专利实施许可合同当事人的权利义务

1）专利实施许可合同让与人的权利义务

《合同法》第344条规定："专利实施许可合同只在该专利权的存续期间内有效，专利权有效期限届满或者专利权被宣布无效的，专利权人不得就该专利与他人订立专利实施许可合同。"《合同法》第345条规定："专利实施许可合同的让与人应当按照约定许可受让人实施专利，交付实施专利有关的技术资料，提供必要的技术指导。"可见，专利实施许可合同中让与人要按照约定许可受让人实施专利，交付实施专利有关的技术资料，提供必要的技术指导；保证自己是所提供技术的合法拥有者，并保证所提供的技术完整、无误、有效，能够达到约定的目标；保证受让人按约定的方式实施技术达到约定的技术指标。除非让与人与受让人明确约定拟达到的经济效益指标，否则，让与人不对受让人实施专利技术后的经济效益承担责任。专利实施许可合同让与人的权利主要为获得专利实施许可费。

2）专利实施许可合同受让人的权利义务

《合同法》第346条规定："专利实施许可合同的受让人应当按照约定实施专利，不得许可约定以外的第三人实施该专利；并按照约定支付使用费。"可见，专利实施许可合同中受让人要按照约定实施专利，不得许可约定以外的第三人实施该专利；按照约定支付使用费；应当按照约定的范围和期限，对让与人提供的技术中尚未公开的秘密部分，承担保密义务。专利实施许可合同受让人的权利主要是获得专利的实施权。

2. 商标使用许可合同

商标使用许可合同，是指商标注册人许可他人使用注册商标时双方签订的、规定许可人和被许可人的权利义务的合同。《商标法》第43条规定："商标注册人可以通过签订商标使用许可合同，许可他人使用其注册商标。"

按照许可人取得商标使用权的权利范围的不同，商标使用许可合同分为3种。

①独占商标实施许可合同。受让人在规定的时间和地域内享有独家使用注册商标的权利，许可人不得再许可他人使用其注册，许可人对其注册商标也不再享有使用权。

②排他商标使用许可合同。被许可人在规定的时间和地域内享有独家使用注册商标的权利，许可人不得再许可他人使用其注册，但许可人自己对注册商标仍享有使用权。

③普通商标使用许可合同。被许可人有权使用注册商标，许可人对其注册商标仍有使用权，并有权继续许可他人使用该注册商标。

《商标法》第43条规定了商标使用许可合同当事人的权利义务，许可人应按约定许可被许可人使用其注册商标，许可人应当监督被许可人使用其注册商标的商品质量。被许可人应当保证使用该注册商标的商品质量。经许可使用他人注册商标的，必须在使用该注册商标的商品上标明被许可人的名称和商品产地。

3. 著作权许可使用合同

著作权许可使用合同是指著作权人与他人达成的有关著作权人授权该他人在一定期间和范围内，以一定的方式使用其作品的合意。《著作权法》第24条规定："使用他人作品应当同著作权人订立许可使用合同，但本法规定可以不经许可的除外。"

按照被许可人取得作品使用权的权利范围的不同，著作权许可使用合同可分为如下两种形式。

①专有著作权许可使用合同。许可人允许被许可人在约定的范围内性排他性地享有一个或多个对作品的使用权，许可人自己也不能以与被许可人相同的方式使用其作品。

②非专有著作权许可使用合同。被许可人在与许可人约定的范围内对作品享有一个或者多个对作品的使用权，但许可人仍可许可他人以与被许可人相同的方式使用该作品，许可人也可以与被许可人相同的方式使用该作品。

《著作权法》第 27 条规定："许可使用合同和转让合同中著作权人未明确许可、转让的权利，未经著作权人同意，另一方当事人不得行使。"可见，被许可人只能在约定范围内使用许可人的作品。《著作权法》第 28 条规定："出版者、表演者、录音录像制作者、广播电台、电视台等依照本法有关规定使用他人作品的，不得侵犯作者的署名权、修改权、保护作品完整权和获得报酬的权利。"这表明被许可人负有不得侵犯许可人的署名权、修改权、保护作品完整权和获得报酬权的义务。

三、许可合同的管理

知识产权许可合同不仅涉及许可人和被许可人之间的现实利益分配问题，而且涉及由技术进步及品牌建设等带来竞争优势提升进而获得的期待利益的分配问题，所以，知识产权许可合同的管理应围绕双方当事人现实利益与期待利益的分配这一核心问题进行。

1. 合理选择知识产权许可的方式

基于自身的实际情况，慎重选择知识产权许可的方式，避免自己被知识产权许可合同所限制。一般而言，影响知识产权许可方式的主要因素有市场容量、市场分布、生产能力及竞争对手情况等。

2. 评估必要相关专利和联合商标

在专利实施许可中，要正确评估某一专利的实施所涉及的其余必要相关专利，同时展开专利实施许可谈判，争取统一获得许可，或者同时获得专利实施许可。如果不能统一获得许可或者同时获得许可，则必须将一个专利实施许可合同的生效与其余必要相关专利实施许可合同的生效联系在一起。在商标许可使用中，如果拟许可使用的商标存在联合商标，则须评估商标使用许可对联合商标的商标功能的影响，以及对品牌建设的影响。

3. 加强许可人对被许可人使用其注册商标的商品质量的监督

在商标使用许可中，许可人要加强对被许可人使用其注册商标的商品质量的监督，要求被许可人保证使用该注册商标的商品质量，争取通过商标的使用许可提升该商标的市场影响力和价值，杜绝商标使用许可给该商标带来负面影响。

4. 恰当选择许可费的计算方式

许可费的计算方式中，一次性支付方式和入门费加提成费方式各有其风险。在入门费加提成费方式中，提成费既可以是以利润为计算依据，也可以是以销售额为计算依据，这与被许可人财务会计制度的健全程度密切相关。对于财务会计制度不健全的被许可人，不宜采取这种方式。

5. 许可不得排除和限制竞争

知识产权许可不得排除和限制市场竞争。搭售、回授和权利不争都是不允许的。

第4节 知识产权转让合同

一、转让合同的类型

从知识产权的种类角度，知识产权可以划分为专利权、商标权、著作权、商业秘密权等，因此知识产权转让合同包括专利权转让合同、商标权转让合同、著作权转让合同、商业秘密权转让合同等形式。由于非物质文化遗产不能转让，因此也就无所谓的非物质文化遗产转让合同。

专利权转让合同是指专利权人将自己所享有或者持有的专利权转移给受让人，而受让人支付约定价款的合同。专利权转让合同有广义和狭义之分，广义的专利权转让合同包括专利申请权转让合同，而狭义的专利权转让合同不包括专利申请权转让合同。专利申请权转让合同，是指对发明创造享有专利申请权的人，将该项权利转移给受让人，而受让人支付约定价款的合同。专利权转让合同和专利申请权转让合同，受专利法和合同法总则及技术合同的规定调整。

商标权转让合同是指商标权人将自己所享有的商标权转移给受让人，而受让人支付约定价款的合同。商标权转让合同，受商标法和合同法总则的调整。

著作权转让合同是指著作权人将自己所享有著作权转移给受让人，而受让人支付约定价款的合同。著作权转让合同的签订，受著作权法和合同法总则的调整。

商业秘密权转让合同是指商业秘密权利人将其享有的商业秘密权转移给受让人，而受让人支付约定的价款的合同。商业秘密权转让合同，受商业秘密保护法和合同法总则的调整。由于我国没有颁布商业秘密保护法，有关商业秘密的转让遵从《合同法》的有关规定。

二、转让合同的特征

1. 知识产权转让合同主体

知识产权人为出让人，包括享有专利权、商标权和著作权等知识产权的一切权利人。知识产权转让中的受让人可以是自然人，也可以是法人或者其他组织。

2. 当事人双方就知识产权转让意思表示一致

知识产权转让合同的目标是实现知识产权的转移：知识产权人转让知识产权，受让人接受该知识产权。

3. 知识产权转让合同为有偿合同

知识产权人转让知识产权给受让人，理论上讲可以有偿，也可以无偿。但一般情况下，均是有偿转让。知识产权权利人通过转让，获得转让利益，实现知识产权的价值，这是知识产权转让的目的。

4. 知识产权转让合同为要式合同

知识产权转让合同应为要式合同，因为知识产权转让关系重大，而不要式合同不易举证，日后形成纠纷将难以举证。我国《著作权法》规定著作权的转让"应当订立书面合同"，我国《专利法》和《商标法》均有转让相关权利采用书面形式的规定。

三、转让合同的法律规则

1. 专利权转让合同

合同转让形式是专利申请权与专利权转让的主要形式，除了应当遵守知识产权的相关法律规则之外，还应当遵守《合同法》规定的一般规则。

专利权转让合同签订前，应当制作可行性分析报告。可行性研究是对项目的所有内容，进行深入调查、分析和研究，提出具体的而且是可行的项目实施方案。可行性研究一般包括：市场需求与市场分析、产品及销售预测、生产规划、生产规模；组织与管理费用；实施进度；财务与经济的分析评价等。

按照《合同法》规定，订立合同可以采用口头形式、书面形式和其他形式。同时，《合同法》还规定，法律、行政法规对技术进出口合同和专利、专利申请合同另有规定的，依照其规定。而《专利法》明确规定，转让专利申请权或者专利权的，当事人应当订立书面合同，因此，专利权转让合同应当按照规定采用书面形式。

合同的书面形式，包括合同书、信件和数据电文（包括）等可以有形地表现所载内容的形式，其中数据电文包括电报、电传、传真、电子数据交换和电子邮件等多种形式。

专利转让合同的条款应当由双方当事人约定，一般可以包括下列内容：①转让专利的名称；②被转让专利的内容、范围、要求及所处的法律状态；③转让专利履行的计划、进度、期限、地点及方式；④技术文件及技术情报的交付与保密；⑤转让费及支付方式；⑥专利权被撤销或被宣告无效的处理及风险责任的承担；⑦过渡期条款；⑧违约金或者赔偿的计算方式；⑨争议的解决办法；⑩双方约定的其他条款。

当事人之间进行专利权转让而订立的书面合同还应当向国家知识产权局登记，由国家知识产权局予以公告，专利申请权或者专利权的转让自登记之日起生效。国家知识产权局予以登记或公告的事项是专利权的转让这一民事法律行为，而不是专利权转让合同本身。

2. 商标权转让合同

与专利权转让一样，商标权转让除了遵守商标法及其实施条例之外，也要遵守合同法的一般规则。在商标权转让合同实务中，一般包括以下条款：①商标名称、商标图样、商标注册号；②商标的法律状态及下次应续展的时间；③商标取得注册所包括的商品或服务的类别及商品或服务的具体名称；④注册商标转让方保证是商标的注册所有人；⑤注册商标转让后，受让方的权限；⑥注册商标转让的性质，如永久性的商标权转让或者非永久性的商标权转让；⑦注册商标转让的时间，例如，可以约定在本合同生效之日起，或办妥商标转让变更注册手续后，该注册商标正式转归受让方，而属非永久性商标权转让的，可以约定注册商标转让的期限；⑧注册商标转让合同生效后的变更手续；⑨商品质量的保证，例如，商标权转让合同文本一般都约定"注册商标转让方要求受让方保证该商标所标示的产品质量不低于转让方原有水平，转让方应向受让方提供商品的样品，提供制造该类商品的技术指导或技术诀窍"等；⑩保密条款；⑪瑕疵担保条款，例如，保证被转让的商标为有效商标，并保证没有第三方拥有该商标所有权；⑫注册商标转让的转让费与付款方式；⑬违约责任条款；⑭纠纷解决方式条款；⑮双方认为需要约定的其他内容。

需要强调的是，企业在注册商标转让时，跟专利权转让合同一样，需要对注册商标的市场价值进行评估，对受让方的资信状况也要了解。而作为注册商标转让合同的受让方也应该评估商标价值，并考察转让方的资信状况。

3. 著作权转让合同

著作权转让合同应包括以下主要内容：①转让人、受让人双方的姓名或名称、住址；②转让的作品的名称；③转让的权利种类、地域、范围；④转让的价金；⑤交付转让价金的方式、日期；⑥违约责任；⑦双方认为需要约定的其他内容。

合同签订后，受让人只能行使合同明确约定的权利，未作许可或未明确许可的权利，受让人不得使用。

四、转让合同的谈判

按照《合同法》的规定，需要通过要约和承诺的方式。在知识产权转让实践中，并不是每个合同都是通过单一的"要约—承诺"即可完成。往往需要反复的要约、再要约的过程才有可能最终承诺，使合同成立。这个过程在商务领域即是谈判。因此，知识产权转让谈判是知识产权转让活动中的一个常见程序。

合同谈判与合同签订关系密切。合同谈判是合同签订的前提和基础，合同签订是合同谈判的结果。合同谈判是准备订立合同的双方或多方当事人为相互了解、确定合同权利与义务而进行的商议活动。谈判一般包括法律意义上的要约邀请—要约—反要约—再要约—再反要约—承诺的过程。要约，又称发盘、发价或报价等，是希望和他人订立合同的意思表示，它是一种提议。有的当事人让他人先向自己发出提议，《合同法》称这种方法为要约邀请。反要约又叫新要约，也就是受要约人对要约的实质性内容做了修改，并将其意思表示回复给要约人，它是一项新的提议。承诺，又叫作收盘或接受提议，是受要约人同意要约的意思表示。直到一方承诺并生效，合同才算正式订立。

谈判过程是双方努力寻求对方都能接受的妥协点的过程。合同谈判应遵循平等互利、友好协商、诚实信用、遵守法律的原则。在知识产权转让谈判过程中，应事先分析论证，确定谈判的目标、任务和要求，真正论证清楚自己需要什么样的知识产权或者需要出让什么知识产权；了解对方，审查对方的资信状况与履约能力；了解对方谈判人员的地位、个性、角色、兴趣爱好，准确分析对比各自的优势劣势；收集、整理并熟悉与谈判有关的资料，调查清楚所出让或者受让的知识产权的市场前景及现实行情；设计和确定最优方案、次优方案和备选方案；进行内部分工，派定谈判角色，以便有分工、有合作、有主次、有重点；设计好谈判的程序、交涉步骤，以便运用自如、得心应手，取得谈判成功，顺利签订知识产权转让合同。

五、转让合同的签订

1. 充分了解知识产权的状况

在订立合同前，双方当事人均应充分了解被转让知识产权的状况，例如，知识产权的有效期限、相关技术领域的发展情况、知识产权的许可状况及知识产权实施应用的状况等。转让方通过了解，可以较为全面地对所转让的知识产权加以评估，正确估算其转让价值；受让方通过了解，可以更好地实现合同目的，降低受让后实施、运营等风险。

2. 约定知识产权纠纷的处理方式

知识产权在转让后，如果第三人进行无效宣告、诉讼等，受让人往往面临着权利丧失或者侵权的风险。因此，在转让合同中应约定，如果出现类似纠纷，转让人应当协助受让人抗辩，必要时以第三人身份参加诉讼。还可以约定，一旦判定受让人侵权，转让人应承担侵权责任，同时应承担对受让人的违约责任。

3. 履行必要的法律手续

知识产权转让需要履行一定的法律手续。根据有关法律规定，专利权的转让应当订立书面合同，并向国务院专利行政部门登记，由国务院专利行政部门予以公告，转让自登记之日起生效。注册商标的转让应当由转让人和受让人共同向商标局提出申请，经核准后予以公告，受让人自公告之日起享有商标专用权。著作权的转让应当订立书面合同。

4. 注意事项

（1）要注意知识产权的有效性

知识产权的有效性主要体现转让的知识产权应当在有效期限内；超过有限期限的，不受法律保护。

（2）知识产权的有关情况应当约定清楚

知识产权是知识产权转让合同的标的，知识产权的有关情况应当在合同中详细规定，便于履行。知识产权的有关情况包括：知识产权的名称、主要指标、作用或者用途、关键技术、生产工序流程、注意事项等。这些数据表明了知识产权的内在的特征，是有效的，同时也是当事人计算转让费的依据。

（3）转让的范围

转让知识产权应当明确范围。合同中可供选择的条款包括：专利转让的，涉及专利权人的变更，因而其范围及于全国；技术秘密转让的，让与人要承担保密责任，其使用范围可以及于全国，也可以只是某个地区。

（4）转让费用的约定

转让费用包括转让费和使用费。在专利转让情况下，受让人应当支付转让费。转让费根据知识产权能够产生的实际价值计算，通常规定一个比例，便于操作。受让人未按照约定支付使用费的，应当补交使用费并按照约定支付违约金；不补交使用费或者支付违约金的，应当停止实施知识产权，交还技术资料，承担违约责任。实施知识产权超越约定的范围的，未经让与人同意擅自许可第三人实施该知识产权的，应当停止违约行为，承担违约责任；违反约定的保密义务的，应当承担违约责任。

在订立专利申请权转让合同时，应注意的以下几个问题：专利申请权可以转让，双方当事人应就专利申请权转让签订书面合同，在协商、约定后审查专利权转让申请合同时，双方当事人应当注意以下问题：①转让的专利申请权如果是属全民所有制单位所有的，是否得到上级的批准，批准的文件是否列入合同的其他文件备查；②转让的专利申请权的受让人是外国人，该专利申请权是否得到国务院的批准，其批准文件是否列入合同的其他文件备查；③转让的专利申请权应是正式的书面转让合同，并经国务院专利局登记并公告；④合同中是否说明受让人按照合同约定取得专利申请权，因专利申请权或者专利权引起的纠纷应由专利申请权的转让人承担责任；⑤专利申请权转让是否符合《专利法》的相关规定；⑥专利申请转让的受让人是否能保证专利的运用，如果受让人是为了个人垄断新技术，客观上起到阻碍新技术的应用、推广、改进，则该合同违法；⑦专利申请权转让人是否按合同约定如数、保质地向受让人移交了相关的技术情报、资料（如工艺设计、技术报告、工艺配方、文件、图纸、技术指标、参数、性能等），使受让人在获得专利权后能正确、全面地运用专利并获取利益。

在商标转让合同中，转让人如果在同种或者类似的商品上注册了几个相同或近似的商标，转让时应一并转让，不能单独转让其中某一个，同时，转让人应将注册商标的专用权全部转让，不允许将注册商标指定保护的商品进行部分转让。如果转让人转让用于人用药品、报纸杂志的注册商标，受让人应出具有关部门批准经营的有效证明文件。

第5节　知识产权质押合同

一、质押合同的类型

按照合同交易客体的类别分类，知识产权质押合同可分为专利权质押合同、商标专用权质押合同、著作权质押合同。

1. 专利权质押合同

专利权质押合同是指专利权人以专利权作为债务履行的担保，当债务人不履行债务时，债权人有权依照法定程序将该专利权折价或转让、拍卖所得价款优先清偿债务。专利权质押合同是指债务人或者拥有专利的第三人与债权人就专利权质押达成的合意。

专利权质押合同主要包括以下内容。

①出质人、质权人以及代理人或联系人的姓名（名称）、通信地址。

②被担保的主债权情况。专利权质押合同应记载质押担保的主债权性质及债务基本情况，属于何种法律上的原因产生的债权（如金钱债权、特定物给予债权等），质押合同记载的有关主债权的情况应与主合同保持一致。

③债务人履行债务的期限。债务人履行债务的期限指的是债务人清偿债务的期间，在该期间，当事人依法享有相应的权利、履行相应的义务。由于专利权的时间性，只在法律规定的期限内有效，因此，当事人约定的债务履行期限应在专利权有效期内。只有这样，在债务人不履行债务时，质权人才能主张以专利权折价或拍卖、变卖的价款优先受偿，否则，专利权期限届满，专利权质权随专利权无效而消灭。质权人设定质押担保的目的无法实现。

④专利件数及每项专利的名称、专利号、申请日、颁证日。

⑤质押担保的范围。对于质押担保的范围，当事人可以自行约定。在当事人无约定的情

形下；质押担保的范围一般包括：主债权及利息、违约金、损害赔偿金、实现质权（变卖、拍卖或折价等）的费用、质权人代缴的专利年费、质权人代缴的处理专利纠纷费用、向第三人提存转让费和许可费及其他收益所需的保管费等。

⑥质押担保的金额。专利权质押担保合同应当约定被担保的主债权范围；属于金钱债权的。应确定明确的金钱数额；不属于金钱债权的，应注明债权标的数量和价款，以明确实现质权时就质物优先清偿的主债权数额。

⑦质押期间专利权转让或许可实施的约定。通过合同约定是否准许专利权转让或许可实施；若准许转让或许可实施，应约定转让费、许可费的处分方式是向约定的第三人提存还是用于提前清偿所担保的债权。

⑧质押期间出质人维持专利权有效的义务。专利权合法、有效是质权人实现优先受偿的前提条件，因此，维持专利权的有效性是出质人的基本义务。一般而言，除当事人另有约定的外，出质人必须按时交纳专利年费。专利权质押合同应当约定：当出现专利无效纠纷时，出质人应积极负责处理，提供翔实的证据来主张专利权的合法、有效，维护自身乃至质权人的利益；专利权被专利复审委员会或人民法院宣告无效时，出质人履行质权保全义务的具体措施。通过如上约定，以避免专利权无效纠纷发生时，出质人不积极履行维持专利有效的义务。

⑨出现专利纠纷时出质人的责任。

⑩质押期间专利权被撤销或被宣告无效时的处理。

⑪违约责任。违约责任中应约定，当事人一方违反质押合同约定给另一方造成损失时，对方当事人应承担的责任范围大小、责任承担方式。

⑫争议的解决办法。专利权质押合同应约定在合同执行过程中产生争议时，当事人解决争议的具体办法：协商解决、仲裁解决、司法解决及其他解决方式等。

⑬出质期满，质权的实现方式。专利权质押合同应约定，专利权出质期满，债务人仍不履行债务时质权的实现方式：出质人与质权人协议以出质专利权折价，或依法拍卖、变卖专利权，以所得款项清偿债务。但质押合同不得约定出质期满债务人仍不履行债务时专利权自动移转为质权人所有。

⑭当事人认为需要约定的其他事项。例如，质押期间出质专利权价值明显减少可采取的质权保全措施，或出现其他异常情况的处理办法。

⑮合同签订日期、签名、盖章。

2. 商标专用权质押合同

商标专用权质押是指债务人或者第三人以可以转让的商标专用权作为债权的担保，当债务人不能履行债务时，债权人有权依照法定程序将该商标专用权折价或转让、拍卖所得价款优先清偿债务。商标专用权质押合同是指债务人或者拥有商标专用权的第三人与债权人就商标专用权质押达成的合意。

商标专用权质押合同主要包括以下内容：①出质人与质权人的名称（姓名）、地址；②质押的原因和目的；③出质的商标及质押的期限；④出质商标专用权的价值及国家工商行政管理总局指定的商标评估机构的评估报告；⑤当事人约定的与该质押商标有关的其他事项。

3. 著作权质押合同

著作权质押是指债务人或者第三人以可以转让的著作权作为债权的担保，当债务人不能履行债务时，债权人有权依照法定程序将该著作权折价或转让、拍卖所得价款优先清偿债务。著作权质押合同是指债务人或者拥有著作权的第三人与债权人就著作权质押达成的合意。

著作权质押合同主要包括以下内容：①出质人和质权人的基本信息；②被担保债权的种类和数额；③债务人履行债务的期限；④出质著作权的内容和保护期；⑤质押担保的范围和期限；⑥当事人约定的其他事项。

二、质押合同的管理

知识产权质押合同作为主债权债务合同的从合同，事关质权人（同时也是主合同债权人）和质押人的利益，加之作为质押标的物的知识产权具有不同于一般质物的显著特点，而我国知识产权质押制度又不尽完善，故订立知识产权质押合同应慎重。

1. 正确评估知识产权质押合同制度对知识产权质押的风险

正确评估知识产权的价值特点给知识产权质押双方当事人带来的风险。知识产权的价值难以评估、知识产权价值实现的不确定性、知识产权价值的变动不居性（尤其是专利权、著作权中财产性权利的价值随时间不断衰减），可能导致质权人的债权未能获得充足的担保或者出质人对其债务担保过度。

2. 正确评估知识产权质押制度对知识产权质押的风险

正确评估知识产权质押制度本身对知识产权质押双方当事人带来的风险。鉴于知识产权的价值特点，就知识产权质押担保功能的实现而言，最为关键的就是鼓励知识产权权利人（出质人）利用知识产权产生尽可能多的收益，并以该收益作为主合同债权的担保。这既符合知识产权价值充分利用的识产权和质权人双方的利益，又符合知识产权和质权人双方的利益。然而，现有的知识产权质押制度在这方面存在严重不足：限制出质知识产权转让、许可实施，限制出质知识产权收益的实现（参见《担保法》第 80 条）。因此，知识产权质押双方当事人应突破制度的束缚，共同推动出质知识产权的实施、许可实施或者转让，利用知识产权产生尽可能多的收益，并以该收益作为主合同债权的担保。

3. 定期关注出质知识产权的状况

质权人应定期关注出质知识产权的状况，并采取必要的措施保护自身利益，如质权保全权、物上代位权、质权受侵害时的救济权等。可在知识产权质押合同中约定：质权人对出质知识产权的实施、许可实施、转让享有知情权，对由此产生的收益未经质权人同意，出质人不得处分。

第 9 章　知识产权价值评估

第 1 节　知识产权价值评估

一、概述

知识产权评估是指知识产权评估机构的注册资产评估师依据相关法律、法规和资产评估准则，对知识产权评估对象在评估基准日特定目的下的知识产权价值进行分析、估算并发表专业意见的行为和过程。知识产权评估中所涉及的知识产权内容比较多，一般主要对商标权、专利权、著作权等常见的知识产权进行知识产权评估。

知识产权是基于人类智力劳动成果而产生的一种专有权利。这种专有权利作为一种特殊商品，具有价值和使用价值。它可以在市场上（如技术市场、信息市场、版权市场等）进行交换，满足人们的需要。由于人类智力劳动成果的创造或生产主要是基于人的智力劳动，而不是像一般手工或机制产品那样，主要是基于物质消耗和时间消耗，因此，智力劳动成果的价值不能像一般产品的价值那样简单地通过计算物耗和时耗成本来计算。虽然智力劳动成果的创造或生产可能也会有一定的物耗与时耗，但相比而言这种物耗与时耗不是主要的，所以对基于人类智力劳动成果而产生的知识产权价值评估时，单纯使用计算成本的方法远远不够，必须由专业的评估人员通过严密的工作程序和采用专门的方法来实施。

知识产权价值评估较之有形资产评估而言相对复杂，因为知识资产种类繁多、千差万别，可比性差，并且其受客观环境影响较大，其效用发挥的期限、无形损耗及风险方面不确定因素较多。评估毕竟只是评估机构考虑相关因素并依据一定的计算方法对知识产权价值所作的预测，由于不可能充分、准确地考虑一切未来将出现并起作用的实际因素，估价并不一定等于价值。现实中有很多这样的实例，例如，某项知识产权估价为 20 万元，却有可能被人以 80 万元的价格买走，并通过利用产生高于 80 万元的收益。"估价"与"评价"本身说明了它们本身不是真正的价值，知识产权价值评估或定价只能是一种预测性的评价，评估者的结论必须是建立在相关市场情况的分析和预测基础上，是对市场价值的估计和判断，而最终由市场决定和反映出的价值才应当是真正的知识产权的价值，也是对评估值的一个检验。

二、知识产权价值的特点

与有形资产相比，知识产权的价值因为其无形资产特征而主要具有以下特点。

1. 价值形成的渐进性

无形资产的价值形成往往需要企业长期、连续不断的投资，一般都有经过从低到高逐步形成与发展的过程。例如，知识产权中的商标，企业在创建商标后还必须为商标的信誉作进一步的投资，这些投资主要用在产品质量、技术开发、广告宣传、产品售后服务及商标知名度等方面，最终逐步转化为知识产权的价值。美国可口可乐公司的发展壮大就经历了近百年的历史，在"可口可乐"商标价值高达数百亿美元后，该公司每年平均广告宣传费用仍保持在 1 亿美元左右。

2. 价值计量的主观性

由于知识产权是创造性劳动的结晶，具有独创性与不可重复性，再加上影响知识产权价值的因素众多，难以制定出一套适用于各种情况的评估标准，因此，知识产权的价值评估往往容易受到主观因素的影响，导致同一知识产权的价值存在差异的原因是多方面的。例如，不同的评估主体、同一评估主体采用不同的评估体系及不同的评估目的和动机等。

3. 价值的不稳定性

由于知识产权的技术成熟程度、市场前景、转让方式和转让次数等因素都会对其价值产生影响，因此，知识产权的价值将不断发生变化。某些知识产权价值甚至在一年时间内出现大幅波动。例如，IBM 在 1994 年其品牌价值非常低，而在 1995 年却大幅上升，品牌价值高达 171 亿美元。又如，2003 年，刘翔为可口可乐的代言费仅为 35 万元，从 2004 年雅典奥运会之后，刘翔几乎成为身价飙升最快的商业明星，2008 年的一级代言单价已达到 1500 万元，是 2003 年的 40 多倍；在经历北京奥运会退赛事件之后，其商业价值则一落千丈，中国品牌研究院 2009 年 3 月 23 日发布的《刘翔商业价值评估报告》称其身价已降至 200 万元水平，跌幅高达 87%。

4. 价值与成本不成比例

知识产权的价值并不完全取决于其成本，也就是说，知识产权的价值与其成本之间并不存在某种比例关系。我国企业财务制度规定：企业的自创无形资产应当按开发过程中实际发生的支出数记账。然而，许多无形资产，特别是技术资产要经历一系列研制失败后才能获得成功。对于研制失败时所耗费的支出，会计上并未计入该项无形资产的成本，而是列入费用计入当期损益。此外，知识产权中的商标权在创建时所耗费的成本并不多，但维护和提升商标的信誉和知名度却需要企业长期大量的投入。因此，不能简单地采用成本标准来衡量知识产权的价值。

5. 价值的战略性

随着市场竞争的加剧，企业越来越多关注如何形成和培育自身的竞争优势。知识产权显然具有符合这种需求的资源特征：首先，拥有一定数量的知识产权意味着具有一定的资源优势；其次，知识产权的法律特征还使这种优势具有一定的独占性，由此可能成为独特竞争优势的基础，知识产权不仅有通常理解的经济价值，更具有借以构建竞争优势的战略价值。以专利为例，专利价值的战略性特征既可展现在专利的战略性申请环节，也可体现在专利的战略性应用环节。在实际应用中，企业往往把战略价值的实现与经济价值的实现结合在一起，以充分挖掘与实现知识产权价值。这种趋势的产生不仅加剧了知识产权价值分析的复杂性，也对知识产权价值评估构成了新的挑战。

三、知识产权价值评估的意义

1. 促进科学技术成果向生产力的转化

由于科技成果的形成成本具有明显的不完整和弱相对性。其未来经济效益具有很大的不确定性。因此，在技术交易中，交易双方往往对知识产权的价格争执不下，造成技术成果转化率低，并影响了科技人员的积极性。如果能够对技术成果进行客观公正的评估，形成交易双方愿意接受的交易价格，就能提高技术成果的转化率，促进科学技术的推广和应用。日本、韩国等国家的发展经验表明：技术引进、消化、再创新是加快技术进步和经济发展的重要途径。而完善的知识产权价值评估制度显然有利于技术引进方和出口方理性地衡量相关技术的价值，进而促进技术贸易。这点对于我国缺乏国际技术贸易经验的企业尤其重要。

2. 提高对企业无形资产价值的认识

实践中，由于对无形资产的作用和价值认识不足及管理混乱，我国很多企业在对外投资、技术转让、技术入股、产权交易、公司上市等经济活动中比较关注有形资产，往往遗漏了未予评估作价的无形资产，如企业的知识产权，结果造成国有无形资产大量流失建立科学的知识产权评估制度，能够在各种交易活动中维护知识产权人的正当权益，在企业存在国有资产的情况下，还能防止国有资产的流失。例如，广东岭南饼干厂转让"岭南"商标时，杭州某企业转让"西湖"商标时都没有进行商标评估，没有获得任何收益。相反，浙江某企业转让其"东宝"商标时，连同其 19 项专利，共评估作价 1000 万元，获得了不菲的收益。

3. 提高企业的知识产权保护意识

一套完善的知识产权评估制度有利于知识产权人正确认识知识产权的真实价值，从而提高知识产权保护意识。当发生知识产权侵权时，有助于知识产权人和法院确定侵权赔偿额，从而尽快解决纠纷。最后，完善的知识产权评估制度有利于追究侵权人的刑事责任，有效地提高保护知识产权的力度。

4. 提高企业或产品的知名度

采用科学的方法对商标或企业商誉进行价值评估，有利于提高企业知名度。可口可乐的成功堪称典范。可口可乐公司刚向全球扩张时，耗费了大量的广告费，但收效甚微。然而，当后来人们知道该商标价值 244 亿美元时，可口可乐公司的经济实力和获利能力很快名满全球，可口可乐在国际上的市场份额也随之急剧上升。

第 2 节　知识产权价值评估方法

一、价值评估范围

依据财政部、国家知识产权局《关于加强知识产权资产评估管理工作若干问题的通知》《专利法》《商标法》《著作权法》《担保法》《国有资产评估管理办法》等有关规定，知识产权占有单位符合下列情形之一的，应当进行知识产权的资产评估。

①根据《公司法》，以知识产权资产作价出资成立有限责任公司或股份有限公司的。

②以知识产权质押，市场没有参照价格，质权人要求评估的。

③行政单位拍卖、转让、置换知识产权的。

④国有事业单位改制、合并、分立、清算、投资、转让、置换、拍卖涉及知识产权的。

⑤国有企业改制、上市、合并、分立、清算、投资、转让、置换、拍卖、偿还债务涉及知识产权的。

⑥国有企业收购或通过置换取得非国有单位的知识产权，或接受非国有单位以知识产权出资的。

⑦国有企业以知识产权许可外国公司、企业、其他经济组织或个人使用，市场没有参照价格的。

⑧确定涉及知识产权诉讼价值，人民法院、仲裁机关或当事人要求评估的。

⑨法律、行政法规规定的其他需要进行资产评估的事项。

非国有单位发生合并、分立、清算、投资、转让、置换、偿还债务等经济行为涉及知识产权的，可以参照国有企业进行资产评估。

二、价值评估依据

知识产权评估主要包括商标权评估、专利权评估、著作权评估、软件著作权评估等评估项目，知识产权评估作为一种重要的无形资产评估项目，知识产权评估的依据是决定评估价值科学合理的重要保障。

1. 知识产权评估的行为依据

知识产权评估的评估行为依据，它决定着知识产权评估行为的启动。委托方与受托方签订的资产评估业务委托协议书，就是知识产权评估业务开始的行为依据。

2. 知识产权评估的法规依据

为了规范无形资产评估特别是知识产权评估，国家相关部门陆续出台了很多的评估准则、指导意见等政策法规，包括：国务院《国有资产评估管理办法》、原国家国有资产管理局《国有资产评估管理办法施行细则》《资产评估操作规范意见（试行）》、财政部《关于印发〈资产评估报告基本内容与格式的暂行规定〉的通知》、中评协《资产评估执业准则——无形资产》《著作权资产评估指导意见》《商标资产评估指导意见》《专利资产评估指导意见》《资产评估准则——基本准则》及国家有关部门颁布的其他相关法律、法规及规章等。正因为是这些政策法规的出台，为我国的知识产权评估业务的开展提供了法规依据。

3. 知识产权评估的产权依据

知识产权评估的评估对象要求产权清晰，关系到知识产权评估报告的合法权威。知识产权评估的产权依据一般是资产占有方享有产权的商标权证书、专利权证书、软件著作权证书、著作权证书。

4. 取价依据及参考依据

知识产权评估过程中的取价依据及参考依据一般是委托方关于委估项目的可行性报告、委托方提供的其他相关资料、评估人员收集的市场资料及其他资料。

三、价值评估原则

资产评估是以合法的评估标准与被评无形资产价值进行比较的活动。资产评估涉及评估的标准、被评估的量与评估的方法3个要素。企业知识产权评估作为无形资产评估的重要组成部分，应符合公平与合法性、科学与可行性、客观与真实性的原则。这也是知识产权评估的技术性原则。知识产权评估基本原则还包括知识产权评估的目的性原则、评估内容作用机制原则。

目的性原则是判断公平、合理的前提，评估内容作用机制原则是确保评估科学性、真实性、可行性的前提。企业知识产权评估基本原则就是这3个原则的统一组合。此外，根据企业知识产权的特殊性质，如企业知识产权作为资源在企业经营活动中投入的状况，企业知识产权评估原则还可以进一步包括以下内容。

1. 替代性原则

一般来说，购买者购买企业一种知识产权的出价不愿高于他在市场上获得它同样能达到目的、满足要求的相类似的知识产权成本。如果有可供选择的能相互替代的资产，如专利产品替代品，该项知识产权价值就会受到影响。

2. 预期收益原则

一般来说，一项知识产权的价值与它的研制成本没有正比例关系，而与该项知识产权预期或未来收益有很大关系。因此，对知识产权未来收益的预测，就成为评估一项知识产权的重要依据。另外，企业知识产权预期收益的最佳值是该项知识产权处于最佳使用时产生的。所以，评估企业知识产权价值时，还应研究该项知识产权在最佳使用时能产生的效益，而不能局限于现时利用状况。

3. 变化性原则

知识产权的价值在企业营运中受多种因素的影响，这些因素的变化趋势如何，对知识产权价值变动的影响系数有多大特别是对知识产权对于企业的获利能力有多大，是评估企业知识产权价值时必须考虑的问题。

4. 一致性原则

对企业知识产权的评估存在许多要考虑的关联因素、变量，这些关联因素与变量之间要存在合理的一致性，否则就会影响评估结果的科学性、真实性。

四、价值评估程序

知识产权的价值评估一般应按如下程序进行。

1. 明确评估业务基本事项

明确评估业务基本事项是知识产权价值评估程序的第一个环节，包括在签订评估业务约定书以前所进行的一系列基础性工作，对评估项目风险评价、项目承接与否及评估项目的顺利实施具有重要意义。需要明确的评估业务基本事项主要有：委托方和相关当事方基本状况、评估目的、评估对象基本状况、价值类型及定义、评估基准日、评估限制条件和重要假设等。

特别需要进一步说明的是，明确知识产权的评估目的，有利于确定知识产权的评估范围，有利于评估方案和评估方法的确定。例如，对于某项专利权的评估，在进行评估前，要明确是评估所有权拍卖价还是使用权出让、转让价，是独家许可还是多家使用许可等。

2. 签订业务约定书

在决定承接评估业务后，应当与委托方签订业务约定书。如果评估目的、评估对象、评估基准日发生变化，或评估范围发生重大变化，评估机构应当与委托方签订补充协议或者重新签订业务约定书。

3. 编制评估计划

评估计划的内容涵盖现场调查、收集评估资料、评定估算、编制和提交评估报告等评估业务实施全过程。评估计划通常包括评估的具体步骤、时间进度、人员安排和技术方案等内容。注册资产评估师可以根据评估业务具体情况确定评估计划的繁简程度。

4. 现场调查与收集评估资料

根据评估知识产权的不同类别，进行现场调查，并有针对性地收集有关资料。鉴于知识产权评估的特殊性，一般应当关注以下事项：①知识产权的法律文件、权属有效性文件或者其他证明资料；②知识产权能否带来显著、持续的可辨识经济利益；③知识产权的性质和特点，目前和历史发展状况；④知识产权的剩余经济寿命和法定寿命，无形资产的保护措施；⑤知识产权实施的地域范围、领域范围、获利能力与获利方式；⑥知识产权以往的评估及交易情况；⑦知识产权实施过程中所受到国家法律、法规或者其他资产的限制；⑧知识产权转让、出资、质押等的可行性；⑨类似知识产权的市场价格信息；⑩宏观经济环境；⑪行业状况及发展前景；⑫企业状况及发展前景；⑬其他相关信息。

5. 评定估算

根据评估目的、评估对象、价值类型、资料收集情况等相关条件，分析评估基本方法的适用性，恰当选择一种或者多种资产评估方法。

6. 编制和提交评估报告

评估报告是知识产权价值评估过程的总结，也是评估者承担法律责任的依据。报告书应说明拥有知识产权的公司或权利人名称、评估目的和评估基准日，说明评估价值的含义和适用条件，列出评估方法、重要参数及评定过程等。评估报告要简洁、明确，避免误导。

7. 工作底稿存档

注册资产评估师在提交评估报告后，应当按照法律、法规和资产评估准则的要求对工作底稿进行整理，与评估报告一起形成评估档案，予以存档。

五、价值评估的影响因素

知识产权作为无形资产中的一部分，与有形资产不同，有其特定的属性和特点。在对知识产权进行价值评估时，必须考虑到知识产权价值评估的影响因素，知识产权价值评估的主要影响因素包括技术因素、市场因素、风险因素、使用期限因素及政策法律因素。

1. 技术因素

技术因素指知识产权本身具有与技术相关的属性特点，主要包括技术独创性、成熟度、垄断性及应用情况等。通常，知识产权的价值与技术的独创性、成熟度及垄断性呈正相关，同时评估难度随之增加。例如，美国高通公司由于拥有 3900 多项与 CDMA 相关的技术专利，使其通信技术在全球范围内处于垄断地位。

2. 市场因素

因知识产权具有商品属性，故其价值必受市场因素影响，市场因素主要包括行业前景、市场需求、市场占有率及盈利能力。例如，柯达公司曾是世界上最大的影像产品与相关服务生产和供应商，在胶卷技术行业创造了数个行业第一，同时也是第一台数码相机的制造商，拥有 1000 多项与数码相机的相关专利，但是该公司并不看好其数码技术专利的市场价值，在对该技术及其相关专利价值进行评估时，未能正确分析评估该技术的行业前景、市场需求、市场占有率及其盈利能力，错失发展良机，最终于 2012 年 1 月 19 日申请破产保护。

3. 风险因素

对于知识产权未来收益预测的准确性，直接影响到知识产权价值的评估，而收益往往受很多不确定因素影响，使得收益的实现具有极大风险。因此，在知识产权价值评估时，风险越大，其价值就会越低；风险越小，其价值越高。相比有形资产而言，知识产权价值评估时的风险是相对比较大的，因为它一般是用于高技术智力型的资产。

4. 使用期限因素

从价值本身而言，知识产权的价值与其产生收益的年份密切相关，知识产权使用期限的长短，直接影响着其评估值。每项知识产权都有一定的使用期限。使用期限的长短，一方面取决于该知识产权的先进程度，另一方面取决于其无形损耗的大小。知识产权越先进，其领先水平越高，使用期限越长；同样的，其无形损耗程度越低，其具有实际超额收益的期限（或收益期限）就会越长。

5. 政策法律因素

国家通常运用政策及法律等手段来管理知识产权，主要包括国家税收政策、法律保护程度及年限等。例如，在美国的知识产权交易中，需向政府缴纳一定额度的财产转移税，纳税额度根据知识产权的评估价值来确定。我国《专利法》规定，专利的最长保护期限为 20 年。通常专利保护年限越长，专利的价值越大，同时专利保护的成本也越高，故知识产权评估价值受国家政策法律因素影响。因此，在对知识产权评估时，必须考虑国家法律和政策。当然，评估主体心理及行为、通货膨胀率、社会效应等因素对知识产权评估价值也具有一定影响。故在知识产权价值评估过程中，须结合具体情况进行有效、准确评估。

六、价值评估方法

评估方法是知识产权价值评估的核心，对评估结果起着决定性的作用。目前，评估方法主要包括成本法、市场法、收益法 3 种传统方法及其他新兴评估法。

1. 成本法

成本法又叫重置成本法，指通过计算知识产权在实现价值过程中的重置成本减去知识产权的各种可能贬值因素来衡量知识产权价值的方法。成本法是先对被评估资产重置成本的估测，再对被评估资产存在的各种贬值进行估测，最后将重置成本减去各种贬值就是被评估资产的价值。

成本法可以分为两种：一是复原重置成本，是指以被评估资产过去实际的开发条件作为依据，以现行市价重新取得资产所需耗费的费用求得评估值；另一种是更新重置成本，是指以目前时间点的开发条件为依据，重新获得该项资产的费用作为评估值。总之，利用成本法进行评估就是要取得知识产权获得前所实际发生的成本，以此作为其价值评估值。

成本法更适合机器设备和不动产的评估，对无形资产的适用性不强。对知识产权的评估存在以下缺陷。

（1）知识产权成果的成本无法测量

利用成本法评估需要对过去知识产权产生的成本进行测量，而专利等知识产权的技术性研发，除了在创造过程中需要的一些设备、资金的投入外，还需要创造人的时间和脑力。对于脑力劳动的时间价值和脑力价值的测度是没有标准或者说是无法测量的。

（2）投入的成本和知识产权未来带来的收益不成正比

专利等知识产权的研发是个复杂的脑力过程，可能需要大量的时间进行重复试验，即使这样还可能存在得到的不具创新特色的成果。这其中时间的宝贵性和脑力的劳动是无价的，但对于实际的成果来说，它的价值可能是零。如果研发的产品，不适用现实的生产要求的需要，不能将科研成果进行产业化，那此项创新的知识产权成果没有任何收益，其价值和研发成本完全没有关系。

2. 市场法

市场法亦为市场价格法，指通过比较被评估的知识产权与最近售出类似资产的现行价格，并根据市场将知识产权价格进行调整，从而确定被评估的知识产权价值的评估方法。市场法相对来说，对资产的评估最直接和最简便，相对而言，更适用知识产权价值的评估。

但市场法有三个必要的前提条件：一是必须存在活跃的公开市场；二是可以在活跃的公开市场上找到相同或相近的资产；三是在公开市场是有交易活动。只有满足这三个前提条件，市场法的评估结果是相对准确的。根据我国国情，知识产权交易市场的发展并不完善。活跃的公开市场的条件难以满足。就像一些商业秘密的交易可能非常保密，难以获得其交易的相关价格和细节。大部分的科技成果的出售或转换都只在交易双方私下进行，而没有相应的平台进行公开。这时的成交价可能包含很多其他利益因素的影响，其价值不能合理估计。除此之外，由于知识成果是人类脑力活动的结果，它并不是传统生产链上产品产物。因此，每个知识成果都存在不同的特点。即便存在公开市场，有大量的知识成果在交易，要找到完全相同的对照物是非常困难的。唯一可行的就是寻求功能相似的类似成果，再利用相关系数进行调整，需要考虑的有两者交易的时间因素、地域因素、领域因素及功能因素。因此，利用市场法评估知识产权价值在实际操作中也难以准确实施。

3. 收益法

收益法，又叫收益折现法，是通过运用效用价值原理估算被评估的知识产权未来可能的收益，将其折现确定知识产权价值的方法。其基本思路是投资者在购置或投资一项资产时，所愿意支付的价格不会超过他所预期该资产未来能带来的回报。理论上说，这种方法对知识产权这种能够为拥有者带来收益的无形资产的价值评估比较科学合理。知识产权带来的收益可以利用企业使用知识产权后的超额利润表示。对其进行折现，其中折现率的值是固定不变。收益法也正是最适合对知识产权进行评估的方法。

但在实际操作中，由于知识产权成果产业化需要一定的时间和过程，产品的生产往往也需要经历一定的生命周期，在不同的生命周期中，产品的预期收益和折现率并不是固定不变的。这就需要分阶段得到预期收益和折现率，再进行折现。因此，在利用收益法评估知识产权价值时，需要结合实际的动态变化，才能使评估值更贴近现实值。

4. 比例法

比例法指以有形资产作为参照物，根据无形资产在总资产中的占有比例，估计无形资产的价值。根据现实中存在的交易情况，知识产权交易过程中可能还伴随着知识产权的载体和相关配套设备的交易。在这种情况下，交易双方可以先估测总资产的价值，再乘以知识产权成果占有的比例的得出知识产权的价值。在总资产不明确的条件下，也可先对有形资产进行评估，再根据相对比例得出知识产权的价值。

5. 模糊综合评价法

模糊综合评价法是一种基于模糊数学的综合评标方法。根据模糊数学隶属度理论把定性评价转化为定量评价。它基于传统方法得出的初评结果，求得纠偏系数，对评估结果进行一定的修正。知识产权的价值有很多的影响因素，具有一定的模糊性，这就可以利用模糊数学工具将许多难以度量的因素量化，找出对知识产权价值的关键影响因素，将定性分析与定量分析相结合。这个方法在实际运用中需要征集专业人员的评价意见，才能得出相对合理的评价集，最后的评估结果才能贴近实际。

6. 竞争优势法

竞争优势法是根据知识产权对企业产品或服务竞争优势的影响提出的。主要是将获得知识产权的企业利润进行逐项分解，分析有形资产、无形资产等对利润影响。计算企业因为得到知识产权所带来的竞争优势，这样可以将由于知识产权而增加的利润从总利润中分解出，这就可以获得知识产权的价值。利用该方法进行评估在需要建立模型的前提下需要确定大量的参数，包括市场参数、企业管理参数、产品销售额、产品剩余生命、折现率等。大量参数的确定将会产生很大的工作量，参数越多，为了得到更精确的评估值，对每个参数选择的准确性要求就越高。

第3节　专利的价值评估

一、价值评估的程序

1. 签约

评估前客户需要与本公司签订协议，就评估范围、目的、基准日、收费、交付评估报告的时间等项内容达成一致意见，正式签署协议，共同监督执行。

2. 组建项目组

视评估项目大小、难易程度、组成由行业专家、评估专家，经济、法律、技术、社会、会计等方面专业人员参加的项目评估组，实施项目评估，项目组实行专家负责制。

3. 实地考察

项目组深入企业进行实地考察，考察了解企业的发展变化、经济效益、市场前景、技术生命周期、设备工艺、经济状况，查验各种法律文书会计报表，听取中层以上领导干部汇报介绍。

4. 市场调查

采用现代手段在不同地区、不同经济收入的消费群体中进行调查。有的评估工作还要进行国际市场调查，取得评估的第一手资料。

5. 设计数学模型

采用国际上通行的理论和方法，根据被评估企业实际情况设计数学模型，科学确定各种参数的取值，并进行计算机多次测算。

6. 专家委员会讨论

专家咨询委员会论证评估结果。

7. 通报客户评估结果

将评估结果通报客户，客户付清评估费用。

二、价值评估的材料

1. 企业基础资料

①工商企业法人营业执照及税务登记证、生产许可证等；②企业简介；③公司章程；④企业营销网络分布情况；⑤企业产品质量标准；⑥新闻媒体、消费者对产品质量、服务的相关报道及评价等信息；⑦其他。

2. 专利技术资料

①委托方专利产品研发情况简介、专利研制人简介；②专利证书及相关受理、转让、变更（合同）等法律文书及价款支付凭证；③专利说明书；④专利技术基本情况调查表；⑤专利产品项目建议书，合资合作意向书，可行性研究报告或技术改造方案；⑥专利技术检测报告，科学技术成果鉴定证书，专利技术检索资料，行业知名专家对技术的评审等；⑦年缴纳的专利申请费、维持费、年费等各项费用的收据、凭证；⑧行业专家对于专利技术新颖的鉴定意见；⑨专利登记簿副本。

3. 财务资料

①委托方近5年（含评估基准日）资产负债表、损益表或与专利产品相关财务收益统计；②专利产品开发研制资金投入及费用统计；③委托方未来5年发展规划；④委托方对该专利产品未来3~5年的收益预测及编制说明。

4. 其他资料

①专利产品获奖证书、高新技术企业认定证书；②专利维持年费按期缴纳承诺书；③委托方承诺书。

三、价值评估的影响因素

1. 法律因素

（1）专利权的法律状况

专利权的价值评估必须关注专利权的现时法律状态。该法律状态包括专利的产权状态和法律地位稳定程度两个方面。专利的产权状态包括发明人身份、专利的申请权和署名权、专利权归属，以及专利申请权转让、专利权转让、专利许可及专利权质押的既往历史、进出口贸易中提请海关备案的专利权登记等。而专利的法律地位稳定程度则是指专利是否有诉讼历史，是否涉及过无效宣告程序或侵权诉讼纠纷等。

（2）专利的权利类型与效力强度

专利权的价值评估必须关注各种专利权的效力强度。发明专利覆盖范围更广、保护期间更长、审批条件和程序更加严格、可靠性更强，其价值自然通常比实用新型和外观设计专利要高。

（3）专利权保护的时间性和地域性

专利权保护的时间性是指该专利权所处的保护期的不同时间段。专利权的时间性必定会影响其价值。专利权的地域性是指当在中国申请专利权的专利所涉及的产品有海外市场时，则要考虑其在海外市场的其他国家是否也进行了专利权申请，还需要考虑海外市场中其他国家专利法是否具有域外效力的条款。

（4）专利权的风险

由于专利技术是公开的，因此，专利侵权比较容易发生。尤其是没有采用专用保护技术进行保护的专利，抵抗侵权的能力很低。在法制环境尚不理想的情况下，专利技术经济价值的实现，可能会因侵权而降低，有时甚至会发生致命的损失。因此，在进行专利价值评估时，须考虑专利可能因被侵权而带来的维权成本及可能出现的市场利润率减少的风险。

（5）专利权的保护范围

专利权的保护范围需要有相关的法律文书认定。在一项发明专利的法律文书中，需要注意对所保护的权利概括的是否宽泛、宽泛的程度如何、从属权利的数量是多少、所限定的技术特征是否细化等，这些内容直接决定了专利权的保护范围，而该保护范围涉及专利权的价值。

（6）专利在专利族中的地位

当单项专利从属某一个专利族时，其价值与专利族中其他专利的价值发生联系。当该专利是专利族中的核心专利时，需要分析其与其他专利的关联程度；当该专利是外围专利时，需要分析其是否与多个核心专利发生联系，以及其与其他外围专利关系又如何。

（7）法定寿命和剩余经济寿命

专利权在法定有效期内的不同时段能够带来的回报是不同的。专利价值随着专利有效期的移动而单调增长，但与此同时，边际收益以指数级递减。由于技术的发展和市场的变化，专利的经济寿命一般远远小于专利的法定寿命。

2. 技术因素

技术因素主要包括专利的创新程度也即技术的先进程度；技术的发展阶段；技术竞争优势，即技术实施过程中存在关键的技术诀窍，技术复杂程度高，而该技术诀窍不易被分析、试验、模拟。因为技术超额收益主要体现在其垄断的收益上，技术越具有竞争优势，其垄断程度也越高，技术产品的市场占有率也会相应较高，技术产品较难替代。

3. 产业因素

（1）产业化程度

该专利可进行产业化的难易程度，实施的条件要求是否苛刻，进行产业化越容易，实施专利技术越容易进行，专利实施的可能性就越大。

（2）国家政策适应性

该专利实施所在的产业与国家产业政策一致性。只有专利与国家产业政策一致起来，才会得到国家及地方的支持，该项专利才会迅速形成产业，越是国家鼓励发展的行业，技术实施的价值越能够较快地发挥出来。

（3）产业应用范围

专利技术的现在和未来可能应用领域的大小，应用的范围越广，其价值发挥的程度越大。

（4）专利产品被市场所接受的程度

市场越需要的产品，其中的专利技术所体现的价值就越大。

4. 经济因素

专利的经济特征有：收益的垄断性、收益的不稳定性、专利资产交易的不可比性和成本界定困难。实质上，专利资产的经济特征一些是由法律特征和技术特征所导致的结果，如垄断收益，收益的不稳定。有一些则是自身的特点，如成本界定难和专利资产的交易的不可比性。尤其是成本界定难和专利资产交易的不可比性，在很大程度上影响了对专利资产的价值的准确评估。

5. 其他因素

部分行业的特殊因素如医药行业的药证、临床试验、网络安全技术的有关批准证书，对专利权价值的影响也较为重大，因为这些特殊因素是专利技术产业化实施的必备要件。

第4节　商业秘密价值评估

一、商业秘密价值的特点

1. 独立性

商业秘密的商业价值是独立存在的价值。商业价值的量与一定企业及企业的商誉相联系，与相关市场相联系，但与商业秘密的自身价值关系不大。商业秘密自身价值是固定的，但商业价值却是一个易走极端的"变量"。这个变量的变动幅度之大，是其他知识产权的价值无法比拟的。它往往是不披露则无价；一旦披露也无价。然而，实践中存在将商业价值混同于自身价值的现象。

2. 不特定性

只要商业秘密仍在保密状态下，商业秘密就有商业价值，仍然受到法律的保护。商业秘密的商业价值存在于专有技术或经营信息保密期间内，或者说在披露之前，商业秘密均有商业价值。众所周知，百年老店可口可乐公司的配方至今具有极高的商业价值。而有些信息一经销售产品，信息就进入了公知领域，就不具有商业秘密意义上的商业价值。

3. 相对性

商业秘密是无形财产，除非被披露进入公知领域，完全丧失秘密性，一般情况下，权利人仍然可以使用商业秘密，仍然可以获得市场竞争优势，只不过竞争优势被削弱，造成经济利益的"损失"。商业价值量的评价是相对的。损失又是商业秘密权利人的损失，是权利人因为被侵权而造成商业利益的减少，是基于权利人正常利益而言的，以权利人的标准来衡量损失的多少，由此反映出商业秘密的部分商业价值量。因此，商业价值量评价将局限于权利人的标准，因而也是相对的。

4. 波动性

商业秘密的价值量在不同时期是不一致的，影响商业价值量的因素应该从商业秘密在经营中的竞争作用来看，包括使用商业秘密生产出来的产品在市场的受欢迎程度、权利人本身的生产量、生产成本、管理成本、竞争者的产品市场认可度等因素，这些影响因素是不断变化的，商业秘密的商业价值也就不是一成不变的，而是波动起伏，这正是商业价值量的一种表现形式，并以"盲目起作用的平均规律来为自己开辟道路。"商业秘密的商业价值在不同时期确认的量不同，因此，要么分别计算不同时期量的大小，要么取得平均系数来确认商业价值量。

二、商业秘密评估的意义

商业秘密是企业十分重要的无形资产。在市场竞争中，商业秘密对企业获得独特的竞争优势，具有十分重要的意义。作为一种重要无形资产和经营战略武器，商业秘密也可以通过许可使用、转让、投资入股、质押融资等多种形式进行市场运营，为企业无形资产保值增值做出贡献。在这些情况下，企业都有必要对其拥有的商业秘密的价值进行评估。通过评估企业商业秘密价值，有利于促进企业商业秘密尽快实现商品化、产业化，促进商业秘密特别是其中的技术秘密成果转化，使商业秘密由潜在的生产力转化为现实的生产力。同时，由于商业秘密评估是企业在某一时点上对其公允价值进行的评定和测算，它能够为企业特定的商业秘密提供比较合理的价格，从而能够为企业商业秘密产权变动提供价格基础，有利于实现企业产权交易。

三、商业秘密评估的原则

商业秘密是企业拥有的无形资产，因此，前面关于无形资产评估的一些基本原则也适用于对企业商业秘密的价值评估。但是，和其他无形资产评估相比，商业秘密评估也具有自身的特殊性。一般来说，企业商业秘密评估除遵守无形资产评估的一般原则外，还应重视以下原则。

1. 技术经济寿命原则

企业商业秘密与专利权、商标权、著作权等知识产权具有的显著区别是，其受法律保护的期限取决于企业对其拥有商业秘密的保密程度。保密措施得当，理论上说该保护期具有无限性；保密措施不当，那么保护期将从该商业秘密被泄露之时被终止。当然，商业秘密权人有权依照法律的规定追究非法泄密者的法律责任，那是另外一回事。商业秘密评估的价值会因技术经济寿命不同而有很大不同。

2. 行业对比原则

企业所在的行业中，该商业秘密的应用价值、使用范围大小，以及行业内开发该商业秘密的概率大小等都会影响该商业秘密的评估价值。

3. 立足于预期效益原则

企业商业秘密的价值与其在企业生产经营中运用获得经济效益直接相关，而与研制、开发成本之间没有直接联系，因此在一般情况下应立足于预期效益原则。

四、商业秘密评估的影响因素

与专利权、商标权和著作权这些典型的知识产权相比，商业秘密具有较多的不确定性。例如，除前文提到的保护期限外，商业秘密还缺乏事实上的完全独占性，因为法律既不排除通过独立研究开发取得同样的商业秘密，也不排除通过反向工程的方式"破译"该商业秘密。因此，在评估企业商业秘密价值时，需要全面考虑一些相关因素。

1. 商业秘密的先进性和成熟程度

商业秘密的先进性和成熟程度直接反映了该商业秘密的应用价值。显然，技术先进、成熟度高的商业秘密，其评估价值相对来说较大。技术先进但成熟度不高的商业秘密，则因受到技术市场化风险的影响而影响评估价值。

2. 商业秘密的经济寿命

商业秘密特别是其中的技术秘密，其经济寿命直接影响到该商业秘密的市场开发和拓展。即使商业秘密尚未有泄密现象，但一旦经济寿命到期，被更先进的技术替代，那么该商业秘密将无价值可言。因此，确定其经济寿命即合理有效的使用年限是必要的。

3. 商业秘密的保密程度

商业秘密的保密程度决定了商业秘密事实上的保护期。保密程度高则可以延长保护期限，反之亦然。因此，评估企业商业秘密价值应考虑企业采取的商业秘密保密程度。这可以从商业秘密保密措施、该商业秘密本身被泄密的难易程度、商业秘密的应用范围等方面确定。

4. 商业秘密获取专利的可能性

商业秘密获取专利的可能性，是指其中的技术秘密而言的。将商业秘密申请并获得专利，对拥有该商业秘密的企业来说，可以增强该商业秘密的评估价值；但对于其他人来说，同样的商业秘密被他人申请、获得了专利，将极大地削弱企业对该商业秘密的评估价值，因为商业秘密被其他人申请、获得了专利意味着企业将不能以之作为独立的产权转让、许可，而且除非符合先用权条件，否则在他人获得专利后，企业自己也不能再使用该已成为他人专利的技术。在实践中这种可能性是存在的，因为随着技术进步和市场情况的变化，企业所拥有的商业秘密会被更先进的技术所替代。从这里也可以看出商业秘密保护的局限性。

5. 商业秘密的市场应用前景、产品与市场范围

商业秘密的市场应用前景、产品与市场范围大，将提升企业商业秘密的价值，而市场应用前景、产品与市场范围小的商业秘密，其获利能力和水平受到较多限制，因而其评估价值将减少。因此，评估企业商业秘密时，预测市场情况，包括市场需求、市场占有率、同行业或同类产品竞争情况是有必要的。

6. 商业秘密创造性程度及被他人独立开发或实施反向工程的可能

商业秘密的创造性程度直接影响到该商业秘密在事实上的独占性。一般而言，创造性程度不高的商业秘密，其被他人独立开发或以反向工程形式破译的可能性较大，创造性程度越高，则这种可能性越小。

7. 商业秘密的发展情况

如果市场上同类性质的商业秘密更新换代快、市场可替代的技术多，那么商业秘密的价值就将大打折扣，反之则可以抬高商业秘密价值。

8. 运用该商业秘密给企业带来的预期经济收益

预期收益是商业秘密价值的主要评价指标。企业需要预测在何种规模下该商业秘密的应用可能产生的经济收益。评估这种经济收益主要是测定该商业秘密的预期获利能力。企业需要通过分析该商业秘密有关资料，确定该商业秘密的直接获利能力和间接获利能力。

在对上述因素加以考虑后，需要针对该商业秘密的性质进一步分析，即该商业秘密是技术秘密还是经营秘密。无论是哪种性质的商业秘密，都需要进行市场、收益能力和投资可行性分析。以市场分析而论，包括使用该商业秘密的产品和技术市场需求总量、市场占有率和市场风险分析等；就收益能力分析而言，需要明确测定未来合理有效期限内的生产规模、产量、销售价格、成本、销售利润等；就投资可行性分析而言，主要是在有关参数和指标的基础之上，结合投资目标和环境，分析投资风险和收益。如果是技术秘密，还需要专门进行技术现状和发展趋势的分析，例如，该技术秘密目前处于技术寿命周期的哪一阶段、该技术秘密是否已经过工业化试验阶段而不再需要进行二次开发等。

五、商业秘密评估的方法

商业秘密的评估方法，特别是其中的技术秘密评估方法，和专利技术评估方法比较相似。一般来说，可采用以下方法进行评估。

1. 成本法

成本法中的重置成本法在适当的情况下可以用于评估企业商业秘密的价值。它是在现有的技术和市场条件下，将开发同样的商业秘密所需要投入的成本视为商业秘密的价格的方法。

2. 成本收益法

这种方法既不同于成本法，也不同于收益现值法。其适用具有一定的范围。例如，在企业商业秘密还处于发展阶段而不太成熟时，该商业秘密获取收益的能力还不够高，但开发该商业秘密的成本却相当高昂。在这种情况下，适用成本收益法比较合适。又如，企业在改变经营方式或者以转让为目的评估其拥有的商业秘密时，也可以适用该方法。其基本计算方法是，在各项成本的基础之上，再加上一定期限内预期收益作为该商业秘密的评估价值。

3. 收益现值法

收益法评估企业商业秘密是将商业秘密在合理有效期内，预期创造的总收益以适当的折现率折现，再经过累加后确定该商业秘密的现时价值。即通过被评估商业秘密未来合理有效期限内收益折算成评估基准现值，进而得出商业秘密评估价值的方法。收益现值是未来特定时期内企业商业秘密预期收益折算成当前价值的总金额。在确定企业商业秘密收益现值时，需要考虑是否符合以下条件：被评估的商业秘密存在可以用货币量化的潜在收益；在预期收益期限内商业秘密的风险是可以确认的。企业商业秘密预期收益的确定，可以结合企业资产财务状况分析，如资产负债表、损益表、财务状况变动表和成本费用表，预期收益的时间一般不少于5年。

第5节　商标的价值评估

一、商标价值评估的特点

商标价值评估是根据特定目的，遵循公允、法定标准和规程，运用适当方法，对商标进行确认、计价和报告，为资产提供价值尺度的行为。

1. 现实性

商标价值评估以评估基准期为时间坐标，按这一时点的市场、环境、商标信誉及其预期对资产进行评价。

2. 市场性

商标价值评估是以模拟市场为依据，以商标市场和本金市场为参照系，对商标价格属性做重新描述。商标的评估结果的有效性按市场标准检验。

3. 预测性

商标价值评估以在未来时空的潜能来说明现实，例如，用预期收益来反映商标的现实价格。

4. 公证性

商标价值评估行为对于评估当事人具有独立性，它服务于商标业务的需要，而不是服务于相互矛盾的商标业务当事人任何一方的需要。

5. 咨询性

商标价值评估结论是为资产业务提供专业化评估意见，这个意见本身无强制执行的效力。

二、商标价值评估的范围

商标能够开拓并代表其所附着商品或服务的市场，它标志着生产者或经营者的技能和经营管理水平，体现着企业文化。因此，商标本身逐渐成为可供交换的商品。在发生市场交易活动时，一项商标究竟蕴含多大的财富，就需要对其价值进行评估。一般而言，发生下列几种情况可对商标价值进行评估。

①商标权出售或商标使用许可。

②信贷担保及抵押。

③计划纳税，无论是商标权转让、放弃、赠与，公司间的转让价格都要估计内在的收入税和其他规定必须交纳的税款。

④破产和企业整顿。

⑤侵权诉讼和争议解决，包括商标侵权、假冒、税收争议、征用、没收等赔偿额确定。

三、商标价值评估的程序

1. 明确商标价值评估的目的

常见的商标价值评估目的有：①企业重组及合资前价值评估；②商标转让；③债务融资；④企业破产清算；⑤商标许可；⑥纳税计划与执行；⑦侵权诉讼支持及争议的解决。

2. 确评估对象和范围

3. 制订评估方案

4. 收集评估所需要的资料

5. 对收集的资料进行整理分析，选择合理的评估方法进行计算

6. 作出评估结论，出评估报告书

7. 评估机构将审定后正式的商标价值评估报告书、专家鉴定证书、证牌送交被评企业

四、商标价值评估的材料

1. 企业概况

企业概况包括：①企业发展历史沿革、经营现状及预期状况，经营业绩（特别是近5年），知名度与美誉度；②企业生产经营概况，包括企业主要产品质量、产量、工艺流程、产品和企业所获荣誉、经济效益；③企业体制、构成、管理水平、文化素质；④企业法人营业执照。

2. 商标概况

商标概况包括：①商标注册的时间、注册地点、注册号、保护内容、使用范围及商标的种类，有无其他商标（包括名称）；②商标的法律诉讼情况，商标的知名度，商标有无参加有关的国际性公约、协定（附件说明）等；③商标的文化、内涵（汉字、拼音、图形）及有无国际注册；④商标注册有关的法律性证件，包括注册证书、营业执照、进出口许可证、专营权、生产许可证；企业的商标、专利权证书。

3. 企业财务及生产经营资料

企业财务及生产经营资料包括：①前 5 年的资产负债表、损益表；②企业产品质量、产量、工艺流程、出口历史及展望；③企业固定资产折旧方法、固定资产原值、固定资产净值、固定资产技术改造计划、固定资产预计残值；④企业的经营战略（长期规划），特别是今后 5 ~ 10 年的长期规划；⑤今后 5 ~ 10 年财务数据预测，包括销售、生产预测，生产成本（制造成本、期间费用、管理费用、销售费用、财务费用）预测，折旧及税金，损益预测；⑥国内、国外同行投资收益、平均成本利润率、资金利润率；⑦销售（营业）税金、销售（经营）成本、销售（经营）费用和利息支付（财务费用）占销售（营业）收入的比例，现状及变化趋势，折旧占销售（经营）成本的比例；⑧营业外收入、营业外支出的项目及变化趋势；⑨企业使用的税种、税率，享受哪些税收优惠，上缴利润情况；⑩今后 5 年各年新增投资，各年固定资产净追加计划，企业发展受相关行业的影响，购销合同、合作协议、租约等，企业所持有无形资产的内容、概况。

五、商标价值评估的影响因素

1. 商标是否已核准注册

商标评估即是商标专用权的评估，而商标专用权是注册商标所有人专享的权利，只有注册商标的评估才有价值和意义。未注册商标虽然也体现一定的经济价值，但由于权属未定，法律不为其提供必要的保护（驰名商标除外），故而没有必要对其经济价值予以确权。因此，进行商标评估时首先必须要确认其是否注册、注册的国别、商标权人及注册的范围。

2. 商标的使用情况

（1）商标在生产经营活动中是否仍在使用

根据我国《商标法》规定，注册商标连续 3 年停止使用，就会被商标局撤销。被撤销的注册商标，不再受法律保护，原商标所有人不再享有商标专用权。丧失了注册商标专用权，也就失去了商标评估的对象。

（2）商标核准注册的商品使用范围与实际使用范围是否一致

已经注册的商标，存在着其使用范围是否符合注册范围的问题。对于超出使用范围的部分，评估人员应给予特殊的考虑。我国《商标法》第 56 条规定："注册商标的专用权，以核准注册的商标和核定使用的商品为限。"这意味着，商标权只有在核定的商品上使用时才具有法律效力，超出这个范围则不具有专用权。对于超出使用范围的部分所带来的经济收益不应计入商标权的预期收益额中。

（3）商标的附属权利情况

如果商标所有人已经许可他人使用该商标，或者已经用该商标作质押担保，由于该商标专用权受到限制，评估时则应适当扣除价值。但对于许可他人使用商标使得商标附加经济价值（如知名度）有所提升的，应在评估时增加相应的价值。同时，之前每次的许可费也可作为商标评估的依据。

（4）商标产品的市场占有率及发展趋势

商标产品的市场占有率及发展趋势反映商标的市场领导力及其稳定性。市场占有率越大，商标所承载的"商誉"越高，其内在价值也就越高。

3. 商标是否已届满争议期

因世界大多数国家商标法都规定，对于已经获准注册的商标，从其获准注册之日起一定期限内为争议期。在该争议期内，任何人如果认为该商标的注册违反商标法的有关规定或者是采取欺骗手段或其他不正当手段取得注册的，可以向有关部门请求撤销该注册商标，我国《商标法》规定的争议期限为5年。在争议期间届满后，除"恶意"获得注册外，不得再对已获注册的该商标提出撤销要求。这样，已满争议期的注册商标和未满争议期的注册商标在价值评估上就会有很大的差距。

4. 商标是否接近续展期

接近保护期末的商标，其价值具有很大的不稳定性。依据通行做法，商标评估一般以年平均超额收益值乘以商标专用权的有效年数，这样，商标有效期限越接近续展期，商标的价值就越低；同时要明确，商标转让时若已接近续展期，应由哪一方再去办理续展手续。此外，还要注意，注册时合法的商标，续展时是否也合法、是否能获准续展。

5. 商标是否驰名

对于商标的评估，一般只能评价能带来超额收益的知名商标。名牌普遍具有较强的超价值创利能力。由于驰名商标受法律的特殊保护，其法律地位上的优势，普通商标不能与之相比。在实行注册主义的国家里，原则上只给注册商标予以保护，但对驰名商标而言，即使未注册也给予保护；对于驰名商标的保护可以扩展到非类似商品（服务）上。鉴于此，驰名商标在法律上受到特殊保护的优势使之在评估起点上应区别于普通商标，再加上驰名商标在经济上的价值与功能，其评估价值自然不菲。

6. 商标设计的艺术价值

好的商标同时又是一件艺术品，简洁大方、富有艺术性的商标能给人以美的享受，使公众乐于接受。具有显著性甚至含有某种寓意、富于特色的商标便于传播。因此，商标的艺术价值也是确认商标经济价值的内在因素之一。

六、商标价值评估的意义

20世纪90年代，为了查清国有资产的家底，我国才开始重视起知识产权的评估。我国内地首例商标评估，是1993年对青岛啤酒股份有限公司拟上市"青岛"啤酒商标的评估，评估值为2.07亿元。近年来，商标在企业经营过程中作用不断增强，其自身也在推销商品、拓展市场中形成一种不容忽视的无形资产，且作为长期资产的性质被越来越多的人所认识和接受。因此，商标评估的重要性也受到广泛的关注，它的意义主要体现在以下几个方面。

1. 商标价值评估有利于企业长远发展

当今社会，商标评估越来越频繁地出现在经济生活中。企业的股份制改造、合资、联营、兼并、拍卖、转让、资产抵押等大量活动，都需要对商标价值进行评估。对商标进行评估，不仅有利于企业摸清自己的家底，而且还有利于企业确定未来的发展战略。1994年"全聚德"商标价值评估为2.69亿元，这为全聚德集团公司在国内外投资及商标使用许可、转让提供了可靠的依据。同时，企业的发展需要注入大量的资金。商标权评估后，可以凭法定评估机构出具的证书到银行申请商标权质押贷款。企业利用这笔资金，可以进一步提高产品质量，壮大生产和经营规模。

2. 商标价值评估有利于企业投资入股

商标权评估作价后，企业可以充分利用这一无形资产进行投资入股。对于出资方来讲，用商标权投资可以减少现金支出，以较少的现金投入获得较大的投资收益；可以扩大使用注册商标的商品或服务项目的生产经营规模，进一步提高商标信誉。对于接受商标权投资的企业来讲，商标权资本化可使其直接获得名牌商标的使用权，避免了自身开创品牌可能带来的风险和时间上的损耗，利用其获取的品牌迅速打开市场，扩大生产经营接受商标权投资，也可促使企业严格依法使用注册商标，提高经营管理水平和商品或服务质量，扩大经营范围，增强企业产品或服务的市场竞争力。

3. 商标价值评估有利于企业维护其合法权益

商标权评估后，在商标的侵权诉讼和商标的行政保护中，有利于企业对假冒侵权行为造成的损失进行量化、认定赔偿额，不仅为商标权人打假维权提供索赔依据，而且有利于维护企业的合法权益。

第6节　其他知识产权价值评估

一、版权价值评估

1. 版权的概念

版权是指文学、艺术作品和科学作品的创作者依照法律规定对这些作品所享有的各项专有权利。

2. 版权的特征

（1）自动保护的原则

著作权和计算机软件版权登记不是版权产生的前提，但是有一个法律的初步证据。

（2）版权经济权利的多样性

版权中的经济权利有复制权、发行权、出租权、展览权、表演权、放映权、广播权、信息网络传播权、摄制权、改编权、翻译权、汇编权、出版者对其出版的图书或期刊的版式设计的权利、表演者对其表演享有的权利、录音录像制作者对其制作的录音录像制品享有的权利、广播电台及电视台对其制作的广播电视所享有的权利、应当由著作权人和与著作权有关权利人享有的其他权利。

（3）法律特征

版权是自动获取的权利，但是同时受保护期等限制。

3. 版权价值评估对象

构成分析版权价值评估对象是《著作权法》中所规定保护的各种经济权利。

4. 版权的保护期

①作者的署名权、修改权、保护作品完整权的保护期不受限制。

②公民的作品，其发表权、使用权和获得报酬权的保护期为作者终生及其死亡后50年；如果是合作作品，截止于最后死亡的作者死亡后50年；单位作品保护期为首次发表后50年。

③计算机软件的保护期限，属于自然人所有的，同上，属于法人或者其他组织所有的，保护期50年，截止于软件首次发表后第50年的12月31日，但软件自开发完成之日起50年内未发表的，本条例不再保护。

④电影、电视、录像和摄影作品的发表权、使用权和获得报酬权的保护期截止于作品首次发表后的50年。

5. 版权价值的影响因素

①版权作品作者和著作权权利人。

②版权评估对象包含的财产权利种类、形式及权利限制，包含时间、地域方面的限制及存在的质押、法律诉讼等权利限制。

③与版权有关的权利和相关的专利权、专有技术和商标权。

④版权作品的类别。

⑤版权作品的创作形式。

⑥版权作品题材、题材类型等情况。

⑦版权的保护范围。

⑧版权作品创作完成时间、首次发表时间。

⑨版权作品创作的成本因素。

⑩所实施的版权保护措施、保护措施的有效性及可能需要的包含成本费用等。

⑪版权剩余法定保护期限及剩余经济寿命。

⑫版权作品发表后的社会影响、发表状况。

6. 评估需要的材料

（1）版权的可行性研究报告

内容应包括如下部分：①任务依据与背景（方案论证）；②本项著作权的介绍；③经济评价与财务评价；④如准备投资，应提出投资年度计划；⑤如版权已转换为产品，应提供3年（或3年内）的财务报表；⑥版权的收益期和预期收益额有关情况，包括版权持有人的经营管理能力、技术更新和新产品开发能力、版权的获利能力和收益水平等。

（2）版权的成果鉴定资料及有关部门颁发的证书、证明或奖励及有关单位的批复文件的复印件。

（3）产权者证明

包括：①如企业，则提供企业法人营业执照复印件；②如自然人，则提供资产权益者身份证复印件。

（4）版权的具体内容

包括名称、内容、领域，真实性、有效性、先进性、垄断性、成熟程度，所经过的鉴定、验证等。

（5）版权的使用情况

包括版权需具备的一些相关的基础条件、启用时间、使用范围、使用权和所有权转让情况。

二、专有技术价值的评估

1. 专有技术

专有技术，又称非专利技术、技术秘密，是指未经公开、未申请专利的知识和技巧。

专有技术的特点：①实用性；②新颖性；③价值性；④保密性。

2. 专有技术与专利技术的区别

①专有技术具有保密性，而专利技术则是在《专利法》规定范围内公开的。

②专有技术的内容范围很广，比专利技术广。

③专利技术有明确的法律保护期限，专有技术没有法律保护期限。

④对专利技术的保护通常按《专利法》条文进行，对专有技术保护的法律主要有《合同法》《反不正当竞争法》等。

3. 影响专有技术评估值的因素

①专有技术的使用期限。

②专有技术的预期获利能力。

③分析专有技术的市场情况。

④专有技术的开发成本。

4. 专有技术评估需要的材料

①委托方及资产占有方的身份证件（单位营业执照证件或个人身份证）。

②专有技术的总结报告，包括开发历史、参加人员及开发费用情况。

③专有技术的转让和评估情况，包括转让地区、转让方式、转让价格、评估时间、评估价值。

④专有技术的技术检测报告、技术鉴定报告。

⑤项目可行性研究报告。

⑥专有技术产品简介。

⑦该技术产品的生产、销售状况（包括本技术产品名称、生产销售数量、价格）。

⑧重要的销售合同及销售网络情况。

⑨专有技术保密、保护情况（保密措施、合同等）。

⑩近3年财务报表。

⑪有关政府批文。

⑫资产占有方管理方面的资料，包括：①企业合同、章程、简介、企业基本情况表；②企业会计制度或会计核算方法；③内部管理制度（包括生产经营、劳动管理、工资奖励、劳保福利及财产物资管理制度等）；④董事会关于与经营管理和财务会计有关的重要问题的历次决议及决定。

三、计算机软件价值的评估

1. 计算机软件价值评估的特殊性

①可行性研究报告和软件技术鉴定书是其价值评估的重要依据。

②权属关系必须要明晰。如计算机软件登记证书、软件产品登记证书、鉴定书、专利证书、海关备案公告、商标权证书等。

③计算机软件的新颖性、创造性和实用性是评估中应予关注的核心内容。

④由于计算机软件除受《著作权法》的保护，同时还受到《专利法》等法规的保护，所以计算机软件价值评估有别于商誉与商标等无形资产的价值评估。

⑤计算机软件评估一般是针对具体的软件应用者、软件的使用范围、使用规模及用途等加以评定估算。

2. 评估所需的材料

①企业法人营业执照及税务登记证。

②计算机软件著作权登记证书、软件产品登记证书、软件技术性能及功能评测报告（中国软件评测中心）或有关软件技术鉴定书、海关备案公告。

③已注册商标的商标注册证书、已授权的专利证书。

④软件开发及投资的可行性研究报告、项目建议书，包括：a. 投资规模、资金来源与资金运用、投资回收方式及回收期；b. 软件产品规模及预期经济效益；c. 人员结构：类别、数量、水平；d. 资源情况：技术资源及客户资源；e. 产品技术经济寿命周期和市场占有率、风险等情况；f. 社会对该计算机软件的认同及评价。

⑤同类软件开发商现有开发能力及市场规模、性能与售价比较，主要竞争对手名单。

⑥高新技术企业证书及软件产品获奖证书。

⑦委托方承诺书。

第 10 章　知识产权运营管理

第 1 节　尽职调查

一、概述

尽职调查，又叫审慎调查、资信调查、信用调查，一般是指交易当事方对于交易对方主体、交易标的等进行的适当的调查和评估。知识产权的尽职调查是通过收集目标企业的知识产权资料并分析预期的收益与风险，为投资者提供详细的知识产权信息。知识产权的尽职调查不仅仅是对所有知识产权的列表，也应对各权利的保护内容及范围、关联合同进行调查。尤其是对于以获取知识产权为目的的并购，知识产权的尽职调查更加重要。如果不对目标企业的知识产权进行恰当的调查，交易结束后，投资者可能会发现并没有真正取得目标企业的知识产权，或者其所有权已经被转让，或者被第三方的利益或诉讼所累。

对于拥有竞争优势的知识产权的并购目标企业，并购的前提是并购后能够继续保持这种竞争优势地位。通常来说，竞争优势一般是多种因素共同作用的结果，在并购拥有先进技术的企业时，不仅要确认该企业是否拥有该专利，更要考察权利范围，以及是否利用了其他企业的基本专利等内容。另外，由于存在无效宣告制度，即使权利存在也还是有可能发生纠纷而导致无效。因此，要从多个因素和各个侧面考察目标企业的专利组合是否完整。为了在并购后尽可能的继续保持专利权的有效使用状态，还需要探讨企业与员工的关系、企业规章、与合作方之间的合同、内部管理体制等，确保知识产权的完全转移。如果存在移转所不能避免的风险和损失，则需要将该损失的部分在其收购价格上体现出来。因此，尽职调查就显得尤为重要。

二、尽职调查的应用

在商业实践和法律实务中，尽职调查的过程中越来越多涉及知识产权的相关内容。当尽职调查的内容涉及知识产权时，需要进行相关的知识产权的检索与分析。主要目的是了解知识产权的法律属性、技术属性与经济属性，达成对知识产权价值的认知。表 10 - 1 列举了部分涉及知识产权尽职调查的场合及其调查重点。

表10-1　知识产权尽职调查的场合及重点

尽职调查的应用场合		主要调查范围	调查重点
企业收/并购过程中	股权收/并购	相关知识产权的所有权	确定目标企业的实质性知识产权及实质性知识产权的所有权
	资产收/并购	资产中的所有知识产权	发现知识产权瑕疵、评估知识产权价值
技术引进或转让		交易清单中的知识产权	发现知识产权瑕疵、评估知识产权价值
知识产权投资		投资所涉及的知识产权	知识产权的法律属性、技术属性和经济属性对投资风险的影响
知识产权示范企业申请		企业所拥有的知识产权	知识产权权属的真实性、知识产权有效性
国有企业资源整合		相关企业所拥有的知识产权	相关企业知识产权的互补性

三、尽职调查的范围

1. 特定知识产权的所有权或对其实际控制程度

对任何形式的注册知识产权，首要的问题是要到相关政府部门查阅其所有权登记状况，并确定其所有权与目标企业一致，因为在很多情况下，具有重要价值的知识产权并不属于目标企业所有，而是由其附属企业或关联企业所有。而且，如果某一特定的知识产权是受让的权利，转让方与受让方之间的转让文件要能够清楚地前后衔接。例如，要查证目标企业的知识产权是否许可给他人或者是由他人许可使用，还需要了解以下情况：①许可或被许可的权利的类型，是独占许可、排他性许可还是普通许可；②许可或被许可使用的地域范围及商品或服务的范围；③是否允许转让许可；④许可或被许可使用的期间。许可协议的任何上述条款都可能会对预期进行交易的知识产权价值产生重大影响。

2. 预期进行交易的知识产权的价值和独占使用范围

查清预期进行交易的知识产权对于交易对方的战略价值及该知识产权在市场上的独占地位是有效进行尽职调查的另一个关键因素。首要的任务是预期投资者应该了解目标企业所使用的关键专利、商标或版权的生命周期，并确信目标企业股权投资基金已缴纳为保持这些无形资产有效的维持费用及提交了维持相关权利的必要文件。对目标企业是否及如何在海外市场保护其知识产权权利也要给予考虑。知识产权具有地域性，其保护范围以国家为基础而变化，预期投资者应该了解目标企业是否能在域外扩展其知识产权的保护及该种扩展的范围。

3. 潜在的责任风险

在尽职调查中，还需要从目标企业的竞争者和第三方的角度，来评估竞争者或第三方向目标企业提出侵权的潜在风险。通过评估，采取一定的措施，将对第三方造成侵权的风险降低到最小。尽职调查需要对于目标企业已经注册的知识产权（包括专利、商标等），以及未注册的知识产权（包括专有技术、商业秘密等）进行全面调查，如果这些信息不能从目标企业直接获得，则需要进行相关权利检索，或者通过走访研发中心、工厂、仓库等现场调查方式获得更为详细的信息。

四、尽职调查的信息

在知识产权尽职调查过程中所要收集的主要信息包括：①所有等待授权的国内和国外专利申请的名单和复印件；②公开出版物或发明披露知识产权信息目录；③与知识产权相关的所有内部或外部文件复制件；④获得和维持知识产权的政策和程序；⑤专利授权以后申请和备案相关的所有活动记录、所有停止和终止信息；⑥所有过去、现在与未决知识产权诉讼相关的沟通信息；⑦对目标企业业务具有实质意义的技术分类；⑧企业控制或使用的程序属性目录；⑨企业持有或正在追诉的版权注册、未决申请；⑩所有具有版权性质的材料包括软件和企业业务记录文件；⑪所有商标、服务标识、商业名称、企业的口号和标识；⑫企业所有现在使用的商标的描述；⑬与企业知识产权相关的所有档案；⑭所有研发协议及与企业的技术或知识产权相关的其他协议；⑮企业与企业员工之间的《员工保密及竞业禁止协议》。

五、尽职调查的方法

①通过对注册知识产权权利组合的审查以获得对目标企业所拥有的或使用的注册知识产权的全面了解。如果这些信息不能从目标企业内部获得，则需进行相关的注册权利检索，并进行分析以查明特定的知识产权是否存在及其所有权归属、权利存续期间及其他主要特征。

②通过对未注册知识产权权利的审查以获得对目标企业所拥有的未注册知识产权权利（如专有技术、产品或商业秘密）的全面了解。如果不能从目标企业内部获得相关信息，则需走访相关人员以获得目标企业的知识产权战备及执行程序员等相关信息。然后，通过走访研发中心、工厂、仓库等真正交易发生场所等现场调查的方式获得更为详细的信息。

③基于通过前述方式获得的信息来评估注册或未注册知识产权权利的保护状况。

④对知识产权法律权利的审查包括所有权证书、与雇员的关于知识产权权利归属合同、委托研究的研发费用支付、权利归属约定及注册权利的维持费用负担等，来分析目标知识产权的权属状况及实际受益人。

⑤通过对上述所获得的信息的分析及走访有关知情人来审查包括对许可协议、技术协助协议、联合开发协议、代理制造协议、秘密及未被披露的协议对确定目标知识产权的开发链。

⑥通过对目标企业知识产权保护政策的审查得出能否获得及增加目标知识产权保护的机会。

六、尽职调查的步骤

1. 掌握股权投资基金目的

股权投资基金律师首先要与投资方讨论股权投资在知识产权方面要达到的商业目的和未来的商业计划，必须清楚地了解客户期望从此次交易中获得何种资产和对这些资产的使用方式。当然，股权投资基金律师主要关注的是专利技术、商标和著作权等无形资产。根据投资的目的，律师工作才能有的放矢，完成对知识产权的尽职调查，就该交易能否满足客户要求提交报告。

2. 审查股权投资的交易结构

股权投资中的知识产权问题相对简单，交易成本较低。因为在股权投资中，目标企业拥有的所有资产将自动转移给买方。但即便如此，仍然需要审查以上事项：目标企业是否真正拥有或者有权利使用那些运营某种商务必不可少的知识产权资产；目标企业股权控制的改变是否终止了某些重要的知识产权许可；资产并购中的知识产权问题则相对较复杂，不但要确认目标企业对每一个专利、商标、版权、域名等知识产权是否拥有所有权或使用权，还必须弄清楚其是否有权转让或许可他人使用，转让和许可是否要受限于某些特定条件，同时在交易过程中还需要针对目标企业每一个知识产权准备单独的转让或许可协议，必须考虑不同国家对协议的条款和生产有不同的要求，例如，要求相应的知识产权当局批准或备案等。

3. 审查知识产权的有效性

对所涉专利问题，要注意审查企业是否按时缴纳专利年费以维持其专利权的有效性，必要时可通过查询专利登记簿来确定尽职调查的法律状态，审查其是否在申请中还是已被授权，或因其他原因失去专有权。特别要注意审查商标有效期及其是否在期限届满前申请续展并获批准。

4. 厘清知识产权的真正权利人

以专利为例，以目标企业作为申请人或专利权人申请的专利，可能是其员工发明的，需要审查劳动合同中对此是否有约定。如果有约定，就要根据劳动合同中的约定确定谁拥有专利；如果没有约定，则应根据《专利法》的相关规定来确认其是否属于职务发明及确定其归属。有时也需要审查发明人与目标企业的关系（在发明人不是目标企业员工的情况下），也许发明人才是真正的权利人，而表面上的专利权人并不真正拥有该专利。对于合作开发和委托开发的专利技术，首先审查是否有双方约定，有约定的，在不违法的情况下，从其约定；无约定的委托开发，专利权属于受托方，无约定的合作开发，专利权属于合作各方共有。对于共同拥有专利的情况，一定要审查双方的合作合同，审查相互之间的权利义务，尤其是审查对专利转让是否有限制性的规定。著作权的归属与专利权有一些差别，例如，职务作品的著作权由作者享有，单位只有权在业务范围内优先使用。只有主要利用单位的物质技术条件创作，并由单位承担责任的工程设计图、产品设计图、地图、计算机软件等职务作品，或者是有合同约定时，职务作品的著作权才属于单位。合作作品的著作权由合作作者共同享有，不能通过合同来约定由其中的一方享有。在此要特别重视委托开发和合作开发中知识产权的归属问题。由于著作权无须登记注册就生效，因此有时企业并不拥有著作权却误认为自己是著作权人。因此，企业是否真正拥有著作权，往往还需多方核查。如果某产品是与他人合作开发，合作合同中关于著作权归属又无清晰的界定，就存在发生纠纷的可能。

5. 审查知识产权的范围

通过审查知识产权的范围，确定是否符合客户并购的目的和是否能够有效地为客户所实施。以发明专利为例，做尽职调查时不仅要看目标企业是否拥有发明专利，有时还要研究发明专利的保护范围。由于专利的权利要求书写得不完备，而使收购企业放弃收购的事例也并不少见。权利要求书不完备会使专利保护范围过窄，令竞争者很容易绕过该项专利，在市场上形成激烈的竞争。遇到这种情况，该专利预期的长远经济价值和战略价值就不会像并购时的市场表现那样好。一旦竞争对手通过研究已经公开的专利说明书，找到替代专利的方法，其竞争优势将不复存在。另外，对于并购中特别重要的专利或待颁布专利，不但要研究其授权状态或授权后被宣告无效的可能性，还要弄清楚，即使拥有该项专利后，该专利的实施是否仍然需要从竞争企业获得其他核心专利的许可。如果存在这种可能性，就必须对收购价格及收购的必要性重新作出评估。在尽职调查中，商标的审查重点在于审查目标企业的商标所核准注册的商品范围是否覆盖了客户所要从事的商业范围，目标企业是否拥有客户所期望开拓的海外市场的商标专用权。要区分目标企业拥有的是商标专有权还是从第三方处获得的商标使用权，如果是后者，还要审查目标企业是否有再许可的权利，如果没有，就要设法从原始商标持有人处获得商标许可，否则并购可能流产。在股权收购时还要注意，在商标许可协议中是否有股东变更后商标许可将会收回等类似规定。假设某公司并购联想下属的某子公司的资产，其目的就是使自己的计算机贴上"联想"的商标出售，但事实上该子公司只有"联想"的商标许可使用权，并没有权利许可他人使用"联想"商标，这时并购的目的就不能实现。

6. 考察目标企业是否存在侵害他人知识产权的情形

避免在不知情的情况下，突然之间成为知识产权侵权方，是并购中需要特别注意的。为此，在进行知识产权尽职调查时，也必须要审查目标企业与他人是否有知识产权的诉讼或纠纷，或其他可能存在的侵害他人知识产权的情形。在了解相关情况后再评估已有的诉讼对目标运营的影响和潜在纠纷可能的后果等。如果目标企业有侵犯他人知识产权的情形，就需要权衡并购目的和侵权后果的轻重。外资企业非常在意目标企业经营的合法性，在笔者代理过的并购案件中，并购方对目标企业的设计软件、制图软件甚至日常办公软件是否有合法来源都要求进行审查。

7. 起草知识产权尽职调查报告

尽职调查报告要列明事实，在总结事实的基础上，阐明存在的问题和风险，提出初步解决方案。

（1）知识产权谈判和准备收购协议

完成知识产权尽职调查后，知识产权律师在随后的知识产权谈判中，还需要进一步确定知识产权的交易结构，准备收购协议中相关的知识产权交易条款，确保交易安全。当出卖方仅出卖部分业务，而不是企业全部时，应与目标企业商谈知识产权的交易结构，明确出售部分的知识产权与不出售业务部分的知识产权，确认收购方所获知识产权的权利范围和使用方式，以及目标企业仍继续使用的知识产权的权利范围和使用方式。在收购协议条款中必须包含目标企业对知识产权的陈述和保证。陈述和保证设计撰写得越严密、越周全，就越有利于购买者。只有经过尽职调查，才能有针对性地设计陈述和保证，保证购买者获得期望的知识产权。陈述和保证虽然不能对抗第三方，但能够敦促目标企业履行承诺。但仅依靠陈述和保证，依靠对权利的声明和放弃是远远不够的。在中国的知识产权法律体系下，专利和商标的转让必须经过知识产权局和商标局的批准才生效，专利和商标的许可合同也需经过备案后才能对抗第三人。版权的转让虽然无须版权局批准，但经过版权保护中心登记变更版权所有人并公告后，公信力才会更强，权利的法律状态才会更稳定。所以在知识产权谈判并准备收购协议时，务必把知识产权转让合同的生效或许可合同的备案作为整个交易的前提条件。

（2）权利转移生效的法定要求

需要注意的是，被收购的知识产权必须由相应的知识产权机关核准并转移到新企业名下后，新企业才真正拥有这些知识产权。及时登记知识产权所有权的变更对保护知识产权有效性和知识产权的实施至关重要。因此，为证实专利、商标或版权的新所有者为登记所有者，收购方有必要为每项知识产权准备单独的法律转让文件，以便向相应权利的核准登记机关提交。

七、尽职调查的程序

1. 确定知识产权尽职调查的目的、对象和范围

不同的场合，尽职调查的目的有所不同。首先，要明确调查是要解决什么问题；其次，不同目的导致尽职调查的对象和范围有所差异，在尚未明确调查对象时，可以通过知识产权战略选定对象；再次，尽职调查中所涉及的知识产权范围将直接影响到调查的工作量，当涉及众多知识产权时，对于调查方来说，很难对目标企业相关的每一项知识产权都进行详细的尽职调查，因而必须识别出对于调查具有实质价值的知识产权。

2. 收集、整理知识产权的相关资料

知识产权具有公开性，全球主要国家和地区的知识产权信息都可以通过知识产权数据库获取。检索调查所需要的知识产权信息，并进行清理和整理，为尽职调查报告的撰写提供依据。有部分资料可能需要向目标企业进行索取，例如，知识产权清单；与知识产权相关的许可或受益文件；与知识产权相关的保证、证券利益及抵押等信息；使用知识产权的产品和服务；与第三方发生的知识产权无效及诉讼案件相关的文件等。

3. 分析并撰写知识产权尽职调查报告

通过定量与定性相结合的办法，根据调查的目的进行知识产权分析，并撰写相应的尽职调查报告。在报告中，一方面，要对知识产权的现状进行说明；另一方面，也要对可能存在的问题和风险进行阐述，给出规避的意见。

第2节　知识产权许可

一、概述

知识产权许可是指知识产权人授权他人以一定的方式、在一定的时期和一定的地域范围内商业性使用其创造成果或商业标记的行为。知识产权许可只是使用权的转移，权属仍然保留在原权利人手里，但依然可能因为在许可使用中知识产权升值而引发新增价值分配的问题，以及产生新的知识产权而引发利益冲突的问题。

1. 实体要求

实体要求包括两方面：一是有效的知识产权权利，如专利实施许可合同规定在该专利权的存续期内有效；二是适于许可，某些知识产权的许可有着一些限制，例如，集体商标不得许可非集体成员使用。

2. 程序要求

一些知识产权法及合同法明确要求知识产权许可采取书面合同形式。对于要求采用书面形式，但因种种原因而未采用书面形式的许可合同，仍然可以根据《合同法》的规定，在当事人一方已经履行了主要义务，对方也接受的情形下，承认该许可合同的成立。

二、许可的类型

知识产权许可使用是一种重要的法律行为，可以在许可人与被许可人之间产生权利义务关系，通常以约定许可合同的方式实现。权利人可以以将知识财产权中的一项或多项内容许可给他人使用，同时向被许可人收取一定数额的知识产权使用费，以保障实现知识产权财产利益。根据不同的标准，可以将知识产权许可分为不同的类型。

1. 独占许可、排他许可和普通许可

（1）独占实施许可

独占实施许可是指许可方在约定的期限和地域范围内，以约定的方式，授予被许可方由其享有的知识产权中的一项或者数项权利，同时在同一地域和同一时间内，不得以相同方式行使相同权利或者再向第三方转让。在独占许可中被许可方在约定的地域范围和时间内，有权排斥包括许可方在内的一切人以相同方式使用相关知识产权。

（2）排他实施许可

排他实施许可是指许可方在约定的期限和地域范围内，以约定的方式，授予被许可方由其享有的知识产权中的一项或者数项权利，同时保留了自己在同一地域范围和同一时间内，以相同方式行使相同权利，但是不得再向第三方发出许可的权利。独占实施许可与排他实施许可的差别就在于知识产权所有人自己能不能实施其知识产权，排他实施许可的特点在于排除第三方，而不排除许可方，这是仅次于独占实施许可合同授权范围的一种许可方式。

（3）普通实施许可

普通实施许可是指被许可方在约定的期限和地域范围内，以约定的方式，授予被许可方由其享有的知识产权中的一项或数项权利，同时保留自己在同一地域和同一时间内，以相同方式行使相同权利或者再向第三方许可的权利。如果在许可中没有特别指明是何种性质的许可，一般视为普通实施许可。但要注意的是，《著作权法实施条例》规定，没有约定或约定不明，视为独占许可合同。

2. 单向许可和交叉许可

单向实施许可，即当事人之间达成的由一方当事人向另一方提供知识产权的许可，而另一方当事人向许可方支付使用费。

交叉实施许可是指合同当事人双方，均以其所拥有的知识产权，按照合同约定的条件向对方提供许可。交叉实施许可常见于原发明的专利权人与派生发明的专利权人之间，派生发明的专利权人需要得到原发明专利权人的许可，原发明专利权人要更新其专利产品时也必须采用派生发明专利权人的派生专利技术，也要得到派生发明专利权人的许可。交叉实施许可有自愿的，也有法律强制的，例如，《专利法》中规定的交叉强制许可。此外，在合作开发、合作制造中，特别是高新技术领域，都有可能出现交叉实施许可。这类合同可能通过结合使用具有互补性的技术、降低交易成本、清除各种障碍及避免成本昂贵的侵权诉讼等措施来促进竞争的发展，但也有可能成为限制竞争的行为。

3. 自愿许可与非自愿许可

知识产权的自愿许可与非自愿许可是根据许可人的意愿为标准进行区分的，也就是说是否基于知识产权人的自由意愿而由他人使用或实施该项知识产权。非自愿许可与强制许可是两个不同的概念，而且非自愿许可包含了强制许可。但自愿许可与非自愿许可均应当给权利人支付相应的使用费。

知识产权的自愿许可制度与一般民事行为的行使并无大异，集中体现在契约的自由。但一些特殊情况下，规定可以转让和许可他人使用但同时作出限制。例如，地理标识的转让要求其受让人必须在该地域内生产或经营，并且其产品要具有该地域地理环境而生的特定品质等。而对于证明商标和集体商标，则一般不能转移。而非自愿许可制度则并不是一个单一内容的制度，实际上包含了几种不同的情形，具体主要指法定许可制度、强制许可制度、发明专利的推广应用等。至于《著作权法》中的"合理使用制度"与《专利法》中的"不视为侵犯专利权的行为"是否属于非自愿许可的范围，传统的见解是持否定态度的。

知识产权的私权性决定了非自愿许可的例外性。考虑到知识产权主体的利益与公共利益、其他民事主体利益的平衡问题，为保护公共利益、防止知识产权的权利滥用和促进知识产权的有效利用，我国的有关知识产权法律中规定了知识产权的非自愿许可。也就是说，知识产权的许可是以自愿许可为原则，以非自愿许可为补充和例外的。并不是所有的知识产权均受非自愿许可制度的调整。不发生非自愿许可的知识产权类型及缘由主要包括：①商业秘密权。商业秘密的秘密性决定了它不可能在权利人非自愿的情况下被"合法地暴露"，而非自愿许可大多需要以被许可方了解该技术为前提，两者的矛盾是其不发生非自愿许可的最重要原因。②商标权。商标权的本质在于识别性和商业性。首先，它没有其他技术性知识产权或著作权所拥有的创造性，所以其对公共利益的影响相对较小，而且不发生技术合作和"继续开发"等问题。其次，商标权的价值体现在商标与其使用对象的联系上，这说明它的价值是有一定特定性的，就算予以非自愿许可也只会带来市场的混乱而得不到多大益处，这是对资源的不合理利用。这两点决定了没有必要也不应该对商标进行非自愿许可。

4. 独立许可和从属许可

独立许可与从属许可是以两个许可之间的相互关系为划分标准的，前者的权利来源是知识产权的权能本身，而后者的权利来源则是契约。来源不同也决定了它们的权利基础和所受的限制有所不同，而且从属许可必须建立在独立许可的基础上，可以说是一种为适应实践发展的"衍生许可"。独立许可属于"上位许可"，这也决定了它在社会实践中的基础性地位，而从属许可则作为一种灵活的补充规定，所以适用情况较少。

（1）独立许可

独立许可，也称基本许可，是指不依赖其他知识产权许可，而可以独自存在的知识产权许可。这种许可最为普遍，而且适用的范围最广，包括著作权、专利权、商标权等。同时，这种权利所受的约束相对较小，其权利义务的设定较为自由，而且有多种选择。由于独立许可是在从属许可中体现其特征的，而其实际上并无独立的特征，它的类型几乎包括了除从属许可以外的其他种类的许可。

（2）从属许可（再许可、分许可）

从属许可，也称再许可、分许可，是指被许可人将其从许可人那里得到的知识产权，再发放给第三人的许可。这种许可实际上包含着两个契约：一是赋予从属许可权的许可契约；二是从属许可契约。

从属许可的权利需要明确授权。由于从属许可并不是原始知识产权权利人所作出的，其收益一般也不归原始权利人所有，但它的实施对原始权利人却有一定影响，所以原始专利权人应享有授权从属许可的权利，从而从源头上控制这种影响。同时，为了更好地明确权利义务关系和保护原始权利人的利益，从属许可的权利需要原始权利人的明确授权。

从属许可都是普通许可，除非当事人另有约定。从属许可从根本上仍然是原始权利人的一种授权方式，是一种权利的行使方式。也就是说，它一般要与原始权利人的意志有着一定联系，这也决定了从属许可一般为普通许可，特别是不能再为从属许可，因为发生两个以上从属许可就可以断绝原始权利人的意志与许可之间的联系。而从属许可是否可为其他类型的许可则可以约定，不同的许可类型代表的价值也不同。

5. 个别许可和集中许可

个别许可与集体许可的不同在于知识产权权利人行使权利的方式。个别许可是权利人直接行使许可权，而集中许可则是由集中管理知识产权的机构向使用人集中发放许可。实践中比较常见的集体许可存在于著作权集体管理组织、专利联盟甚至一些小规模的知识产权"联合体"中。

在我国，著作权管理组织是其中发展最快的一种，现在已经被广泛认可和运用，也有专门的立法。权利人先授予集体管理组织许可权，再通过集体管理组织向他人许可，从而间接实现自己的许可权，这有利于降低知识产权在市场运作的过程中产生的交易成本，提高知识产权运用的效益。而知识产权"联合体"并无固定模式，以专利联盟为例，专利联盟的具体许可方式非常多，可以是交叉实施许可；或由所有专利权人另组一独立个体，再将所有专利权移转或许可给该个体；或是专利权人签署契约将所有专利移转给一个独立体，再由其执行许可。专利联盟的出现，标志着专利竞争领域的一个重要转变，即从以单个专利为特征的战术竞争转向以专利组合为特征的战略竞争。从竞争的性质来看，专利联盟既可以是进攻性的，也可以是防御性的。专利联盟作为一种企业组织形式，通过一定的专利组合或者搭配，可以在很短时期内改变产业的竞争态势，为企业带来多重价值。如今专利联盟的作用已经延伸到统一维权、减少内耗、统一对外许可、构建技术标准等，而且其发展有着巨大的潜力和现实意义。随着专利联盟的发展，其垄断和不正当竞争意味越来越强。

三、许可的备案

我国法律对于经申请取得的知识产权的许可，一般要求到相应的行政主管机关进行合同备案。而合同备案并不是知识产权的许可的生效要件或前提，主要是起到一种公示甚至公信作用，为其他知识产权潜在利用人选择合作对象及消费者选购商品提供方便。同时，便于行政主管机构对全国知识产权使用许可情况进行掌握与管理，而且通过备案审查，从中发现问题，及时纠正，更好地维护当事人双方的合法权益等。我国知识产权法对于知识产权许可合同的备案要求，分为应当备案情形和可以备案情形。应当备案的知识产权，包括专利权、商标权、特殊标识，可以备案的知识产权有著作权、计算机软件等。

四、许可的限制

1. 合理使用

合理使用是知识产权保护中的一项重要的制度，是指根据知识产权法律的规定，以一定方式使用知识产权可以不经知识产权人的同意，也不向其支付报酬，但在特定情境下应当指明知识产权人姓名或作品名称，并不得侵犯原权利人依法享有的其他权利。

（1）为科学研究或实验使用有关知识产权

利用知识产权进行科学研究、教育教学，可以不经许可，并不向其支付报酬。例如，《著作权法》第22条规定了12种合理使用的方式，如为个人学习、研究或者欣赏等。又如，《集成电路布图设计保护条例》第23条规定，为个人目的或者单纯为评价、分析、研究、教学等目的而复制受保护的布图设计的，可以不经布图设计权利人许可，不向其支付报酬。《植物新品种保护条例》规定，农民自繁自用授权品种的繁殖材料，可以不经品种权人许可，不向其支付费用。

（2）经权利人投放市场或经过许可投放市场后他人再次商业利用的

例如，《集成电路布图设计保护条例》第23条规定，对自己独立创作的与他人相同的布图设计进行复制或者将其投入商业利用的，可以不经布图设计权利人许可，不向其支付报酬。《专利法》规定，专利产品或者依照专利方法直接获得的产品，由专利权人或者经其许可的单位、个人售出后，使用、许诺销售、销售、进口该产品的，不视为侵犯专利权。

（3）以原知识产权为基础得出新的研究成果的

《集成电路布图设计保护条例》第23条规定，在依据前项评价、分析受保护的布图设计的基础上，创作出具有独创性的布图设计的，可以不经布图设计权利人许可，不向其支付报酬。

（4）临时过境使用

《专利法》规定外国交通工具临时过境，为运输工具本身需要使用有关专利的，按所属国与我国签订的协议或共同参加的国际条约，或依照互惠原则而不属侵权。

（5）先用权人的使用

先用权，是指某项发明创造在专利人提出专利申请前，如果另一发明人已经在制造相同产品或使用相同方法，或已经作好制造、使用的必要准备的，法律允许其不受专利权人专用权的限制，仍有权在原有的范围内继续制造或使用该发明创造。先用权适用的前提是两个以上发明人或单位分别独立地完成相同的发明，其中一人取得了专利权，其他人因未申请或晚申请没有获得专利权的情形。《专利法》规定，根据先用权人可以在原范围制造他人的专利产品或使用他人的专利方法。《专利法》中对先用权的保护同样适用于其他知识产权。

2. 法定许可

法定许可是指按照法律的规定，可以不经作者或其他著作权人同意而使用其已发表的作品，是对著作权的一种限制。法定许可立法主旨在于规范知识产权的行使行为，防止依法取得的知识产权被不正当的使用，维护市场公平交易的竞争秩序，以免权利被滥用，导致恶意的垄断。

法定许可有以下几种情形：①为实施九年制义务教育和国家教育规划而编写出版教科书，除作者事先声明不许使用的外，可以不经著作权人许可。在教科书中汇编已经发表的作品片段或者短小的文字作品、音乐作品或者单幅的美术作品、摄影作品，但应当按照规定支付报酬，指明作者姓名、作品名称，并且不得侵犯著作权人依照著作权法享有的其他权利。②作品在报刊刊登后，除著作权人声明不得转载、摘编的外，其他报刊可以转载或者作为文摘、资料刊登。③录音制作者使用他人已经合法录制为录音制品的音乐作品制作录音制品，可以不经著作权人许可，但应当按照规定支付报酬；著作权人声明不许使用的不得使用。④广播电台、电视台播放他人已发表的作品。⑤广播电台、电视台播放已经出版的录音制品，可以不经著作权人许可，但应当支付报酬。当事人另有约定的除外。

法定许可的实施由法律明确规定，由国务院知识产权主管行政部门决定法定许可实施的范围，实施法定许可的使用人应按照法律规定的比例支付报酬给知识产权人。法定许可使用作品必须具备：第一，许可使用的作品必须是已经发表的作品；第二，使用作品应当向著作权人支付报酬；第三，著作权人未发表不得使用的声明；第四，不得损害被使用作品和著作权人的权利。

3. 强制许可

强制许可，是指国务院知识产权主管行政部门依照有关法律规定，不经知识产权人同意，直接允许其他单位或个人实施其发明创造的一种许可方式，又称非自愿许可。强制许可的前提在于为了国家利益或公共利益的需要，对知识产权人的权利做一定的限制。在此种情况下，意欲使用知识产权的人往往会与知识产权人协商，协商不能的情况下，向国务院知识产权主管行政部门提出申请，由其依据法律规定作出实施知识产权的强制许可。

法定许可与强制许可虽同属非自愿许可，但二者仍然存在差别。在强制许可中，使用者只有在无法实现许可或知识产权人拒绝许可时，才能依照法定程序申请许可。法定许可则是使用者在法律规定的特殊情势下，直接通过支付法定费率的方式使用作品，知识产权人仅享有法定报酬请求权。许多国家将强制许可与法定许可视为一种制度的两种类型，即"司法性强制许可"与"法令性强制许可"。强制许可为司法性强制许可的原因是因为使用者仍须先与著作权人协商，只有在商议无果时才能请求主管机关的介入；法定许可为法令性强制许可的原因，是其成立要件与费率由法令直接规定，而无须其他司法程序。

（1）强制许可的常见情形

1）防止知识产权滥用的强制许可

知识产权人不实施知识产权，保护期限届满，怠于行使权利。现实需求实施知识产权的，可以由主管行政部门给予强制许可。例如，《专利法》规定，专利权人自专利权被授予之日起满3年，且自提出专利申请之日起满4年，无正当理由未实施或者未充分实施其专利的，国务院专利行政部门根据具备实施条件的单位或者个人的申请，可以给予实施发明专利或者实用新型专利的强制许可。

知识产权人自己不实施，又不允许他人以合理条件实施的，或者不充分实施，可给予强制许可。《植物新品种保护条例实施细则（农业部分）》规定，品种权人无正当理由自己不实施，又不许可他人以合理条件实施的；对重要农作物品种，品种权人虽已实施，但明显不能满足国内市场需求，又不许可他人以合理条件实施的，农业部可以作出实施品种权的强制许可决定。

知识产权人滥用知识主导地位导致市场垄断，影响市场正常竞争秩序的，给予强制许可。《专利法》规定，专利权人行使专利权的行为被依法认定为垄断行为，为消除或者减少该行为对竞争产生的不利影响的，国务院专利行政部门根据具备实施条件的单位或者个人的申请，可以给予实施发明专利或者实用新型专利的强制许可。

2）为紧急状态、非常情况或公共利益时限制知识产权的强制许可

《专利法》规定，在国家出现紧急状态或者非常情况时，或者为了公共利益的目的，国务院专利行政部门可以给予实施发明专利或者实用新型专利的强制许可。为了公共健康目的，对取得专利权的药品，国务院专利行政部门可以给予制造并将其出口到符合中华人民共和国参加的有关国际条约规定的国家或者地区的强制许可。《集成电路布图设计保护条例》规定，在国家出现紧急状态或者非常情况时，或者为了公共利益的目的，或者经人民法院、不正当竞争行为监督检查部门依法认定布图设计权利人有不正当竞争行为而需要给予补救时，国务院知识产权行政部门可以给予使用其布图设计的非自愿许可。《植物新品种保护条例》第11条规定，为了国家利益或者公共利益，审批机关可以作出实施植物新品种强制许可的决定，并予以登记和公告。取得实施强制许可的单位或者个人应当付给品种权人合理的使用费，其数额由双方商定；双方不能达成协议的，由审批机关裁决。

3）从属知识产权的强制许可

从属知识产权是指实施在后的知识产权，必须同时实施某项在前的技术；或者实施在前的知识产权，必须同时实施在后的技术。如果知识产权人之间能够达成许可协议，自然不存在强制许可的问题。因此，这种情形是指知识产权人之间不能够达成许可协议时，在后的知识产权人可以请求有关知识产权管理行政部门发放强制许可。《专利法》规定，一项取得专利权的发明或者实用新型比前已经取得专利权的发明或者实用新型具有显著经济意义的重大技术进步，其实施又有赖于前一发明或者实用新型的实施的，国务院专利行政部门根据后一专利权人的申请，可以给予实施前一发明或者实用新型的强制许可。在依照前款规定给予实施强制许可的情形下，国务院专利行政部门根据前一专利权人的申请，也可以给予实施后一发明或者实用新型的强制许可。

（2）强制许可的实施

在特定条件下，通过他人申请，由知识产权主管行政部门通过通知、登记、公告或者其他程序对智力成果劳动者已经享有的知识产权允许他人进行非专有性使用。

通过向主管机关申请获得的知识产权强制许可是理论和实践中采用的最为普遍的一种知识产权强制许可制度。但无论是通过哪一种方式获得知识产权强制许可，使用人都需要向知

识产权人支付报酬，换句话讲，知识产权许可是在尊重知识产权人精神权利基础上的一种知识产权有偿许可方式而不是对知识产权人权利的无偿剥夺。国务院知识产权主管行政部门作出的实施强制许可的决定，应当及时通知专利权人，并予以登记和公告。例如，《专利法》规定，取得实施强制许可的单位或者个人应当付给知识产权人合理的使用费，或者依照中华人民共和国参加的有关国际条约的规定处理使用费问题。付给使用费的，其数额由双方协商；双方不能达成协议的，由国务院知识产权行政部门裁决。《植物新品种保护条例》第11条规定，取得实施强制许可的单位或者个人应当付给品种权人合理的使用费，其数额由双方商定；双方不能达成协议的，由审批机关裁决。品种权人对强制许可决定或者强制许可使用费的裁决不服的，可以自收到通知之日起3个月内向人民法院提起诉讼。

强制许可是对知识产权人权利的限制，国务院知识产权主管行政部门作出实施强制许可的决定应受法律制约，取得实施强制许可的单位或个人实施知识产权也不能影响知识产权人的合法权益。例如，《专利法》规定，给予实施强制许可的决定，应当根据强制许可的理由规定实施的范围和时间。强制许可的理由消除并不再发生时，国务院专利行政部门应当根据专利权人的请求，经审查后作出终止实施强制许可的决定。取得实施强制许可的单位或者个人不享有独占的实施权，并且无权允许他人实施。

对于国务院知识产权主管行政部门作出的实施强制许可的决定不服的，知识产权人可以依法救济。例如，专利权人对国务院专利行政部门关于实施强制许可的决定不服的，可以自收到通知之日起3个月内向人民法院起诉。《植物新品种保护条例》第11条规定，品种权人对强制许可决定裁决不服的，可以自收到通知之日起3个月内向人民法院提起诉讼。

第3节　知识产权转让

一、概述

知识产权转让系指直接发生知识产权主体变更的法律行为。在转让关系中，知识产权原权利一方为转让人，接受权利的另一方为受让人或者被转让人。知识产权转让之后，转让人丧失该权利，受让人取得相应的权利。受让人有权使用知识产权，有权再向第三人转让知识产权，有权许可第三人使用知识产权。对于侵犯知识产权的行为，受让人有权追究侵权人的法律责任。

知识产权转让与知识产权许可有严格的区别。许可不改变权利主体，转让则发生权利主体的变更；被许可人必须依赖于许可人权利的存在才能对抗第三人，受让人则可以独立地以自己的权利对抗第三人。知识产权转让不影响转让前知识产权许可的法律效力，除许可合同另有规定外。例如，《最高人民法院关于审理商标民事纠纷案件适用法律若干问题的解释》第20条规定："注册商标的转让不影响转让前已经生效的商标使用许可合同的效力，但商标使用许可合同另有约定的除外。"此规定，一方面类似于物权中买卖不破租赁的原则，确定许可合同的优先效力；另一方面也体现了约定优先的原则。如果原来许可合同约定，因为转让终止许可合同的，应当按照约定处理。

二、转让的类型

知识产权转让的实质，是知识产权主体的变更。知识产权转让有两种类型；一是合同转让；二是法定转让。

合同转让，是指在自愿原则的前提下，转让人和受让人签订书面转让合同，并在依法办理知识产权转让的手续后发生法律效力的知识产权转让。转让权是知识产权的一项重要内容，它是知识产权所有人行使处分权的具体体现。

法定转让，是指因为出现法律事实，例如，继承、遗赠、破产等所产生的权利主体变更。

三、转让的范围

一般而言，知识产权的转让必然是权能完整的财产权的转让，也就是说，无论转让其中的哪些权利，原则上都必须将该项知识产权的全部内容发生转移，特别是在专利权的转让上尤其如此。不完整的转让实际上不是严格意义上的知识产权转让，而是知识产权的许可使用。WIPO 在制定《技术转让合同管理示范法》时，把专利权"只能全部转让而不能部分转让"作为对各国专利立法的一项普遍指导原则，即专利权只能作为一个整体转让。这是因为理论上一个专利只涉及一项发明，专利的客体是单一的。如果允许一个专利可以进行部分转移，那么将导致混乱的状态，难以真正实现对专利的实施，而且如果同一个专利的界限不明确，那么就会更容易发生实施困难的情况。另外，有些国家规定著作权转让可以是有期限的。对此，传统民法理论认为转让就是把所有权给了受让人，是永久性的；如果所有权在一定期限内又回归转让人，那么实质上这不应该算转让，而是许可使用。TRIPS 规定，注册商标所有人有权连同或不连同商标所属的经营一道，转让其商标。

知识产权转移的内容一般仅涉及财产权利，不涉及人身权利。因为人身权利的人身属性，故而一般不能发生转移。当然现实中也存在一些特殊情况，例如，久负盛名的国际法著作《奥本海国际法》规定，无法由原作者本人修改完成但社会利益又有实际需要时，修改权也可由他人行使。随着信托制度的发展及其向知识产权领域的延伸，知识产权的财产权本身也发生部分转让的情形。信托是以信托财产为中心的法律关系，没有信托财产，信托关系就丧失了存在的基础，所以委托人在设立信托时必须将财产权转移给受托人，这是信托制度与其他财产制度的根本区别。例如，音乐作品的著作权人可以将其著作财产权中的机械复制权、表演权和广播权，以信托的方式转让给中国音乐著作权协会管理，此时作为信托人的音乐作品著作权人，在形式上已不是音乐作品机械复制权、表演权和广播权的权利主体了。

四、转让的形式

知识产权属于绝对权，其效力及于一切人，其转让涉及权利变动，对于当事人及第三方都有重大的利害关系。同时，由于知识产权保护对象的非物质性，知识产权的权利变动不能像物权那样可从外表上表现出变动状况。并且，知识产权的转让也关涉国家的判断，因此，法律对知识产权的转让不但设有若干程序性要求，而且也明示或隐含了许多的实体要求。知识产权的转让合同是要式合同，即法律规定必须采取书面形式。合同形式对于保证合同内容的公示性和保持正常的合同秩序，起着决定性的作用。因此，采用书面形式有利于定纷止争。对于没有采用书面形式合同成立判断，可以根据《合同法》的规定："法律、行政法规规定或者当事人约定采用书面形式订立合同，当事人未采用书面形式但一方已经履行主要义务，对方接受的，该合同成立。"

书面形式可以分为两种情况。

1. 任意书面形式

我国《著作权法》第 25 条规定："转让本法第十条第一款第（五）项至第（十七）项规定的权利，应当订立书面合同。"但不采用书面形式并不必然导致合同无效。著作权转让合同未采取书面形式的，按《合同法》第 36 条、第 37 条的规定审查合同是否成立。而《合同法》第 36 条规定，法律、行政法规规定或者当事人约定采用书面形式订立合同，当事人未采用书面形式但一方已经履行主要义务，对方接受的，该合同成立。《合同法》第 37 条规定，采期合同书形式订立合同，在签字或者盖章之前，当事人一方已经履行主要义务，对方接受的，该合同成立。这种处理方法对实事求是解决此类纠纷、保障正常著作权交易和当事人各方权益很有意义。

2. 强制书面形式

我国香港的《版权条例》第 101 条第 3 款要求知识产权转让合同必须采用书面形式，并由转让人或代表其利益的其他人签署，否则无效。由此可见，香港法规在著作权转让上采取严格形式主义，其目的在于规范转让行为，保护相关利益免受不法侵害。我国澳门的著作权法规也规定著作权转让时必须订立合同，否则转让无效。

五、转让的登记

知识产权转让的登记具有以下两方面作用。

1. 对抗作用

当著作权人就同一专有权同时进行两次或两次以上的转让时，只有登记的受让人才能对抗其他受让人。未登记的受让人不能对抗在后的善意受让人，但对不享有正当利益的第三人，仍能作为当事人提起侵权诉讼。例如，澳门法律要求著作权转让合同必须登记，否则不能产生对抗第三人的效力。

专利权转让必须经国家专利主管机关登记方能生效，涉外转让还必须先经过批准程序。《专利法》第 10 条规定："专利申请权和专利权可以转让。中国单位或者个人向外国人、外国企业或者外国其他组织转让专利申请权或者专利权的，应当依照有关法律、行政法规的规定办理手续。转让专利申请权或者专利权的，当事人应当订立书面合同，并向国务院专利行政部门登记，由国务院专利行政部门予以公告。专利申请权或者专利权的转让自登记之日起生效。"未经国家专利主管机关登记和公告的专利权转让合同是无效合同，不具有法律约束力。除此之外，依据《专利法实施细则》规定，中国的单位或者个人向外国人转让其专利申请权或专利权必须经国务院对外经济贸易主管部门会同国务院科学技术行政部门批准。

《商标法》第42条规定："转让注册商标的，转让人和受让人应当签订转让协议，并共同向商标局提出申请……转让注册商标经核准后，予以公告。受让人自公告之日起享有商标专用权。"

2. 证明作用

与专利权和注册商标专用权转让形式要件不同，著作权转让采用意思自治原则，无论登记与否都产生应有的法律效果。我国《著作权法实施条例》第25条规定，订立著作权转让合同的，可以向著作权行政管理部门备案，并不要求以登记作为转让生效的前提条件。但是，无论是专利权和注册商标专用权转让登记，还是著作权转让备案，都可以证明转让事实本身。

六、转让的行政批准

1. 向外国人、外国企业或者外国其他组织转让知识产权的批准

向外国人、外国企业或者外国其他组织转让知识产权实行批准许可制度，是出于国家利益和公共利益的考虑，防止关系重大的知识产权落入外国人之手。一般而言，中国单位或个人向外国人转让专利权、集成电路布图设计权、植物新品种权等技术类知识产权，都需要经国家有关主管部门批准，这在对应的法律法规中均有明确规定。例如，《专利法》规定，中国单位或者个人向外国人、外国企业或者外国其他组织转让专利申请权或者专利权的，应当依照有关法律、行政法规的规定办理手续。其中所称"有关法律、行政法规"，就是指《对外贸易法》和《技术进出口管理条例》。根据《对外贸易法》和《技术进出口管理条例》的规定，中国专利申请人或者专利权人向外国人转让专利申请权或者专利权的，属于技术出口行为，应当遵守相关的规定。为了维护国家安全和公共利益，《技术进出口管理条例》规定，对于属于禁止出口的技术，不得出口；对于属于限制出口的技术，实行许可证管理，未经许可，不得出口；而对于属于自由出口的技术，实行合同登记管理，只需要将技术转让合同在国务院有关主管部门登记即可。因此，根据《技术进出口管理条例》的规定，在技术出口过程中，不同类型的技术需要办理的手续是不同的，并不是所有的技术出口都需要由国务院有关主管部门批准。例如，向外国人、外国企业或者外国其他组织转让外观设计专利申请权或者专利权的，因为不涉及技术，就不需要办理出口的有关手续。

2. 国有单位转让知识产权的批准

我国长期按所有制对单位进行划分，并予以区别对待。传统一般认为，国有单位对单位财产只享有有限的处分权，因此我国一些知识产权立法拘于此思想，不承认国有单位对其开发、占用的知识产权拥有完全自主的处分权，于是规定，国有单位转让知识产权时，应当经过有关部门的批准。例如，《植物新品种保护条例》第9条规定，国有单位在国内转让申请权或者品种权的，应当按照国家有关规定报经有关行政主管部门批准。与此类似的是，在过去，全民所有制单位转让其持有的专利申请权或专利权的，必须经该单位的上级主管机关批准，否则无效。2000年修订《专利法》时，已将这个规定删除。

3. 商标权转让的核准

在我国，商标权的转让，无论是向外国人转让或者由国有单位转让，还是向本国人或者

由非国有单位转让，法律都要求须经过相应的行政主管机关核准，受让人才能享有权利。此立法理由主要在于保护消费者的利益。由于商标与企业的信誉相连，当商标转让他人而与原所有人发生分离时，容易引起消费者的误认。所以，法律要求商标权的转让必须经行政主管机关的审查核准。

第4节 知识产权质押

一、概述

知识产权质押是指债务人或第三人将其知识产权作为为债权的担保，当债务人不能履行债务时，债权人有权依法以该知识产权折价或者拍卖、变卖的价款优先受偿的担保方式。在知识产权质押中，担保债权的知识产权称为质押标的，提供知识产权的人称为出质人，债权人称为质权人，债权人享有的担保权利称为质权。

我国《物权法》《担保法》《专利权质押合同登记管理暂行办法》《著作权质押合同登记办法》及《商标专用权质押登记程序》比较完善地确立了知识产权担保法律制度。

知识产权质押可以直接将知识产权变换为价金，实现担保债权优先受偿的功能。知识产权质押具有如下特点：第一，知识产权质押在设定时无须占有或移转权利凭证；第二，知识产权质押设定后，质权人没有保管责任，出质人经过质权人同意可以转让、许可知识产权。

二、质押的作用

知识产权质押是体现和间接实现知识产权经济价值的重要方式。随着社会经济的发展，知识产权在财产制度中的地位日益提高。知识产权质押作为一种特殊的权利质押，既具有质押的一般共性，又具有质押的特殊性——质押标的的无形性。知识产权质押既能有效担保债权安全，又能充分利用稀缺资源——知识产权。知识产权质押贷款还能扩大现代经济社会的融资途径，有助于智力资源的最大化使用。

但是，对知识产权设质，也具有一定的局限性，其价值波动较大、不易评估、难以实现。为了克服这些困难，我国目前已确定全国知识产权质押融资试点单位，尝试通过运用知识产权质押贴息、扶持中介服务等手段，降低企业运用知识产权融资的成本；在评估专业机构和银行之间搭建知识产权融资服务平台等，摸索知识产权质押融资的可行方法。

三、质押的设定

我国《担保法》第79条规定："以依法可以转让的商标专用权，专利权、著作权中的财产权出质的，出质人与质权人应当订立书面合同，并向其管理部门办理出质登记。质押合同自登记之日起生效。"《物权法》第227条规定："以注册商标专用权、专利权、著作权等知识产权中的财产权出质的，当事人应当订立书面合同。质权自有关主管部门办理出质登记时设立。"因此，知识产权质押的设定必须具备下列条件。

第一，出质人应当与质权人就知识产权的出质订立书面合同。

知识产权质押合同应包括以下内容：①质押双方当事人的姓名（或名称）、住所、业务范围、法定代表人等自然状况；②被担保的主债权种类、数额；③债务人履行债务的期限；④出质知识产权的种类、名称、权利范围、权利保护期、使用状况；⑤质押担保的范围；⑥质押担保的期限；⑦质押的金额及支付方式；⑧当事人约定的其他事项。

出质人与质权人就知识产权出质订立书面合同，质押合同和质权成立，但并不生效。另外，如果知识产权质押设定以书面合同的形式，在发生纠纷时容易举证和分清责任。

第二，知识产权质押合同应当在相应管理部门办理登记，该合同自登记之日起生效。

登记是知识产权质押合同和质权生效的法定条件之一。著作权质押在国家著作权行政主管部门登记；注册商标专用权质押在国家商标行政主管部门登记；专利权和集成电路布图设计权质押在国家专利行政主管部门（国家知识产权局）登记；植物新品种权质押在国家农业或者林业行政主管部门登记。

四、质押的效力

知识产权质押的效力主要包括如下问题：质押的标的范围、质押所担保的范围、质权实现的顺序及质权人与出质人的权利和义务。

1. 知识产权质押的标的范围

质押的标的必须同时满足以下三个条件。

第一，标的必须为财产权利。财产权利可以实现其潜在经济利益，可以作为质押标的。由于人身权利往往与民事主体不可分离，不具有交易价值，也不具有担保的变价特征，因此，知识产权中的人身权不能出质。

第二，标的必须是可转让的权利。可以转让，才可以折价、买卖、变卖，否则设定质押毫无意义。因此，依法不得转让的财产权不能成为质押标的。

第三，标的必须是出质人依法可以处分的权利。

因此，《担保法》第75条规定，依法可以转让的商标专用权、专利权、著作权中的财产权可以质押。《物权法》第223条规定，债务人或者第三人有权处分的可以转让的注册商标专用权、专利权、著作权等知识产权中的财产权可以质押。显然，《物权法》扩大了知识产权可以质押的范围。例如，商业秘密、植物新品种权、集成电路布图设计权等可以作为质押的对象。

法律有明确规定对其转让有限制和禁止的，权利人不得超出限制范围或违反禁止规定设立质押。例如，未经有关国家机关批准，专利权不能作为涉外质押标的。

2. 知识产权质押所担保的范围

我国《担保法》中没有对知识产权质押所担保的债权范围作出明确规定。《担保法》第81条规定："权利质押除适用本节规定外，适用本章第一节的规定。"因此，《担保法》第67条对动产质押的规定可以适用于知识产权质押。根据该条的规定，知识产权质押担保的范围包括主债权及利息、违约金、损害赔偿金和实现质权的费用。质押合同另有约定的，按照约定。

但是，由于知识产权质押的特殊性，其所担保的债权范围并不能完全适用动产质押的规定。首先，知识产权质押并未转移标的物的占有，质权人没有保管质物的义务，质押担保的范围也就不能包括质物保管的费用。其次，由于知识产权具有无形性、时间性等特点，质权人为保持出质知识产权价值所花费的费用。例如，专利权质权人为了防止出质的专利权终止而缴纳的年费，也应作为知识产权质押担保的范围。

如果当事人约定质押担保范围的，从其约定。约定可以小于法定担保范围，也可以大于核定担保范围，只要约定的质押担保范围不超过主债权范围，而又不违反平等、自愿、公平、诚实信用的原则，应当具有法律约束力。

3. 质权实现的顺序

《担保法》第 35 条允许就超过担保债权的部分再次设定质押的规定，无禁止知识产权重复设置规定，只不过被担保债权的总额不得超过知识产权的评估价值。

因此，质权实现的顺序如下：第一，质权人可优先于无担保债权人受偿价金；第二，同一知识产权没有多个质权，如果没有登记的，有人认为在先质权优先，也有人认为质权人按比例受偿价金；如果既有登记，也有没有登记的，登记质权优先；如果有多个登记的，在先登记的优先。

但是，中国专利局《关于专利权质押合同登记的几点说明》中所作的解释认为："在目前条件下专利权不可以重复质押""除非另有约定，出质人不能将已出质的专利权重复质押给其他债权人"。无重复质押，也就不存在质权实现的先后顺序问题。

4. 质权人的权利和义务

（1）质权实现权

质权实现权是指被担保的债权清偿期届满而债务人没有清偿时，债权人可就质押的知识产权受偿。我国《担保法》对质权的具体实现方法明确规定有 3 种。①与出质人协议质押知识产权折价。知识产权的折价，指质权人经与出质人协商，把知识产权中的财产权折合为价金，并从所折价金中优先抵偿其债权。折价高于债权数额，质权人须将差额返还出质人；折价低于债权数额，质权人仍可就差额部分主张一般债权。②依法拍卖。③依法变卖。变卖是指以公开或强制执行方式出卖给第三人，包括转让和许可使用两种情况。

（2）债权优先受偿权

出质人和质权人既然已为质权人的债权设立了知识产权质押，质权人当然可以就质押的知识产权卖得的价金优先清偿其债权。此处所谓优先受偿，就是在先实现质权。

另外，质权消灭后，质权人应协助出质人通知质押登记机关注销质押登记。

5. 出质人的权利和义务

（1）对质物的有限许可和转让权

根据我国《担保法》第 80 条的规定，知识产权出质后，出质人不得转让或许可他人使用，但经出质人与质权人协商同意的可以转让或者许可他人使用，出质人所得的转让费、许可费应当向质权人提前清偿所担保的债权或者向与质权人约定的第三人提存。因此，质权设定后，出质人对质物享有受限制的转让和许可的权利。

《最高人民法院关于适用〈中华人民共和国担保法〉若干问题的解释》第 105 条规定：

"以依法可以转让的商标专用权，专利权、著作权中的财产权出质的，出质人未经质权人同意而转让或者许可他人使用已经出质权利的，应当认定无效。由此给质权人或者第三人造成损失的，由出质人承担民事责任。"出质人未经质权人同意而转让或者许可他人使用已经出质权利的，是否应当直接认定无效？如果转让费或者许可费超过主债权金额，可以不需要征求同意，但必须事先通知，事后清偿或者提存。

法律并未禁止知识产权所有人本人实施知识产权，知识产权所有人本人可实施知识产权，但是，所得的价款应当向质权人提前清偿债务或者提存。

（2）求偿权和代位权

如果出质人是债务人以外的第三人，一旦该第三人代替债务人清偿债务，或因质权的实行而丧失被质押的权利，有权向债务人追偿。

（3）请求质权人及时行使质权的权利

出质人可以请求质权人在债务履行期届满后及时行使质权。如果质权人不行使质权，出质人可以请求人民法院拍卖、变卖质押知识产权。出质人请求质权人及时行使质权，因质权人怠于行使权利造成损害的，由质权人承担赔偿责任。

（4）保全出质权利的义务

如果出质人放弃知识产权或者知识产权遭受侵害而放弃保护，以及其他损害知识产权价值的情况出现，质权人的合法利益难以得到充分维护。因此，出质人应当承担保全出质权利的义务，除非质权人同意。

五、质押的消灭

下列情况可能导致质权的消灭：被担保的债权消灭；质押知识产权被撤销或被宣告无效或因其他原因丧失；质权人对质权的抛弃；质押期间届满；提前解除质押合同；质权的实现等。

第5节　知识产权出资

一、概述

知识产权出资是指在设立企业时以知识产权缴付资本的行为。知识产权出资是知识产权资本化的一种方式。相对于消费者的需求，知识产品总是稀缺的，正是这种稀缺性决定知识产权可以作为投资资本。促进知识经济或信息经济可持续发展。从资本的本质特征来看，知识产权资本与实物资本没有什么不同，同样具有经济价值的增值性。所不同的是，知识产权属于"无形财产"，其无形性、专有性、时间性、地域性和某些知识产权的国家授权性，决定其投入生产过程要比实物资本复杂得多。

一般来说，知识产权出资应当符合以下条件。

第一，出资的知识产权应当为出资人合法所有。例如，《中外合资经营企业合营各方出资的若干规定》第 2 条规定:"凡是以实物、工业产权、专有技术作价出资的,出资者应当出具拥有所有权和处置权的有效证明。"第 3 条还要求,合营企业任何一方不得用以合营者以外的包括知识产权在内的他人财产作为自己的出资。出资经国家授权的知识产权时,应当出示国家批准文件,例如,专利证书、商标注册证等文件。同时,从上述规定可以看出,知识产权被许可人不能以知识产权许可使用权出资。

第二,出资的知识产权只能是其中的财产权,不能是人身权。可以用于出资的知识产权主要包括可以转让的专利权、商标权、著作权、集成电路布图设计权、植物新品种权、商业秘密权。不可转让的,如地理标志权,不能作为出资的标的。

第三,向一般法人企业出资的知识产权在出资以前不得设定质押。例如,《公司登记管理条例》第 14 条第 2 款规定:"股东不得以劳务、信用、自然人姓名、商誉、特许经营权或者设定担保的财产等作价出资。"《中外合作经营企业法实施细则》第 19 条规定:"合作各方应当以其自有的财产或者财产权利作为投资或者合作条件,对该投资或者合作条件不得设置抵押权或者其他形式的担保。"知识产权成为企业资产后,企业有权设定质押。但是,在《个人独资企业法》和《合伙企业法》中并未明确出资的知识产权不得设定抵押。这主要是因为,法人企业的出资人以自己的出资额对企业债务承担有限责任,企业对外以企业资产承担有限责任,在知识产权出资之前设定质押可能导致投资人出资不实,企业承担不合自己意志、由投资人所导致的不利后果;个人独资企业和合伙企业的投资人一般承担无限责任,不论出资的知识产权是否设定质押。合伙企业是一种契约式企业,是否禁止或者限制设押知识产权出资,可以由合伙人协商确定;协商不成,设押知识产权不得出资。

第四,法人企业的知识产权出资比例受到限制。知识产权并非企业经营的唯一生产要素,它只有与货币、实物、劳动力等生产要素有机结合、合理配置,才能防范知识产权出资的风险,充分发挥其效能。我国法律法规对法人企业的知识产权出资占注册资本的比例进行了限制。但是,个人独资企业和合伙企业的知识产权出资比例由出资人自行或者协商决定。

知识产权出资比例的限制和自由,由出资人对企业债务承担责任的形式决定。如果出资人对企业的债务承担无限责任,即使企业知识产权不足以清偿所有债务,还可以以其他财产清偿企业债务,法律不限制知识产权出资在注册资本中的比例。例如,在个人独资企业和合伙企业中,知识产权出资在出资总额中的比例不受限制,由出资人自行决定;在合伙企业中,合伙人对企业债务承担连带责任,知识产权出资比例应当由全体合伙人一致同意。如果出资人以自己出资对本企业承包责任,企业以自己的财产对外承担责任,法律限制知识产权出资比例。在企业中,全体股东的货币出资金额不得低于有限责任公司注册资本的 30%,则知识产权出资金额不得高于企业注册资本的 70%。在外资企业中,工业产权和专有技术出资的作价金额不得超过外资企业注册资本的 20%。在合营、合作企业中,外国合营者、合作者的包括工业产权、非专利技术在内的投资比例一般不低于注册资本的 25%。法律只明确涉外企业的工业产权、专有技术可以出资,没有明确其他知识权能否出资;外国人的工业产权、专有技术出资比例,有的设上限 20%,有的设下限 25%,其中理由令人费解。因此,有必要修改涉外企业知识产权出资规定,统一按照公司法作出规定,使外国人享受国民待遇。

第五，外国出资人投资于中国境内的企业的知识产权必须是受中国法律保护的知识产权。例如，外国政府授予外国人的专利权、商标专用权在中国不受法律保护，不能作为出资的标的。但是，著作权自动产生，如果外国与中国签订著作权保护条约或者共同参加相关国际条约，该外国人的著作权可以作为出资的标的。

第六，出资知识产权不能违反法律和社会公德。例如，法律、行政法规禁止从事营利性活动的人，不得作为投资人申请设立个人独资企业。按照法律规定，禁止从事营利性活动的人员主要是国家公务员，包括行政机关公务人员和司法人员。例如，《法官法》第32条规定，法官不得从事营利性的经营活动。《检察官法》第35条规定，检察官不得从事营利性的经营活动。《人民警察法》第22条规定，人民警察不得从事营利性的经营活动。《公务员法》第53条规定，公务员不得从事或者参与营利性活动，在企业或者其他营利性组织中兼任职务。因此，拥有知识产权的国家公务员不得投资个人独资企业。

二、出资的作用和风险

知识产权出资有利于权利人和所投资的企业。知识产权出资将知识产权的经济价值直接折算成企业资本股份，增加本企业的资本或者向其他企业投资，改善企业资本的结构，有形资本的比重下降，无形资本的比重上升，企业的市场竞争能力可得到提升，有助于企业提高资本收益率。与此同时，知识产权权利人通过企业的盈利经营，获得丰厚的经济利益。

知识产权出资也有利于产业发展。由于知识产权资本加强企业盈利能力，导致社会投资方向发生重大变化，大量资本投向知识密集型产业，能优化产业结构。

但是，知识产权出资隐藏着潜在的风险，因为知识产权是一种无形财产，具有不同于有形财产的特性：专利权、商标权等是国家授权而产生的，专利权可依照法定程序宣告无效，商标权可能依照法定程序被撤销；知识产品大多具有高科技含量，交易范围有限，其价值只有相关领域的专业人员才能辨别和评估，其主观性较强；再者，知识产权容易遭受侵害，有效控制难度大。因此，企业应当充分估计知识产权出资的风险，建立风险防范机制。

三、出资的方式

知识产权出资主要有两种方式：转让出资和用益出资，前者是指知识产权权利人以转让知识产权方式出资，后者是指知识产权权利人以许可知识产权方式出资。在转让出资时，出资人可以约定是整体权利转让还是部分权利转让。在用益出资时，出资人可以约定整体权利许可、部分权利许可，也可以约定普通许可、独占许可或者排他许可。用益出资后，转让知识产权不影响用益出资，但是，出资人转让出资须经其他出资人同意，其他出资人有优先购买权。知识产权出资之后，相应的知识产权是企业的财产权利，企业在法律范围内可以行使此财产权利。

四、出资的程序

1. 评估作价

为了确定投资资本，必须对知识产权评估作价，既可以由出资人协商评估作价，也可以委托评估机构评估作价。在合伙企业中，合伙人以知识产权出资，需要评估作价的，可以由全体合伙人协商确定，也可以由全体合伙人委托法定评估机构评估。在企业中，对作为出资的知识产权应当评估作价，核实财产，不得高估或者低估作价；法律、行政法规对评估作价有规定的，从其规定。在中外合营企业中，合营者以工业产权、专有技术作为出资的、其作价由合营各方按照公平合理的原则协商确定，或者聘请合营各方同意的第三者评定。在外资企业中，出资的工业产权、专有技术的作价应当与国际上通常的作价原则相一致。

2. 权利移转

知识产权的转让出资和用益出资应当按照知识产权转让和许可情况，在相应管理机关办理登记或者备案手续。在内资企业（个人独资企业、合伙企业、公司等）设立登记中，其注册资本为实缴资本，以知识产权出资，权利转移手续应在企业领取营业执照之前依法办理。例如，《公司登记管理条例》第20条、第21条规定，股东、发起人首次出资是非货币财产的，应当在企业设立登记时提交已办理其财产权转移手续的证明文件。涉外企业（外资企业、中外合资经营企业和中外合作经营企业等）中，其注册资本为认缴资本，以知识产权出资，可以依据出资人约定在领取营业执照之前或之后依法办理权利转移手续。

3. 验资

企业出资人缴纳出资后，必须经依法设立的验资机构验资并出具出资证明。外资企业、中外合作经营企业和中外合资经营企业应当聘请中国的注册会计师验证。

4. 检查或者审批

《外资企业法实施细则》要求，对作价出资的工业产权、专有技术，应当备有详细资料，包括所有权证书的复制件，有效状况及其技术性能、实用价值，作价的计算根据和标准等，作为设立外资企业申请书的附件一并报送审批机关。作价出资的工业产权、专有技术实施后。审批机关有权进行检查。该工业产权、专有技术与外国投资者原提供的资料不符的，审批机关有权要求外国投资者限期改正。其他企业的知识产权出资未见有与此类似的明确要求。外资企业注册资本的增加、转让，应当经审批机关批准。

《中外合资经营企业法实施条例》要求，外国合营者的工业产权或者专有技术出资，应当报审批机构批准。在报批时，应当提交该工业产权或者专有技术的有关资料，包括专利证书或者商标注册证书的复制件、有效状况及其技术特性、实用价值、作价的计算根据、与中国合营者签订的作价协议等有关文件，作为合营合同的附件。因投资总额和生产经营规模等发生变化，合营企业在合营期内确需减少其注册资本，须经审批机构批准。

《中外合作经营企业法实施细则》要求，合作各方之间相互转让或者合作一方向合作他方似外的他人转让属于其在合作企业合同中全部或者部分权利的，须经合作他方书面同意，并报审查批准机关批准。

5. 设立、变更登记

知识产权出资是企业设立、变更登记的重要事项。例如，在合伙企业设立登记中，以知识产权或者其他财产权利出资，由全体合伙人协商作价的，应当向企业登记机关提交全体合伙人签署的协商作价确认书；由全体合伙人委托法定评估机构评估作价的，应当向企业登记机关提交法定评估机构出具的评估作价证明。如果出资知识产权，引起中外合作经营企业注册资本的增加、减少，应当由董事会会议通过，并报审批机构批准，向登记管理机构办理变更登记手续。

第 6 节　知识产权信托

一、概述

信托从字面上看，就是因为信任而委托。知识产权信托是指委托人基于对受托人的信任，将其知识产权中的财产权委托给受托人，由受托人按委托人的意愿以自己的名义，为受益人的利益或者特定目的，进行管理或者处分该知识产权的行为。

知识产权信托具有如下特征。

第一，知识产权信托是一种理财制度。这种理财制度是以信任为基础的，有信任才有委托，委托的内容是管理、处分知识产权；这种理财的目的是为了受益人的利益。知识产权信托是委托人将自己的知识产权委托给所信任的受托人，按照一定的目的即信托目的，为委托人自己的或者他人的利益，而管理或者处分该财产的制度。

第二，受托人是以自己的名义管理、处分知识产权。这与知识产权代理明显不同。在知识产权代理活动中，代理人只能以被代理人名义而不能以自己名义从事代理活动。

第三，信托财产是委托人所委托的知识产权中的财产权。信托知识产权中的财产权包括：对知识产权的许可使用权、获取知识产权收益的受益权、实施对知识产权管理的权利、对知识产权的处分权。这 4 种权利是可以分离的，分别行使或者分别加以组合行使。委托人有权依照法定的规则，自主地决定其知识产权运用信托的具体内容、具体方式。

当然，知识产权是生产力进化的产物，其无形性的特征使其管理更加复杂化、专业化。与有形财产信托相比，知识产权信托对传统的信托管理提出了挑战。也正因为如此，目前知识产权信托还处于起步阶段。

二、信托的类型

知识产权信托可以依据信托目的分为民事信托、营业信托、公益信托。

民事信托，相对于营业信托而言，可称为非营业信托，是以完成一般的民事法律行为为内容的信托。著作权集体管理属于民事信托，因为它是指著作权集体管理组织经权利人授权，集中行使权利人的著作权或者与著作权有关的权利并以自己的名义进行的下列活动：与使用者订立著作权或者与著作权有关的权利许可使用合同；向使用者收取使用费；向权利人转付使用费；进行涉及著作权或者与著作权有关的权利的诉讼、仲裁等。如果著作权集体管理组织从事营利性经营活动的，工商行政管理部门可以依法予以取缔，没收违法所得。

营业信托，又称商事信托，是以营利为目的，委托营业性的信托机构实施有关知识产权的商事行为的信托。2007 年 3 月开始实施的《信托公司管理办法》第 2 条规定，信托公司是指依照《公司法》和《信托公司管理办法》设立的主要经营信托业务的金融机构。信托业务是指信托公司以营业和收取报酬为目的，以受托人身份承诺信托和处理信托事务的经营行为。显然，信托公司的信托行为具有营利性，此种信托是典型的营业信托。

公益信托，是指以公益事业为目的的有关知识产权的信托。尽管知识产权是私权，但是，这种财产权可以为社会公众谋求利益，而不是为特定的个人谋私利，因此，知识产权可以是公益信托的对象。

三、信托的作用

知识产权信托能实现权利人利益最大化。由于知识产权创造人的管理时间、精力、经验等方面的限制，需要委托他人管理，发挥科学理财、专家理财的作用，使之集中化、制度化、专业化，以实现知识产权利益最大化，反过来，这种利益促进权利人再创造。因此，信托是知识产权实现其经济价值和创造价值的重要方式。

知识产权信托能促进知识产权转化。知识产权信托是一种重要金融手段，能有效地解决知识产权转化过程中资金不足的难题。信托公司通过信托资金的运用，融通资金，可以将信托资金投资于知识产权的经济价值转化。

总之，将信托引入知识产权领域，不仅可以发挥其保值、增值功能，更能有效地拓宽知识产权商品化和产业化的渠道，解决我国知识产权转化难的难题。

四、信托的设立

1. 必须有合法的信托目的

设立知识产权信托，必须有合法的信托目的。例如，著作权集体管理的目的是为了著作权人和与著作权有关的权利人的利益，而且这种利益是著作权法和其他法律所保护的合法经济利益。

2. 必须有确定的信托知识产权

设立知识产权信托，必须有确定的知识产权，并且该知识产权必须是委托人合法所有的财产。例如，在著作权集体管理中，集中管理是一种以著作权或者与著作权有关的权利为中心建立起来的法律关系。如果缺少了信托的著作权或者与著作权有关的权利，也就无所谓集中管理。如果独创性作品真实存在，而且在保护期内也符合著作权法律的其他规定，该著作权就是确定的。只有集中管理的是委托人合法的著作权或者与著作权有关的权利，信托著作权才可能是确定的。

3. 应当采用书面形式

设立信托应当采取书面形式。例如，《著作权集体管理条例》规定："权利人可以与著作权集体管理组织以书面形式订立著作权集体管理合同，授权该组织对其依法享有的著作权或者与著作权有关的权利进行管理。"知识产权具有无形性的特点，采取书面形式设立信托，有利于确定信托目的和信托当事人的权利与义务，增强信托确定性，可以减少纠纷或者有利于纠纷的解决。

一般来说，知识产权信托合同的主要内容包括：①信托目的；②委托人、受托人的姓名或者名称、住所；③受益人或者受益人范围；④信托知识产权的范围、种类及状况；⑤信托的期限；⑥受益人取得信托利益的形式、方法；⑦其他当事人约定的事项。

4. 应当依法办理信托登记

对于信托知识产权，尤其是专利权、商标权、集成电路布图设计权、植物新品种权，应当办理登记手续。作为无形的信托知识产权尤其需要进行信托登记，有利于对其已设立信托的事实予以确认，保护第三人的利益。但是，《信托法》对信托登记只是作出了基本规定，而对知识产权信托登记具体操作规则则是空白。

五、信托的独立性

知识产权信托是受托人因承诺信托而取得的知识产权中的财产权利，该知识产权与委托人、受托人及受益人的其他自有财产分离，具有独立性，仅服从和服务于信托目的，具体体现如下。

第一，知识产权信托成立后，该知识产权独立于委托人。信托成立后。委托人（知识产权主体）不能再直接管理运用知识产权。例如，《著作权集体管理条例》第20条规定："权利人与著作权集体管理组织订立著作权集体管理合同后，不得在合同约定期限内自己行使或者许可他人行使合同约定期限内自己行使或者许可他人行使合同约定的由著作权集体管理组织行使的权利。"信托知识产权一旦形成，就与委托人未设立信托的其他财产或者财产权利相区别，以信托的方式交由他人管理，而未信托的知识产权或者其他财产权利则无此特性。

信托设立后，委托人死亡或者依法解散、被依法撤销、被宣告破产时，委托人不是唯一受益人的，还有其他受益人的，即使委托人死亡或者因其他有可能使信托消失的法定事由出现，信托知识产权不能作为委托人的遗产或者清算财产。当然，委托人死亡或者依法解散、被依法撤销、被宣告破产时，委托人是唯一受益人的，信托知识产权作为其遗产或者清算财产，委托人不是唯一受益人，而还有其他受益人存在，信托存续的情况下，委托人死亡或者因法定事由消失的，其信托受益权作为其遗产或者清算财产。

第二，承诺信托而从委托人手中取得的知识产权，独立于受托人。例如，《信托公司管理办法》第3条规定："信托财产不属于信托公司的固有财产，也不属于信托公司对受益人的负债。信托公司终止时，信托财产不属于其清算财产。"尽管信托知识产权是以受托人名义为一定的信托目的被受托人管理运用的，但不于受托人自己所有的财产权利与受托人原有财产或者财产权利相区别，具体体现在：①受托人死亡或者依法解散、被依法撤销、被宣告破产而终止，信托知识产权不属于其遗产或者清算财产；②受托人管理运用、处分信托知识产权所产生的债权，不得与其固有财产产生的债务相抵销；③受托人管理运用、处分不同委托人的信托知识产权所产生的债权债务，不得相互抵销。受托人不仅需要将自己的财产与信托知识产权分开保管，而且还需要将不同的信托知识产权分开保管。

第三，委托人、受托人、受益人的一般债务的效力不能及于信托知识产权，信托知识产权不得被强制执行，但是下列法定情形除外：①设立信托前债权人已对信托知识产权享有优先受偿的权利，并依法行使该权利的；②受托人处理信托事务产生债务，债权人要求清偿债务的；③信托知识产权本身应担负的费用或者税款；④法律规定的其他情形。此4种情形主要是为了防止委托人以信托知识产权为手段逃避债务，损害债权人合法权益的情况。

六、信托的委托人

委托人以其拥有的知识产权设立信托，为了一定的目的委托他人进行理财的知识产权信托关系当事人。委托人应当具有两项基本条件：首先，拥有可以信托的知识产权；其次，本人应当具有完全民事行为能力，能以其行为从事民事活动，享受权利、履行义务的人，包括自然人、法人或者其他组织。没有完全民事行为能力的人，由其法定代理人代理其民事活动。委托人可以是一人，也可以是两人或者两人以上（他们被称为共同委托人）。

委托人作为信托知识产权的提供者，为了其合法利益和受益人的利益，享有如下权利：①委托人有知情权。著作权集体管理中，委托人有权查询集体管理组织权利信息系统，有权查阅集体管理组织记录的作品许可使用情况、使用费收取和转付情况、管理费提取和使用情况，有权查问、复制著作权集体管理组织的财务报告、工作报告和其他业务。②委托人有权要求调整信托财产管理方法。③委托人有申请报销处分权。④委托人有依法解除与受托人的信托关系的权利。例如，在著作权集体管理中，委托人可以依照著作权集体管理组织章程规定的程序，退出著作权集体管理组织，终止著作权集体管理合同。但是，著作权集体管理组织已经与他人订立许可使用合同的，该合同在期限届满前继续有效；该合同有效期内，委托人有权获得相应的使用费并可以查阅有关业务材料。

另外，在著作权集体管理牛，委托人符合著作权集体管理组织章程规定加入条件的，著作权集体管理组织应当与其订立著作权集体管理合同，不得拒绝。

七、信托的受托人

受托人是接受委托，按照信托文件对信托知识产权进行管理、利用、处分的人。正因如此，《信托法》规定，受托人应当是具有完全民事行为能力的自然人、法人。

知识产权信托作为特殊理财制度，与不同的专业相联系，受托人需要有相应的专业能力，因此知识产权信托的受托人成立程序比较严格。

依据《著作权集体管理条例》，依法享有著作权或者与著作权有关的权利的中国公民、法人或者其他组织，可以发起设立著作权集体管理组织。设立著作权集体管理组织，应当具备下列条件：发起设立著作权集体留理组织的权利人不少于 50 人；不与已经依法登记的著作权集体管理组织的业务范围交叉、重合；能在全国范围代表相关权利人的利益；有著作权集体管理组织物章程草案、使用费收取标准草案和向权利人转付使用费的办法草案。由国务院著作权管理部门作出批准或者不予批准著作极集体管理组织。批准的，发给著作权集体管理许可证；不予批准的，应当说明理由。申请人自国务院著作权管理部门发给著作权集体管理许可证之日起 30 日内，依照有关社会团体登记管理的行政法规到国务院民政部门办理登记手续。依法登记的著作权集体管理组织，自国务院民政部门发给登记证书之日起 30 日内，将其登记证书副本报国务院著作权管理部门备案，国务院著作权管理部门应当将报备的登记证书副本及著作权整体管理组织草程、使用费收取标准、使用费转付办法予以公告。

依据《信托公司管理办法》，设立信托公司，应当具备下列条件：有符合《公司法》和中国银行业监督管理委员会规定的公司章程；有具备中国银行业监督管理委员会规定的入股资格的股东；具有规定的最低限额的注册资本，有具备中国银行业监督管理委员会规定任职资格的董事、高级管理人员和与其业务相适应的信托从业人员；具有健全的组织机构、信托业务操作规程和风险控制制度；有符合要求的营业场所、安全防范措施和与业务有关的其他设施；中国银行业监督管理委员会规定的其他条件。设立信托公司，还应当经中国银行业监督管理委员会批准，并领取金融许可证。

受益人是指在信托中享有信托受益权的人。信托受益权是指享有信托收益的权利。受益人在信托关系中的地位由其所享有的权利决定。在著作权集体管理中，委托人和受益人可以是同一著作权人或者与著作权有关的权利人。

第7节　知识产权拍卖

一、概述

知识产权拍卖是指以公开竞价的形式，将知识产权许可、转让给最高应价者的市场交易方式。知识产权拍卖是知识产权利用的一种途径。知识产权拍卖是一种特殊的买卖交易活动，一般应当具备下列条件：第一，拍卖对象是知识产权。一般的拍卖对象为有形财产，拍卖成功后应当交付有形财产物体；而知识产权是无形财产权，拍卖成功后，无须交付物体。例如，艺术品拍卖对象是拍卖附着美术作品的载体物，而著作权拍卖对象是拍卖作品本身。第二，拍卖由买卖双方以外的第三人——拍卖人主持。一般的知识产权的转让或者许可由转让人、受让人或者许可人、被许可人双方进行，可以不需要第三人介入；拍卖必须由第三人——拍卖人主持买卖活动。第三，拍卖必须有两个以上竞买人。拍卖是一种直接竞争买卖的交易方式，其竞争是在买方之间展开的。通过叫价或者应价，出价最高者获得拍卖的知识产权。没有两个买方，也就无所谓竞争，因此，竞买人至少应当有两个。第四，拍卖是一种直接价格竞争。在拍卖活动中，价格比拼是唯一的竞争手段，几乎撇开其他竞争方式，例如，质量、特色、时间等方面的竞争。

可转让的知识产权都可以成为拍卖的标的。例如，专利权可以成为拍卖的标的。专利内容的公开制度正好适合拍卖公开的特点，不存在信息不对称的问题；专利的价值难以估计，但是，拍卖中的竞价可以简单地解决此问题。商业秘密不适宜拍卖，因为商业秘密不能公开，与拍卖公开性特点相抵触，除非委托人与拍卖人、所有竞买人签订保密协议。

知识产权拍卖，既可以"拍卖"使用权、许可他人使用，也可以"拍卖"专有权、转让知识产权。

二、拍卖的作用

拍卖能促进知识产权交易，实现透明交易，在竞买人之间合理配置资源。知识产权拍卖是一种公开买卖。买卖的详细情况完全公开，让公众知道，让公众参与，让公众监督，按照公认的标准交易。这种买卖出于买卖双方的自愿，双方权利义务对等，透明度和公开程度高，能够真正体现公平、公正。

1. 拍卖人

拍卖人是指依法设立的从事拍卖活动的企业法人。依照《拍卖法》第 12 条的规定，设立拍卖企业，应当具备下列条件：有 100 万元人民币以上的注册资本；有自己的名称、组织机构、住所和章程，有与从事拍卖业务相适应的拍卖师和其他工作人员；有符合本法和其他有关法律规定的拍卖业务规则；符合国务院有关拍卖业发展的规定；法律、行政法规规定的其他条件。

拍卖人的权利是有权要求委托人说明拍卖知识产权的来源和瑕疵。

拍卖人的义务是：拍卖人应当向竞买人说明拍卖知识产权的瑕疵，拍卖人接受委托后，未经委托人同意，不得委托其他拍卖人拍卖；委托人、买受人要求对其身份保密的，拍卖人应当为其保密；拍卖人及其工作人员不得以竞买人的身份参与自己组织的招卖活动，并不得委托他人代为竞买；拍卖人不得在自己组织的拍卖活动中拍卖自己的知识产权；拍卖成交后，拍卖人应当按照约定向委托人交付拍卖知识产权的价款；拍卖人应当妥善保管有关业务经营活动的完整账簿、拍卖笔录和其他有关资料，自委托拍卖合同终止之日起计算，不得少于 5 年。

2. 委托人

委托人是指委托拍卖人拍卖知识产权的公民、法人或者其他组织。

委托人的权利是：委托人可以自行办理委托拍卖手续，也可以由其代理人代为办理委托拍卖手续；委托人有权确定拍卖知识产权的保留价并要求拍卖人保密（拍卖国有资产，依照法律或者按照国务院规定需要评估的，应当经依法设立的评估机构评估，并根据评估结果确定拍卖标的的保留价）；委托人在拍卖开始前可以撤回拍卖知识产权（委托人撤回拍卖标的的，应当向拍卖人支付约定的费用；未作约定的，应当向拍卖人支付为拍卖支出的合理费用）。

委托人的义务是：委托人应当向拍卖人说明拍卖知识产权的来源和瑕疵；委托人不得参与竞买，也不得委托他人代为竞买。

3. 竞买人

竞买人是指参加竞购拍卖知识产权公民、法人或者其他组织。法律、行政法规对拍卖标的的买卖条件有规定的，竞买人应当具备规定的条件。

竞买人的权利是：竞买人可以自行参加竞买，也可以委托其代理人参加竞买；竞买人有权了解拍卖知识产权的瑕疵，有权查验拍卖知识产权和查阅有关拍卖资料。

竞买人的义务是：竞买人一经应价，不得撤回，当其他竞买人有更高应价时，其应价即丧失约束力；竞买人之间、竞买人与拍卖人之间不得恶意串通，损害他人利益。

4. 买受人

买受人是指以最高应价购得拍卖知识产权的竞买人。

买受人的权利是：买受人未能按照约定取得拍卖知识产权的，有权要求拍卖人或者委托人承担违约责任。

买受人的义务是：买受人应当按照约定支付拍卖知识产权的价款，未按照约定支付价款的，应当承担违约责任；因买受人违约，拍卖知识产权再行拍卖的，原买受人应当支付第一次拍卖中本人及委托人应当支付的佣金；再行拍卖的价款低于原拍卖价款的，原买受人应当补足差价。

三、拍卖的程序

1. 委托拍卖

委托人委托拍卖知识产权，应当提供身份证明和拍卖人要求提供的拍卖知识产权证明或者其他资料。拍卖人对委托人提供的有关文件、资料进行核实。拍卖人认为需要对拍卖知识产权进行鉴定的，可以进行鉴定。拍卖人接受委托的，应当与委托人签订书面委托拍卖合同。委托拍卖合同应当载明以下事项：①委托人、拍卖人的姓名或者名称、住所；②拍卖的种类、名称、权利范围、保护期等；③委托人提出的保留价；④拍卖的时间、地点；⑤拍卖知识产权转移的时间、方式；⑥佣金及其支付的方式、期限；⑦价款的支付方式、期限；⑧违约责任；⑨双方约定的其他事项。

其中，委托人、买受人可以与拍卖人约定佣金的比例。委托人、买受人与拍卖人对佣金比例未作约定，拍卖成交的，拍卖人可以向委托人、买受人各收取不超过拍卖成交价5%的佣金。收取佣金的比例按照同拍卖成交价成反比的原则确定。拍卖未成交的，拍卖人可以向委托人收取约定的费用，未作约定的，可以向委托人收取为拍卖支出的合理费用。

在委托拍卖时，委托人可以确定拍卖的保留价。

如果为了民事执行，委托人是人民法院，应当确定保留价。人民法院参照评估价确定拍卖保留价；未作评估的，参照市价确定，并应当征询有关当事人的意见。人民法院确定的保留价，第一次拍卖时，不得低于评估价或者市价的80%；如果出现流拍，再行拍卖时，可以酌情降低保留价，但每次降低的数额不得超过前次保留价的20%。保留价确定后，依据本次拍卖保留价计算，拍卖所得价款在清偿优先债权和强制执行费用后无剩余可能的，应当在实施拍卖前将有关情况通知申请执行人。申请执行人于收到通知后5日内申请继续拍卖的，人民法院应当准许，但应当重新确定保留价；重新确定的保留份应当大于该优先债权及强制执行费用的总额。

2. 拍卖公告与展示

拍卖人应当于拍卖日7日前通过报纸、电台、电视台、网络或者其他新闻媒体发布拍卖公告，吸引公众参与竞买，通告权利人对拍卖的知识产权提出异议。

拍卖公告应当载明下列事项：①拍卖的时间、地点；②拍卖的知识产权种类、名称、权利范围、保护期限等；③拍卖的知识产权展示时间、地点，④参与竞买应当办理的手续；⑤需要公告的其他事项。

竞买人在参加拍卖之前只有了解拍卖知识产权的情况，才能决定是否参加竞买，如果参加，还需初步确定出价的幅度；因此，拍卖人应当在拍卖前展示拍卖标的，并提供查看拍卖标的的条件及有关资料，而且拍卖标的的展示时间不得少于2日。

3. 实施拍卖

竞买人在拍卖人规定的时间和地点参与拍卖。拍卖前，拍卖师应当宣布拍卖规则和注意事项。拍卖的知识产权无保留价的，拍卖师应当在拍卖前予以说明。拍卖人进行拍卖时，应当制作拍卖笔录。拍卖笔录应当由拍卖师、记录人签名。

竞买人的最高应价经拍卖师落槌或者以其他公开表示买定的方式确认后，拍卖成交。成交后，买受人和拍卖人应当签署成交确认书，买受人还应在拍卖笔录上签名。拍卖的知识产权需要依法办理登记、备案手续的，委托人、买受人应当持拍卖人出具的成交证明和有关材料，向有关知识产权行政管理机关办理手续。

第8节　知识产权保险

一、概述

知识产权保险是顺应市场上对于转嫁知识产权侵权风险的需要而产生的。知识产权侵权风险包括两个方面：一是竞争对手侵犯自主创新企业的知识产权而给企业预期收益带来的负面影响；二是企业自主创新过程中因自身的侵权行为必须承担赔偿责任而对企业的正常经营带来的震荡。因此，知识产权保险不仅补偿权利人起诉的诉讼费用，而且补偿侵权人应诉的抗辩费用和侵权损害赔偿金。

知识产权保险是以被保险人依法对侵权人提起诉讼所造成的费用损失或被保险人应当对第三人承担的知识产权损害赔偿责任为保险标的，投保人按照合同的约定向保险人交纳一定数量的保险费，将上述费用损失或责任风险转嫁给保险公司，当侵权行为发生时，由保险公司按照合同的约定赔偿被保险人产生于维护其知识产权或对第三者造成侵权而产生的费用和损失的财产保险。自20世纪90年代知识产权保险制度陆续在发达国家发展起来，许多发达国家或地区的企业都将知识产权保险作为其实施自主创新的保护屏障之一，其中以美国、英国、瑞士、日本等国家为典型。时至今日，知识产权保险问题早已引起世界知识产权组织高度关注，认为它是一种对专利有效执行的具有相当前景的商业战略，尤其是对中小创新企业而言。

二、保险的特征

知识产权保险属于财产保险的一种，但是知识产权所具有的客体的无形性、相对垄断性、法律效力在时空上的有限性及权利保护范围不确定性的显著特征，使得它与有形财产保险比较而言具有如下特征。

（1）保险标的不同

有形财产保险标的为财产及其利益或相关责任，具有单一性；而知识产权保险标的具有复合性，包括作为保险对象的知识产权的财产及其相关利益、知识产权权利主体承担的侵权责任或被侵权时提起诉讼而支付的诉讼费用。

（2）业务开展前提不同

有形的财产保险以财产归属确定为前提条件；而知识产权保险的业务前提，不需要以权利确定为必要条件。

（3）保险程序不同

知识产权具有相对垄断性和唯一性。为确保知识产权的保值增值，权力主体需要对此进行经营管理，其经营管理方式显然与有形财产不同。就知识产权转让而言，国内转让和国外转让存在不同程序要求，其各自相应的保险程序也就不同。不同的知识产权许可方式也导致权利义务截然不同，导致知识产权保险情形纷繁复杂。而有形财产保险的载体唯一、转让和许可使用时要求的程序简单，保险程序也相对简单。

（4）保险时空限制情形不同

有形财产的财产所属不因时空的变化而变化，因此有形财产承保与否一般不受时空必然限制，而知识产权保险则不同。发达国家知识产权保险各具特点，例如，美国不承保非本国授权的知识产权，而英国专利保险却可以。可见，知识产权的法律效力存在时空上的有限性，如果知识产权超过保护期限，或在不受保护的国度或区域时，该权利就不受保护，或进入共有领域，该知识产权保险也因此不存在或终结。

三、保险的运作

以专利保险为例，从国外来看，英美专利保险制度较为发达，而在我国还是一个新生事物。

1973年，美国保险服务所的商业综合责任保险保单（CGL）首次将专利保险纳入普通商业责任保险的范围。根据该保单规定，由于毁谤、诋毁、损誉、侵犯隐私权、侵犯专利权和侵犯著作权造成的损害，保险公司均应承担相应的保险责任。1994年，美国国家联合火灾保险公司推出了首张综合性专利侵权保险单，随后被多家保险公司遵从。从美国近年来专利保险开展的情况看，专利保险涉及传播、使用和销售被保险人产品的专利侵权诉讼费用和损害赔偿，不过很多公司仍将故意侵权及不正当获取商业秘密的行为排除在理赔范围之外。值得注意的是，美国还存在一种以专利保险为主营业务的专利运营公司，例如，2008年成立的RPX公司。该公司成立的重要目的就是应对恶意提起专利诉讼的公司及其带来的高额诉讼成本。公司收购了大量可能给其会员企业带来侵权困扰的专利，然后许可给会员企业使用，同时收取每年4万～520万美元的年度使用费。又如，在英国，劳埃德海上保险协会推出了一种名为专利执行保单，以解决中小企业在专利侵权诉讼中必需的费用问题。根据该保单的规定，理赔范围包括：被保险人对侵权人提出起诉的诉讼费用、被保险人因抗辩侵权而提出的反诉费用、被保险人对抗请求人专利无效宣告侵权而应诉专利无效的费用。

在我国，知识产权保险尤其是专利保险日益受到重视。2012年，北京、武汉、镇江等成为我国专利保险试点城市。以江苏镇江市为例，其知识产权局在2012年4月发布了《镇江市开展专利保险试点工作实施意见（试行）》。该市制定了专利保险试点工作方案与相关政策，设计了专利保险的险种。为推动专利保险，还搭建平台促成保企对接。例如，在

2012 年 4 月 28 日，举办"专利保险试点启动仪式暨保企对接大会"。在本次活动中，政府以购买服务的方式向 142 件专利提供专利保除优真费率和保费补贴，江苏正丹化学工业股份有限公司拿到了人保财险的全国第一张专利保险单。为推动专利保险业务，镇江市还开展了相关的配套服务，即以购买服务的方式向企业赠送为期 1 年的专利维权托管服务。

第 9 节　知识产权捐赠

一、概述

知识产权捐赠是指自然人、法人或者其他组织自愿无偿地向依法成立的公益性社会团体和公益性非营利的事业单位赠与其知识产权，用于公益事业的法律行为。尽管捐赠是自愿和无偿的，但是捐赠人应当依法履行捐赠协议，按照捐赠协议约定的期限和方式将知识产权转移给受赠人。这里的"转移"既可以是转让，也可以是许可。

知识产权捐赠涉及三方主体：捐赠人、受赠人和受益人。

捐赠人是指捐赠行为中可以处分知识产权的自然人、法人或者其他组织。自然人，既可以是中华人民共和国公民，也可以是旅居国外的华侨，还可以是外国人。法人和其他组织，既可以是依法在中国设立的法人或组织，也可以是在国外依法成立的法人或组织。捐赠人对知识产权实施捐赠应当在法律规定的处分权范围内，或者取得知识产权人的合法授权；没有法律的规定或者取得特定的授权，任何捐赠人都不得对他人的知识产权随意进行捐赠。

受赠人是指捐赠行为中的公益性社会团体及公益性非营利的事业单位。这种特定受赠主体是捐赠，不同于一般民事赠与的主要特点。公益性社会团体是指依法成立的，以发展公益事业为宗旨的基金会、慈善组织等社会团体，如中国青少年发展基金会、中国慈善总会等。公益性非营利的事业单位是指依法成立的，从事公益事业的不以营利为目的的教育机构、科学研究机构、医疗卫生机构、社会公共文化机构、社会公共体育机构和社会福利机构等，如华中科技大学、中国科学院、华中科技大学同济医学院附属医院、北京市劳动人民文化宫等。依据《公益事业捐赠法》第 3 条的规定，公益事业是指非营利的如下事项：①救助灾害、救济贫困、扶助残疾人等困难的社会群体和个人的活动；②教育、科学、文化、卫生、体育事业；③环境保护、社会公共设施建设；④促进社会发展和进步的其他社会公共和福利事业。

受益人是符合公益性社会团体和公益性非营利的事业单位依法成立时所确定的公益目的的人。受益人是不特定的个人或群体，即受益人既不能是某个特定的个人，也不能是某个特定的团体或人群。

二、捐赠的作用

捐赠是一项有利于国家和社会的公益活动，对促进教育、科学、文化、卫生及其他社会公共和福利事业的发展，具有重要作用。因为无形资产往往记入企业资产负债，企业将其知识产权捐赠给非营利组织，可以减少维持知识产权的成本，可以免除某些税收责任；知识产权捐赠可以产生良好的社会声誉，而且捐赠人可能享有受赠人未来研究和开发成果的优惠。因此，知识产权捐赠仍然是知识产权利用不可或缺的重要方面。

三、捐赠的协议

捐赠人可以与受赠人就捐赠知识产权订立捐赠协议。捐赠协议实际就是民法意义上的合同。合同的内容由捐赠人和受赠人双方约定，主要内容包括：当事人的名称或者姓名和住所，标的，履行期限、地点和方式，违约责任及解决争议的办法等。

由于捐赠是一种自愿和无偿的行为。因而在订立捐赠协议时，捐赠人不得要求受赠人结付价款和报酬，也不得要求受赠人对捐赠人给予其他任何利益性质的回报。

捐赠协议是一种特殊的赠与合同。依据《合同法》第 186 条的规定，赠与人在赠与财产的权利转移之前可以撤销赠与。但《合同法》第 186 条同时又规定："具有救灾、扶贫等社会公益、道德义务性质的赠与合同或者经过公证的赠与合同，不得撤销赠与。"赠与人不转移知识产权的，受赠人可以要求转移。《合同法》第 189 条规定："因赠与人故意或者重大过失致使赠与的财产毁损、灭失的，赠与人应当承担损害赔偿责任。"因此，捐赠协议一旦签订，捐赠人就应当依法履行捐赠协议，按照协议约定的期限和方式将知识产权转移给受赠人；否则，将要承担相应的法律责任。

捐赠人还可以捐赠知识产权兴建公益事业工程项目。捐赠人对于捐赠的公益事业工程项目可以留名纪念；捐赠人单独捐赠的工程项目或者主要由捐赠人出资兴建的工程项目，可以由捐赠人提出工程项目的名称，报县级以上人民政府批准即可。

四、捐赠的待遇

捐赠知识产权用于公益事业，是一种不求回报的奉献行为，应当受到鼓励和提倡。我国对捐赠知识产权用于公益事业的行为，给予必要的优惠，其中最主要的优惠是税收方面的优惠。例如，《企业所得税法》第 9 条规定："企业发生的公益性捐赠支出，在年度利润总额 12% 以内的部分，准予在计算应纳税所得额时扣除。"例如，2008 年某企业依照规定向公益性社会团体捐赠了相当于 20 万元的专利技术用于公益事业，该企业在 2008 年度中应纳税所得额为 100 万元，则该企业捐赠的 20 万元中的 12 万元（即应纳税所得额的 12%）部分，可以从应纳税所得额中扣除，则该企业应纳税所得额为 88 万元，然后按 88 万元依法计算应当交纳的所得税款。注意，《企业所得税法》中的企业不包括个人独资企业、合伙企业。

企业享受所得税优惠时，应当向税务机关提供知识产权估价报告。公益性社会团体和公益性非营利的事业单位接受捐赠时出具有效收据的，不能享受优惠。

《个人所得税法实施条例》规定，个人将其所得通过中国境内的社会团体、国家机关向教育和其他社会公益事业及遭受严重自然灾害地区、贫困地区的捐赠额未超过纳税义务人申报的应纳税所得额的 30% 的部分，可以从其应纳税所得额中扣除。

捐赠的工程项目，当地政府应当给予支持和优惠，包括应当加快项目审批程序，避免纠纷，提高办事效率；为捐赠工程提供必要的配套资金和建设必要的配套设施，如通路、通电等；避免土地使用税费、市政设施费等；帮助解决工程项目兴建过程中遇到的各种困难；等等。

捐赠人直接向个人、非公益社会团体或者非公益性或营利的事业单位捐赠财产，不属于公益事业捐赠。尽管国家法律允许或者应当鼓励、表彰捐赠，但是捐赠人不能享受《公益事业捐赠法》规定的有关税收等方面的优惠待遇。其赠与关系可以由民事法律来调整；赠与人与受赠人可以订立赠与合同，按照双方的约定和《合同法》的规定行使权利、履行义务。

公益事业捐赠应当遵循自愿和无偿的原则，捐赠活动应当遵守法律、法规，不得违背社会公德，不得损害公共利益和其他公民的合法权益，不能以捐赠名义进行走私、套汇、逃税等。

第10节　知识产权的标准化

一、概述

1. 标准的定义和分类

标准是指为在一定的范围内获得最佳秩序，对活动或其结果规定共同的和重复使用的规则、导则或特性文件。该文件经协商一致制定并经一个公认的机构批准。标准应以科学、技术和经验的综合成果为基础，以促进最佳社会效益为目的。

根据技术标准所规定的内容，可分为基础技术标准、产品标准、工艺标准、检验和试验方法标准、设备标准、原材料标准、安全标准、环境保护标准、卫生标准等；按照技术标准的适用范围，可分为国际标准、国家标准、地方标准、行业标准、企业标准等；按照技术标准的约束性，可分为强制性标准和推荐性标准（自愿性标准）；按照技术标准的来源可分为法定标准和事实标准。

2. 标准对于企业的重要意义

（1）进入标准是企业营利的最高境界

"技术专利化——专利标准化——标准许可化"是标准先行者主导的标准运作的基本模式。企业将自己的专利技术搭上标准的便车，将自己的"私有利益"附加到公共标准中，通过公共标准的推广，成功地将自己的"私有利益"最大限度地扩大和延伸。专利本来就是一种合法的垄断，而标准也是一种合法的垄断，使自己的专利进入标准就可以实现垄断的垄断，获取超额的超额利润，从而达到企业营利的最高境界。

（2）选择标准是企业成败的关键

进入标准的企业毕竟是少数，绝大多数企业只是标准的使用者，需要在几种市场前景尚不明朗的技术标准中作出选择。因为选定一种标准意味着要投入大量的资金、设备和人员，因而这种选择对于企业而言往往是生死攸关的。例如，原本名气不大的我国电信企业 UT 斯达康，2000—2004 年在业界普遍认为小灵通技术落后且没有发展前途的情况下，大胆进入该领域，终于一役成名，维持了 60% 的年均增长率，并占据了中国小灵通系统市场 60%、终端市场 50% 以上的份额，使这个成立仅 10 年的公司，一度跻身全球十大电信设备商之列。而国内最大的电信设备供应商华为公司，因误判形势，一度放弃小灵通市场，结果错失良机。

二、专利技术与标准

标准中有关技术的知识产权主要是专利权，专利权主要是标准中技术含量的体现。标准的专利技术是指标准的使用国已对该标准采用和引用的技术授予的专利权，并且该专利仍是处在保护期限内的发明技术。在知识经济时代，技术研发投入大，并不一定就能取得丰厚的经济效益，如果能够更重视对技术的保护，经济收益可能会增大。知识产权保护的对象是智力成果，保护技术研发和投入所取得的成果。知识产权的标准化则对智力成果的保护更深入、更广泛和更持久。专利的影响仅表现在对一个或若干企业的竞争力上，标准的影响却表现在行业，甚至是一个国家的竞争力上。因而，专利技术与标准的结合已成为知识产权利益实现的重要途径和必然的发展趋势。

例如，从 2002 年下半年起，中国的 DVD 厂商开始向"6C 联盟"缴纳专利费。"6C 联盟"给中国企业的收缴清单列出了 1000 多项专利，其中只有少部分专利是 DVD 产品的标准中必须使用的。但由于"6C 联盟"采取了"一揽子"授予许可方式，DVD 生产厂商必须为这 1000 多项专利支付费用。中国企业生产 DVD 在欧美市场每台售价为 40 美元，但其中支付的专利费用就达 21.3 美元。这对中国相关企业的影响是深远的。2005 年 2 月，中国信息产业部发布了《高密度激光视盘系统技术规范》，正式将 EVD（高密度数字激光视盘系统）列入国家电子行业推荐标准。这一推荐标准含有自主知识产权的专利技术，可以避免部分"6C 联盟"的专利，免缴部分专利费。由于中国推荐标准的出台，在同年 3 月 3 日，"6C 联盟"在全球范围内修订专利许可项目，向被许可方就专利许可方式提供更多的选择，并降低其部分产品的专利使用费。这是"6C 联盟"成立以来，第一次下调专利收费标准。中国 DVD 企业是"6C 联盟"最大的客户群，中国 DVD 一个行业推荐标准的出台，给"6C 联盟"造成很大的压力。一国如不能在专利技术与技术标准结合上有所作为，就不可能形成强大的竞争优势，就可能永远受制于人。建立科研成果专利技术标准制定应用推广的知识产权标准化体系将会构成一个行业或者一个国家的强大的竞争力。因此，可以说知识产权的标准化已使国际市场上的产品竞争转为标准之间的竞争。

专利技术是技术标准的基础，技术标准又能在很大程度上制约着专利权，只有当企业的自主专利权变成技术标准时，才能更好地体现和实现企业专利技术的价值。一个国家要有足够的具有自主知识产权的技术标准，才能拥有在国际市场的核心竞争能力。因此，专利技术标准化战略在国际市场竞争中具有重要的战略意义。在标准越来越重要的时期，知识产权的作用也就日益凸显，因为新技术的发现大多是以知识产权的方式出现的。只是如果其中一方被滥用，技术标准所代表的公共利益和私人产权所代表的私人利益之间就会形成冲突。这种情况在经济全球化的信息时代尤为突出。

三、专利技术标准化战略

专利技术标准化战略就是将专利战略与技术标准紧密结合的战略。这一战略是以专利基础为后盾，立足于技术标准的制定，其目的是获得有力的市场竞争地位，谋求在市场竞争中占据优势，排斥竞争对手。当前，发达国家积极实施这一战略，高度重视技术标准的运用，将技术标准作为贸易保护的重要手段，作为其保护本国市场和占领别国市场的武器。众多跨国公司将技术标准和专利技术巧妙地结合起来，充分地运用技术标准战略，以实现经济利益的最大化。专利技术标准化战略的优势和特征主要表现在如下几个方面。

（1）现代技术标准就是技术标准和专利技术的巧妙结合

标准的作用和专利技术的作用各有不同，但两者结合，找到其契合体，就会产生很大的优势和影响，其效果不是简单的 $1+1=2$，而是 $1+1>2$。现代技术标准就是成功的利用专利技术和标准化工作的特点，巧妙地将技术专利许可纳入到技术标准之中。技术标准与专利技术的结合不是对现有的知识产权制度提出挑战和新的突破，而是在遵守现有知识产权制度的基础上，对现有知识产权制度的灵活应用，这一应用在引导相关国家高新技术产业的发展具有重要的作用。

（2）发达国家以专利技术战略的形式构筑非关税贸易壁垒

《技术性贸易壁垒协定》的宗旨是为了促进贸易自由化，以保护本国企业和消费者的利益，但其规定也给一国的政策导向留下了余地，在很大程度上给成员国实施技术性贸易措施提供了自由裁量权。发达国家利用这一协议，以国家专利技术战略的形式构筑非关税贸易壁垒。它们采用的手段就是以专利技术为基础，通过认证体系和技术法规的形式，建立自己的产业技术标准，构成严格的市场准入，阻碍国外商品的流入，以达到保护国内相关产业的目的。经过两者融合构建的技术标准具有双重的特点：一方面可以阻止外国商品进入本国市场；另一方面又可以专利为武器进攻他国市场。发达国家在《TBT 协定》下合法存在的技术性贸易措施对发展中国家造成了巨大挑战。发展中国家在加入 WTO 后，关税壁垒日渐弱化，当今尚无参与制定技术标准和技术法规的能力，对外出口受到境外技术法规的限制，但从外进口则畅行无阻，市场准入程度也难以用技术措施进行保护。

（3）专利技术对标准的影响越来越大

专利技术的产业化速度加快，产品在国际市场上竞争加剧，使得技术标准的内容由原来只是普通技术规范向包容一定技术秘密和专利技术的方向发展。通过专利技术谋求产品垄断市场的趋势日益明显。产品的垄断行为持续时间越长，带给企业的经济效益就越大。专利技术以技术标准的形式存在就能在更大范围、更长时间内发挥其垄断的效用。因而，有实力制定标准的企业大都拥有大量具有自主知识产权的核心技术专利，它们谋求在专利技术作为标准后，通过控制和引导标准的发展方向，达到控制市场的目的。

四、与标准相关的知识产权管理

技术标准涉及的知识产权包括专利权、软件著作权、标准文件自身的著作权、标准化组织或者行业联盟组织的商标权，还包括事实标准中未公开的技术秘密等。

1. 与技术标准相关的专利管理

技术标准涉及的知识产权中最重要的是专利权。现代高科技行业的技术标准中往往包含技术解决方案，因而不可避免地会遇到所含技术的专利权问题。一种技术标准最初涉及的专利技术为数众多，但最终能纳入标准体系中的专利只是少数的必要专利，即实施此项标准必不可少的专利。必要专利一般都经由一定的评估机制评估，企业的专利一旦入选必要专利，就有机会获取"卖标准"所带来的超额利润。

（1）企业作为专利权人的管理

技术标准中的专利往往由众多权利人所持有，一种技术标准要想顺利推广，必须先解决好这些专利的授权问题。法定标准体系的专利政策一般在制定标准之初就由标准化组织先行制定，主要包括专利的披露、评估和许可机制。拥有相关专利的企业首先是应标准化组织的要求，提交同意许可的声明，许可可以是无偿的，但更多的是有偿的。在专利被纳入技术标准之后，由标准化组织下的专门管理机构或由相关企业结成的专利池统一负责专利许可事务。许可的形式一般是一站式的"打包许可"，即一次性将所有必要专利进行许可。有的技术标准也允许专利权人单独对外进行许可。在事实标准中，专利权人可以通过专利池形式进行许可，也可单独对外进行许可。前者如 DVD 6C、DVD 3C 的专利许可，后者如英特尔公司、高通公司、思科公司的对外许可。

技术标准的专利许可一般遵循 FRANDF 原则，即公平、合理、非歧视原则，这也是许多标准化组织与反垄断机关的原则要求。公平原则要求不得无故拒绝许可，不得限制新的厂商进入；合理原则要求许可条款特别是专利许可费率应当合理；非歧视原则要求许可时应当对任何厂商一视同仁，不得因其所属国家、企业规模等原因而厚此薄彼。

（2）企业作为专利被许可人的管理

企业在实施某项技术标准时，如果此项标准涉及专利权，就必须取得相应的授权。最为常见的情形是向技术标准的知识产权管理机构申请统一的"打包许可"，有时也可以向技术标准中的部分企业寻求单独的许可。此时，企业应当重点关注以下问题。

第一，实施某项技术标准时，是否需要获得相关专利许可，有的技术标准不含专利或者专利权人无偿向标准体系授权，此时企业就无须寻求技术标准的专利许可。

第二，是否以公平、合理、非歧视的条件获得许可。当企业需要获得技术标准体系的专利许可时，企业应当先了解技术标准的知识产权管理机构的专利许可政策，确定这些政策是否符合公平、合理、非歧视的原则。在签署许可协议时，应当注意协议是否包含不合理的条款，如非法的专利回授条款、市场限制条款等。否则，企业可以向有关反垄断机构申诉或者向法院起诉。例如，2004 年 6 月香港无锡多媒体公司和东强（无锡）数码科技有限公司不满 DVD 3C 的专利许可政策，向美国加州南方地区法院起诉 DVD 3C 违反了《谢尔曼法》。

2. 技术标准涉及的著作权与相关管理

技术标准涉及的著作权主要包括两类：一类是技术标准文本的著作权，另一类是技术标准中所含的计算机软件著作权。一些技术标准特别是信息产业技术标准中往往包含有计算机软件，而计算机软件主要是通过著作权予以保护，此类著作权的许可与技术标准中专利权的许可类似，因而此处不再赘述，而把重点放在第一类的著作权，即技术标准文本的著作权。

技术标准文本一般属于著作权法所称的作品，享有著作权。例外的情形是强制性技术标准文本因具有官方文件的性质，正如 TBT 协议所指出的强制性标准应属于技术法规之列，因而排除在著作权保护之外。我国《著作权法》第 5 条规定："法律、法规，国家机关的决议、决定、命令和其他具有立法、行政、司法性质的文件，及其官方正式译文"不适用

《著作权法》。

事实上，无论是标准化组织还是制定、管理事实标准的企业联盟或专利池一般都会主张拥有标准文本的著作权，对与技术标准有关的文件的复制、发行作出限定并收取费用。例如，国际标准化组织 ISO 实行严格的著作权政策，其《ISO 出版物版权、版权使用权及 ISO 出版物的销售政策和程序》规定：由 ISO 中央秘书处出版的 ISO 信息宣传出版物，如目录、备忘录、导则、发展手册、ISONET 出版物及诸如 ISO 通报和 ISO9000 消息之类的杂志，中央秘书处均对这些出版物提出了建议零售价。制定、管理技术标准的企业联盟或专利池在向被许可人许可标准技术时，除了专利费外，通常也要向被许可人收取标准文本的著作权费。

作为技术标准被许可的企业，不但要尊重标准体系的专利权，还要尊重技术标准文本的著作权，不得随意复制、销售受著作权保护的技术标准文本。

3. 技术标准涉及的商标权与相关管理

技术标准中的商标权主要是针对标准体系的标志而言，许多技术标准体系都有自己的标志，如 DVD 标准中的"DVD"标志、杜比音效标准中的文字标志"Dolby"和图案标志 DOLBY DIGITAL 等。这些标志同时也被注册为商标。这些商标实质上是一种证明商标，只有经过标准体系的商标持有人认证并许可，其他企业才能在其产品或服务上使用这些商标标志。例如，杜比音效标准声明："当涉及特定的杜比技术或杜比实验室生产的产品或我们的服务时，您可以参考使用杜比商标。我们的商标符号只能在获得认证或我们表明允许的情况下使用。"

技术标准中商标标志的认证和许可与专利技术的许可有的是由同一机构负责，有的则分由不同的机构负责。以 DVD 标准为例，DVD 的专利许可由 DVD 3C、DVD 6C 等专利池负责，而商标标志的许可则统一由 DVD 论坛下的 DVD 格式/标志许可公司（简称 DVD FLLC）管理。DVD FLLC 是由创建 DVD 技术标准的专利持有人 3C、6C、1C 等共同成立的。

技术标准体系将其标志作为证明商标对外进行认证和许可，有其重要作用。首先，便于区分使用本标准的产品或服务，有效地查找和防止侵权的发生。其次，通过严格的认证，可以保证合法使用本标准技术的产品或服务的品质。最后，通过标志的大量使用，还能够扩大技术标准的影响，树立标准的品牌形象。

第 11 节　知识产权联盟

一、概述

企业联盟在处理标准中的知识产权问题时，一般都是采取"专利池"的经营模式。专利池的主要工作是对标准中的知识产权进行统一管理，建立专利管理、评估制度，确定联盟和标准使用者之间的权利和义务，对知识产权持有者的收益进行分配，最大限度地实现这些跨国公司的利益。

专利池是指"两个或两个以上的专利所有人间的协定，用以相互间或向第三方授权他们的一个或多个专利"。专利池也可定义为"交叉授权标的的知识产权集合体，不论其是由专利权人直接授权还是最通过其他媒体（如合资企业）来专门管理"。

专利池通常由某一产业领域里多家共同掌握核心专利技术的厂商通过协议结成，各成员拥有的核心专利是其进入专利池的入场券。专利池依其是否对外许可可以分为开放式专利池和封闭式专利池。开放式专利池成员间以各自专利相互交叉授权，对外由专利池统一进行许可。封闭式专利池则只在专利池内部成员间交叉许可，不统一对外许可。开放式专利池是现代专利池的主流，其对外许可方式通常为一站式打包许可，即将所有的必要专利捆绑在一起对外许可，并采用统一的专利收费标准，专利费收入按照持专利的比例在专利池成员内分配。专利池对外的专利许可事宜或委托专利池内某一成员代理，或授权专设的独立实体机构来实施。与此同时，专利池各成员通常也可单独对外进行专利许可。随着技术标准与知识产权的日益结合，技术标准下的开放式专利池正在世界范围扮演着越来越重要的角色。

近年来，在我国影响较大的 DVD "6C 联盟"和"3C 联盟"就是典型的技术下的开放式专利池。DVD 6C 专利池是由东芝、松下、三菱电机、日立、JVC、时代华纳 6 家公司（IBM、三洋、夏普之后相继加入）于 1999 年 6 月 11 日达成协议，以各自拥有的包括 DVD 视频播放器、DVD-ROM 驱动器、DVD 解码器、DVD 光盘等 14 类必要专利共同组建专利池（DVD 6C），对内相互交叉许可，对外共同许可收费。DVD 3C 专利池由飞利浦、索尼、先锋 3 家公司于 1998 年 12 月共同建立（LG 后来加入），是 DVD 产业中的第一个专利池。目前，除了 DVD 行业外，MPEG 专利池、MP3 专利池、CD-R 专利池等在国际上都十分活跃，2008 年在新一代数字光盘标准竞争中战胜 HD-DVD 集团的蓝光阵营也正在筹建专利池。

二、专利池的由来与发展

1. 专利池溯源

专利池其实并非新生事物。早在 1856 年，美国就已经出现了第一个专利池——缝纫机联盟，该联盟几乎囊括了美国当时所有缝纫机专利的持有人。1908 年，Armat、Biograph、Edison 和 Vitagraph 4 家公司达成协议组建专利池，将早期动画工业的所有专利集中管理。被许可人，如电影放映商，要向联盟缴纳指定的专利使用费。1917 年，由美国海军牵线，美国飞机制造商们组成了飞机专利他。当时正值美国参加第一次世界大战，急需大批飞机。然而，有关飞机制造的主要专利掌握在 Wright 公司和 Curtiss 公司手中，它们有效地限制了飞机生产。于是，美国官方出面促成各飞机生产厂商组成专利池，以减少专利阻碍，扩大飞机生产。

到 19 世纪末，专利池在美国已经十分普遍，但好景不长，专利池的发展壮大越来越引起人们的争议。反对者认为专利池有可能导致垄断和不正当竞争。他们认为专利池成员常常互相勾结排斥竞争对手，控制市场价格，以非必要专利甚至无效专利进行不合理的收费。1912 年美国最高法院在 Standard Sanitary Manufacturing Co. Ltd. v. United States 一案中，认定这一卫生用品专利池固定销售价格的做法违反了《谢尔曼法》。此后，法院对待专利池的态度越来越苛严，专利池的发展从此陷入低谷，这一状况直至 20 世纪 90 年代才开始改观。

2. 专利池的产生探因

专利池的出现是科技发展和专利制度结合下的必然产物。尽管争议不断，但无论是支持者还是反对者都不否认专利池具有以下一些正面的作用：有效地消除障碍性专利，加强技术互补，降低交易成本，减少专利纠纷等。

专利池最重要的作用在于它能消除专利实施中的授权障碍，有利于专利技术的推广应用。不同的专利之间存在 3 种关系：障碍性关系、互补性关系和竞争性关系。对于竞争性专利，一般认为，如果它们存在于同一专利池中，将会引发垄断的问题。因此，排除竞争性专利进入专利池也就成为反垄断机关审查专利池的重要内容之一。而对于障碍性专利和互补性专利，如果将其放入同一专利池中，将会消除专利间互相许可的障碍，从而促进技术推广。

专利池的另一显著作用是能显著降低专利许可中的交易成本。专利池对其他厂商实行一站式打包许可，并采用统一的标准许可协议和收费标准，从而被许可厂商不必单独与专利池各成员分别进行冗长的专利许可谈判，极大地节约了双方的交易成本。

此外，专利池还能减少专利纠纷，降低诉讼成本。专利池成员间的专利争议可通过内部协商解决，而无须对簿公堂。专利池所拥有专利的清单及被许可厂商的名单都会公布于众，一旦有厂商侵犯专利权会很容易被查出，同时也减少了间接授权的发生。专利侵权行为的减少意味着专利诉讼的减少。并且，即使出现了专利纠纷，专利池作为一个整体代表专利池成员参与诉讼，可使诉讼过程大为简化。

专利池所具有的上述积极作用使其得以产生和发展，尤其是到了今天，现代专利池开始不断壮大，其产业影响也越来越广。

3. 现代专利池的兴起

自 20 世纪初以来，由于背上"垄断"的恶名，专利池的发展命运多舛。然而近年来，专利池又开始再度兴起，而且规模越来越大，影响越来越广，并且由国内组织向全球性联盟发展。与此同时，法院和政府反垄断机构对它的态度也开始变得宽容起来。

1997 年，基于 MPEG-2 数字视频压缩标准的 MPEG-2 专利池成立，包括哥伦比亚大学、富士通公司、朗讯、索尼等 9 个成员。该专利池控制了全球 MPEG-2 标准的数字视频压缩产业。竞争者向美国司法部指控其违反了《知识产权许可的反托拉斯指南》，但司法部最终认定该专利池并未构成垄断。之后，DVD "3C 联盟"和"6C 联盟"相继成立，美国司法部在对这两个 DVD 专利池的商业审查函中指出，虽然它们在专家审核机制上有瑕疵，但"尚无妨碍竞争的潜在可能"。欧盟也相继批准了这两个专利池。最近，3G 通信、数字电视、新一代 DVD、生物制药等产业的专利池正在形成。除了高科技产业外，许多传统产业的专利池也十分活跃。

进入 20 世纪 90 年代以来，欧美等国政府和法院开始一改过去对专利池所持的成见，重新对它作出评判。1995 年，美国司法部和联邦贸易委员会联合发布了《知识产权许可的反托拉斯指南》，明确指出"一定条件下的专利交叉许可和专利池有利于竞争"。此后，美国司法部和欧盟有关机构相继批准了 MPEG-2、1394、DVD 3C、DVD 6C 等重要的专利池。

2001年1月美国专利商标局在其发布的《专利池白皮书》中公开为专利池正名，白皮书结论认为"生物技术领域的专利池将同时造福公众和私人企业"，最终的结论是"专利池，尤其在生物技术领域，能够创造更多的创新和平行的研发，能够消除专利瓶颈并加速产品开发"。

三、专利池的组建

现代专利池的兴起与产业技术标准化有着密切关联，其组建与运作常常和技术标准的形成与实施相伴相生。与过去的技术标准通常排斥专别权不同，今天的技术标准往往包含大量专利；专利池日益成为技术标准实施的平台。现代专利池的组建与运作因行业、地域等因素的差异而不尽相同，但总体而言大都遵循以下路径。

1. 结成技术联盟，形成技术标准

当前，技术标准形成的主流模式是先由部分企业结成技术联盟，共同研发推出候选的技术标准；然后由政府或标准化组织采纳为法定标准或者由行业联盟接纳为行业标准。与过去标准主要由政府或标准化组织制定不同，现代技术标准的制定越来越市场化，更多地借助于企业的推动和市场的认可。同时，由于技术标准的研发需要巨额投入，并且将来能否成为市场认可的技术标准还存在风险，因而由少数企业独自研发推出技术标准的情形会越来越少，厂商们更愿意结成技术联盟共推技术标准。这种技术联盟实际上是专利池的雏形，一旦技术联盟共同开发的技术成为技术标准，专利池即以此为基础而形成。

以3G的三大国际标准中目前最为成熟的WCDMA标准为例，WCDMA技术由欧洲和日本公司共同研发，后被国际电信联盟（ITU）接纳为国际标准。2002年11月，拥有WCDMA主要专利的NTT DoCoMo、爱立信、诺基亚和西门子4家公司共同提出专利许可计划，承诺将以公平合理的条件对外许可，WCDMA基本专利的许可费率与每家公司拥有的基本专利数目成比例，累积专利费率将不超过5%。随后日本富士通、松下通信工业、三菱电机、NEC和索尼公司表示愿意加入该计划，WCDMA专利池初步形成。

2. 评估必要专利，构建专利池

一项标准或技术往往会涉及许多大大小小的专利，但最终进入专利池的只能是其中的必要专利，这既是标准化组织的政策，也是各国反垄断部门的要求。因此，在构建专利池之前都要进行专利评估，以确定哪些专利是可以放入专利池中的必要专利。一项专利技术一旦入选为必要专利，专利权人就可借此获得交叉许可或专利收费的资格，因而专利评估的结果对各专利权人而言关系重大。为了保证评估结果的公正性和合理性，专利评估工作一般交由独立的第三方权威机构执行。评估的结果并非一成不变，随着专利授权情况和技术的变化，评估机构需要不断地进行技术跟踪和评估。超出有效期的专利会被清除出专利池，新授权的必要专利会被加入。因此，专利池中的专利数量会不断变化，专利池的成员也不断调整。一般而言，专利池中的专利数量和专利池成员数会逐渐增长。

例如，MPEL-2的必要专利由专利池成员协议成立的独立的专利管理机构MPEC-LA（Moving Pictures Expert Group ExpeLicensing Administrator）负责组织专家评估。MPEG-LA最初检索了8000多项美国专利摘要，评估了100多个专利所有人所拥有的逾800项专利，最后确定其中的 27 项专利为必要专利组成专利池。后来由于法国电信、日立等公司的加入，专利池中的专利增加到 230 项。WCDMA 专利池必要专利的评估工作交由一个独立的第三方机构——国际专利评价协会（IPEC）执行。该协会目前由中、日、韩、英、法、意、德、美等国的 13 个国际专利法律公司联合构成。专利评估按照业界定义的方法进行，对其中的每一项评价由 3 个专利律师承担，评估过程是可信的并且为业界所承认。

3. 制定知识产权政策，设立知识产权管理机构

专利池的知识产权政策一般由专利池成员协商制定，但同时也受到多种因素的影响和制约。除了需要满足反垄断法规的要求外，还经常受制于标准化组织的有关政策，甚至直接由标准化组织制定。专利池的知识产权政策主要包括知识产权许可的基本原则、许可费标准及许可方式等。其知识产权许可的内容主要涉及专利，有的也包含商标（如产品标志）和著作权客体（如技术手册）。

四、专利池的管理

1. 专利许可的原则

在专利池内部通常遵循平等原则，专利池成员无论专利数量多少，其地位一律平等，每一项必要专利无论其作用大小，也平等对待，这是因为专利池中任何一项专利都是技术实施中必不可少的专利。成员间一般相互交叉许可，对外许可收入则主要根据各成员所拥有的专利数量按比例分配。

专利池的对外专利许可一般遵守 FRAND 原则。例如，3GPP、ETSI 和 CWTS 等标准化组织都在它们的知识产权规约中规定了许可的 FRAND 原则。

2. 专利许可费标准

专利池对外许可一般执行统一的收费标准，这也是非歧视原则的体现。为了确定合理的专利收费标准和专利池成员间的分配比例，专利池需要确定一套专利许可费收取和分配的计算方法。这些方法一般包括成本累积法（Cost Approach）、市场比价法（Market Spproach）、所得估算法（Income Approach）等。实践中，专利许可费率通常不超过专利产品净售价的 5%。在标准化组织越来越强势的今天，专利池的知识产权许可收费常常受标准化组织事先限定。例如，由企业自发形成的 3G 标准化组织"第三代合作伙伴计划"3GPP 试图扮演专利权人和 3G 厂商间的协调角色，不仅组织必要专利评估，还制定专利费的计算方法，并限定最高专利费率。

3. 知识产权管理机构

为了实现一站式打包许可，专利池需要确立一个专门的知识产权管理机构负责相关事务。管理机构不仅全权代表专利池统一对外许可，通常还负责处理有关专利纠纷和诉讼事务，是专利池的日常管理机构。国际上著名的专利池管理机构有 MPEG-LA、SISVEL。前者目前管理着 MPEG-2、ATSC、MVC 等 10 个专利池，后者目前负责 MP3、DVD-T、CDMA2000、UHT-RFID、H.264 SVC 等 10 个专利池。

专利池管理机构的设置一般采用两种方式：一种方式是成立专门负责知识产权管理的独立实体，专利池成员首先与该独立实体签署专利授权协议，再由该独立实体统一负责知识产

权许可事务。独立实体通常采用公司形式。例如，前面提到的 MPEG-LA、SISVEL 及管理 DVD 6C 专利池的 DVD 6C-LA 都是有限责任公司。这些独立的专利池管理实体最初通常都是为许可某一种技术专利而设立，但是部分实体后来逐步发展为管理多家专利池的专业专利管理公司，例如，MPEG-LA 最早只是为 MPEG-2 专利池而设，SISVE 最早只是意大利的一家电视机专利管理公司，现在它们都已发展成为国际著名的专业专利管理公司，各自管理着 10 个专利池和数家正在形成的准专利池，并在全球包括中国设有多家办事处。另一种方式是不另设独立机构，而是委托专利池内某一成员代表专利池进行管理，如 DVD 3C、蓝光专利许可联盟就是采用这种形式，DVD 3C 专利池委托专利池成员之一的飞利浦公司负责知识产权许可事务。蓝光专利许可联盟是东芝公司与三菱电机公司、汤姆森许可公司和华纳兄弟家庭娱乐集团建立的一家蓝光 DVD 专利池，东芝公司负责包含日本在内的亚洲、大洋洲、中东、北美和中南美地区的上述 4 家公司拥有的蓝光必要专利许可业务，欧洲、非洲地区则由汤姆森许可公司负责。

五、专利池的滥用规制

尽管专利池的活动已经遍及全球，但现代专利池更多情况下是将知识产权与技术标准结合在一起，这种结合赋予专利池更强的市场支配力量，增加了其知识产权滥用的危险，我们对此应保持警惕。

在我国《反垄断法》及其配套法规出台之前，我国原有法规中的一些反垄断条款虽然也能防范专利池的某些反竞争行为，但缺乏针对性和明确性。特别是针对专利池对我国产业的首要危害——过高的专利收费，我们缺乏有效的法律武器予以应对。2007 年，我国《反垄断法》颁布，该法第 55 条对知识产权滥用行为作出了原则性规定：经营者依照有关知识产权的法律、行政法规规定行使知识产权的行为，不适用本法；但是，经营者滥用知识产权，排除、限制竞争的行为，适用本法。2015 年 4 月，国家工商总局公布的《关于禁止滥用知识产权排除、限制竞争行为的规定》第 12 条要求，经营者不得在行使知识产权的过程中，利用专利联营从事排除、限制竞争的行为。专利联营的成员不得利用专利联营交换产量、市场划分等有关竞争的敏感信息，达成《反垄断法》第 13 条、第 14 条所禁止的垄断协议。但是，经营者能够证明所达成的协议符合《反垄断法》第 15 条规定的除外。具有市场支配地位的专利联营管理组织没有正当理由，不得利用专利联营实施下列滥用市场支配地位的行为，排除、限制竞争：①限制联营成员在联营之外作为独立许可人许可专利；②限制联营成员或者被许可人独立或者与第三方联合研发与联营专利相竞争的技术；③强迫被许可人将其改进或研发的技术独占性地回授给专利联营管理组织或者联营成员；④禁止被许可人质疑联营专利的有效性；⑤对条件相同的联营成员或者同一相关市场的被许可人在交易条件上实行差别待遇；⑥国家工商行政管理总局认定的其他滥用市场支配地位行为。2015 年 6 月，国家发展和改革委员会价格监督检查与反垄断局组织召开筹备会议，正式启动《滥用知识产权反垄断指南》的研究起草工作。该指南将针对与知识产权有关的垄断协议、滥用市场支配地位和经营者集中等行为，细化反垄断法相关条款，特别是对于何种情形可以主张豁免给出具体指引。

六、专利池滥用的应对

1. 运用法律武器反击专利池的知识产权滥用行为

我国目前针对技术标准及专利池知识产权滥用已经有法可依，我国企业需要学会利用相关法律法规合理应对。实际上，近年来我国已出现了相关案例，可供我国企业参考借鉴。例如，2014 年，中国通信工业协会等机构举报坐拥无线通信技术标准的美国高通公司涉嫌知识产权滥用，包括以整机作为计算机许可费的基础，将标准必要专利与非标准必要专利捆绑许可、要求被许可人进行免费反许可、对过期专利继续收费、将专利许可与销售芯片进行捆绑、拒绝对芯片生产企业进行专利许可，以及在专利许可和芯片销售中附加不合理的交易条件等。发展改革委经过一年多的调查，于 2015 年 2 月 10 日发布行政处罚公告，认定高通公司在 CDMA、WCDMA、LTE 无线通信标准必要专利许可市场和基带芯片市场具有市场支配地位，实施了滥用市场支配地位的行为，决定对美国高通公司垄断违法行为罚款 60.88 亿元。又如，2011 年 12 月，深圳华为公司向深圳市中级人民法院提起对国际通信业巨头 IDC 公司的反垄断诉讼，称 IDC 公司利用其拥有的标准必要专利滥用市场支配地位。2013 年 10 月 28 日，广东省高院作出终审判决，判定 IDC 公司构成垄断，赔偿华为 2000 万元。此外，广东省高院还判定，IDC 公司许可给华为公司的费率是许可给苹果公司的百倍左右，是三星的十倍左右，明显违反了 FRAND 原则。法院判决直接确定 IDC 公司在中国的标准必要专利许可费率为不超过 0.019%。此案对于我国企业反击国外专利池过高收取专利费有着极好的示范意义。

2. 提高自主创新能力

目前，我国面临国际专利池的最直接的压力莫过于其向我国生产企业进行的大规模专利收费，造成这一局面的主要原因在于：我国在技术水平上的相对落后，难以主导国际主流技术或标准，不得不充当国外专利权人的授权对象，成为它们的廉价"打工仔"。因此，我国应对国外专利池滥用的最根本的策略是提高我国企业的自主创新能力，取得更多的知识产权，增强在国际技术标准设立中的影响力，走以技术换取技术、以专利对抗专利的道路。只有通过自主创新掌握更多的核心专利，面对来势汹汹的国际专利池，我们才能从根本上改变目前的被动局面。以日本、韩国为例，它们当年也和我国现在一样，每年需要向欧美支付大量的专利授权费，但近年来日韩企业在技术创新上取得飞速的进步，已成为国际标准的重要参与者和一些国际专利池的核心成员。

3. 加强企业、政府、行业组织的协同与合作

一方面，我们应当在与国际专利池的授权谈判过程中加强协同。实践证明，如果企业联合起来与国外专利池进行专利费率和许可条款的谈判，效果往往比企业单打独斗好得多。因此应当积极发挥行业协会、企业联盟和政府相关机构的协调作用。例如，DVD 专利池收费是由代表中国 DVD 产业的中国电子音响工业协会（CAIA）出面谈判，第三代移动通信标准的专利收费是由信息产业部下的电信研究院代表中国企业出面谈判。另一方面，我国企业应当在技术研发及组建本土专利池的过程中加强合作。在技术研发过程中加强企业间的合作，不仅有利于我国自主技术或标准的成功开发，还可能为将来自主专利池的建立奠定合作基础。

第 4 编　知识产权保护

◎ 知识产权风险管理

◎ 知识产权危机管理

第11章　知识产权风险管理

第1节　知识产权风险

一、概述

知识产权是企业的重要资产，正逐步演变成企业间竞争的重要策略性工具，"商标战""专利战"成为企业经营活动中常见的经济行为，被视为垄断、遏制、合纵连横的合法工具。市场的全球化进一步放大了知识产权作为竞争工具的作用，知识产权尤其是专利成为很多企业"谈虎色变"的风险因素，有效识别和控制知识产权风险是企业可持续发展的必要保障。

企业随时可能遭遇知识产权风险，这些风险通常来自内部和外部两方面。企业内部风险知识产权知识经济包括制度不完善风险、人力资源风险、企业管理风险等；企业的外部风险包括企业进行专利申请时可能遇到的风险、市场活动产生的知识产权风险、侵权风险、合作合同引发的风险等。企业的内部知识产权风险和外部知识产权风险往往是同时出现、相互影响的。

二、风险管理的分类

1. 按照企业价值链分类

根据企业的价值链理论，按照企业生产经营活动的不同特点，结合知识产权工作的内容，将企业的知识产权风险分为研发中的知识产权风险、生产制造中的知识产权风险、销售活动中的知识产权风险等。

在研发阶段，项目的立项、研发路径的确定、研究成果的保护等不同阶段都会涉及知识产权风险。如果在这个阶段没有进行专利信息的详细检索，就会导致研发成果侵权等风险，甚至会出现自主开发获得的研发成果不能投入生产制造的风险。商业秘密保护风险也很大，但商标方面的风险则较小。

在生产过程中的风险涉及知识产权的各个方面，包括专利、商标、计算机软件、著作权、商业秘密等。但这一阶段的风险大都处于潜伏状态，一般要在产品销售环节才会集中显示出来。

在产品销售环节，随着产品的面世和各种营销活动的展开，各方面的知识产权风险集中凸显出来，风险度急速上升，很多企业都是在这一阶段发现知识产权风险的，但该阶段的风险应对措施则会受到各方面的限制。

2. 按照知识产权类型分类

按照知识产权的类型，知识产权风险可分为专利风险、商标风险、商业秘密风险、著作权风险、其他知识产权风险。对生产制造型企业来说，著作权方面的风险较小。

3. 按照知识产权工作内容分类

根据《国家知识产权战略纲要》将知识产权风险划分为创造、运用、保护、管理4个阶段风险。

三、风险管理的原则

1. 控制损失、创造价值原则

这是知识产权风险管理不同于知识产权预警的主要特征。知识产权预警重视的是风险的识别和预防，而知识产权风险管理则重视用最低的成本处理知识产权风险，且力争获得机会收益，增加企业收益。

2. 以企业知识产权战略目标为导向

企业在知识产权风险评估、应对等企业知识产权风险管理活动中，应充分考虑知识产权风险与企业知识产权战略目标之间的相互关系、对企业知识产权战略的影响等因素。知识产权风险管理是实施企业知识产权战略的系统化工具，可以通过组织、流程、管理框架等各方面的设计帮助企业知识产权管理决策建立在科学的基础上。

3. 与企业整体管理水平相适应

知识产权风险管理是企业管理的有机组成部分，和企业战略管理、流程管理、绩效管理、信息管理等密切相关。知识产权风险的识别、分析、评价和控制等活动只有与企业整体管理水平相适应，才能取得良好的效果。

4. 系统化、结构化原则

知识产权风险管理采用系统化和结构化的方法，这有助于风险管理效率的提升，并产生一致、可比、可靠的结果。这是知识产权风险管理和知识产权预警重要的不同点。知识产权预警是对危机个案的应急处理，没有管理结构，缺乏流程管理，缺乏常态的管理理念和程序。

5. 融入企业管理流程

知识产权风险发生于企业的经营管理活动中，是企业管理不可缺少的重要组成部分。其识别、分析、评价和应对都不可能脱离企业经营管理过程，知识产权风险管理必须融入企业经营管理过程，成为其有机组成部分。

6. 以充足有效的信息为基础

风险管理过程要以有效的信息为基础。这些信息可通过历史数据、经验、利益相关者意见回馈、观察、预测和专家判断等多种渠道获得，但使用这些信息时要了解数据、模型和专家意见的局限性。

7. 定制原则

风险管理取决于企业所处的内部和外部环境及企业所承担的风险，特别是受人文因素的影响非常大。所以，企业要根据自己的情况设计自己的知识产权风险管理机制、开展知识产权风险管理工作。

8. 广泛参与、充分沟通原则

知识产权风险管理是系统工程，需要企业内部全面沟通，需要相关员工广泛的理解和参与，有助于保证风险管理的针对性和有效性，有利于其利益诉求在决定企业的风险偏好时得到充分考虑。

9. 持续改进的原则

风险管理要不断察觉和因应改变，当内、外风险事件发生时，有些考虑和认知会发生改变，企业应实时进行监测和审查风险，通过绩效测量、检查和调整等手段，使风险管理得到持续改进。

四、风险管理的内容

企业的知识产权管理分为 5 个阶段：防御、成本、利润、内部整合、引导发展战略。不同阶段的企业面临不同的风险管理需求。

1. 第一阶段：防御阶段

企业知识产权管理工作的目的是防卫自己的研发成果遭人抄袭剽窃，同时确保不会被其他企业提起知识产权侵权诉讼。企业知识产权风险管理工作的核心是"创造"和"维权"，主要目标有：一是创造更多的知识产权，申请更多专利、注册更多商标，数量是主要的管理指标；二是采用一切办法保护企业的利润核心，确保企业核心技术被知识产权适当保护，围绕技术核心扩大专利申请量，为保护技术核心不惜一切力量；三是具备简单的知识产权专利风险预警能力，能提前发现知识产权侵权，向管理决策者提出风险处理意见；四是在内部培养知识产权维权能力，能处理一般的知识产权纠纷，在专家顾问的帮助下处理一般的知识产权纠纷信函，对知识产权纠纷风险作初步处理。

2. 第二阶段：降低成本阶段

随着知识产权的渐渐累积，企业的知识产权需要昂贵的创造和维持成本。企业知识产权风险管理工作的核心是"成本管理"，主要目标有：一是降低企业现有知识产权组合的管理维护成本，适当淘汰一些过时的专利；二是加强专利申请前的内部审查评估工作，减少与企业业务关系不大和琐细的专利申请。在进行成本控制的同时，企业知识产权风险管理工作也逐步进入正轨，管理机构成立，人才储备增加，知识产权风险管理工作系统开始成形。

3. 第三阶段：创造利润阶段

企业的管理层希望通过知识产权运用来获取价值。企业知识产权风险管理的核心是"运用"，主要目标有：一是发现企业所拥有的知识产权的价值；二是辨别那些与企业核心运营业务无关但仍有价值的知识产权；三是灵活利用各种运用手段实现知识产权的价值。

4. 第四阶段：内部整合阶段

企业对知识产权的已经有了完整的认识和体验，内部建立了完整的知识产权风险管理系统，防御早已经不是问题，知识产权维护成本控制也走上了正轨，企业从自己所拥有的知识产权中也获得了巨大的利益，主要目标有：一是从拥有的知识产权中找出可以作为协助企业发展战略价值者；二是将知识产权管理程序融入企业的各个部门及企业整体管理系统中；三是建立对于知识产权的管理及价值挖潜更加成熟、更有创意的运作方式。企业文化已经完全"专利化"，知识产权风险管理融入整个企业的管理运作中。

5. 第五阶段：引导发展战略阶段

知识产权不但成为企业战略的组成部分，而且成为企业战略决策的决定因素。企业不仅靠知识产权巩固其市场，更利用既有的知识产权优势来创造未来的市场，引导整个行业的发展。主要目标有：一是为企业未来布局知识产权；二是将知识产权风险管理融入企业文化中。

五、风险管理的流程

1. 确认知识产权风险环境

确认知识产权风险环境信息是知识产权风险管理的基础，就是应用适当的方法，对企业内外部环境中与知识产权风险相关的信息进行收集、分析、整理、归纳的活动。通过确认环境信息，企业可以明确其风险管理的目标，确定与企业相关的内部和外部参数，并设定风险管理的范围和有关风险准则。

企业外部知识产权风险环境信息包括但不限于：国内外与本企业知识产权管理工作相关的立法、司法、执法和守法情况及其变化；与本企业相关的监管体制、机构、政策及执行等情况；外部利益相关者及其诉求、价值观、风险承受度；外部利益相关者与企业的关系；企业主要的外部利益相关者及其对法律、合同、道德操守等的遵从情况；本行业的业务模式及特点；与本企业相关的市场竞争情况；本企业在产业价值链中的定位及与其他主体之间的关系；与企业知识产权风险及管理相关的其他信息。

企业内部知识产权风险环境信息包括但不限于：企业的战略目标；企业知识产权风险管理工作的目标、职责、相关制度和资源配置情况；企业的主要经营管理流程（活动）、部门职能分工等相关信息；信息系统、信息流和决策过程，包括正式的和非正式的。内部利益相关者及其诉求、价值观、风险承受度。企业的资源和知识方面的能力，如资金、时间、人力、过程、系统和技术。内部利益相关者的法律遵从情况和激励约束方式；企业盈利模式和业务模式；本企业签订的重大合同及其管理情况；本企业发生的重大法律纠纷案件或知识产权风险事件的情况，本企业相关的法律规范库和知识产权风险库；采用的标准和模型；企业结构，包括治理结构、任务和责任等，管理过程和措施；与知识产权风险及其管理相关的其他信息。

2. 制定企业知识产权风险准则

企业知识产权风险准则是衡量知识产权风险重要程度所依据的标准，应体现企业对知识产权风险管理的目标、价值观、资源、偏好和承受度。确定知识产权风险准则时要考虑但不限于以下因素：本企业知识产权风险管理的范围、对象及知识产权风险的分类；可能发生的后果的性质、类型及后果的度量；知识产权风险发生可能性的度量；可能性和后果的时限；风险的度量方法影响程度及知识产权风险的度量方法；风险等级的确定；多种风险组合的影响；知识产权风险等级的划分标准；利益相关者可接受的知识产权风险或可容许的知识产权风险等级；重大知识产权风险的确定原则。

3. 知识产权风险评估

知识产权风险评估是知识产权应对战略制定的基础，是知识产权风险管理的关键程序，包括风险识别、风险分析和风险评价3个步骤。

（1）知识产权风险识别

知识产权风险的识别，就是通过识别风险源、影响范围、时间及其潜在的后果等，生成一个全面的风险清单。知识产权风险识别的目的是全面、系统和准确地描述企业知识产权风险的状况，为下一步的知识产权风险分析明确对象和范围。企业识别知识产权风险不仅要考虑可能带来的损失，也要考虑其中蕴含的机会。

（2）知识产权风险分析

知识产权风险分析是指对识别出的知识产权风险进行定性、定量的分析。内容是考虑知识产权风险源或导致知识产权风险事件的具体原因、知识产权风险事件的发生的可能性及其后果，影响后果和可能性的因素，为知识产权风险的评价和应对提供支持。

（3）知识产权风险评价

知识产权风险评价是指将知识产权风险分析的结果与企业的知识产权风险准则相比较，或在各种风险的分析结果之间进行比较，确定知识产权风险等级，以帮助企业作出知识产权风险应对的决策。

4. 知识产权风险应对

知识产权风险应对是指企业针对知识产权风险或知识产权风险事件采取相应措施，将知识产权风险控制在企业可承受的范围内。知识产权风险应对是选择并执行一种或多种改变风险的措施，包括改变风险事件发生的可能性或后果的措施。风险应对决策应当考虑各种环境因素，包括内部和外部利益相关者的风险承受度，以及法律、法规和其他方面的要求。

知识产权风险应对策略包括以下5种。

（1）规避风险

企业对超出风险承受度的风险，通过放弃或者停止与该风险相关的业务活动以避免和减轻损失的对策。例如，停止向一个新的地理区域市场扩大业务或者出售企业的一个分支。风险和收益总是相伴而生的，获得收益的同时必然要承担相应的风险。试图完全规避某种知识产权风险的影响意味着完全退出这一市场。因此，对企业的所有者而言，完全规避风险通常不是最优的风险应对策略。

（2）减少风险

企业在权衡成本效益之后，准备采取适当的控制措施降低风险或者减轻损失，将风险控制在风险承受度之内的对策。常用的方法包括消除具有负面影响的风险源、改变风险事件发生可能性的大小及其分布的性质，或者改变风险事件发生的可能后果。

（3）分担风险

企业准备借助他人力量，采取业务分包、购买保险等方式和适当的控制措施，将风险控制在风险承受度之内的对策。很多大的企业和机构往往采取"把鸡蛋放在不同篮子里面"的方法来分散知识产权风险。对于小型企业或者个人来说，由于缺乏足够的资金和研究能力，他们经常无法有效地分散风险；同时，现代资产组合理论也证明，分散风险的方法只能降低非系统风险，而无法降低系统风险。知识产权责任保险也是一种正在兴起的风险分担机制。

（4）转移风险

知识产权风险本身是不可能从根本上加以消除的，但是可以通过各种方法转移给别的企业。国外某些跨国公司也通过外包业务来分散知识产权风险。

（5）保留风险

企业对风险承受度之内的风险，在权衡成本效益之后，不准备采取控制措施降低风险或者减轻损失的策略。

5. 监督和检查

监督与检查是风险管理程序的一环，监测与检查的方式有定期或特殊的查核或监测。企业知识产权风险管理监督和检查的内容可能包括：监测知识产权风险事件，分析趋势及其变化并从中吸取教训；发现内外部知识产权风险环境的发展变化，包括风险本身的变化、可能导致的风险应对措施及其实施优先次序的改变；监督并记录风险应对措施实施后的剩余风险，以便在适当时作进一步处理；对照知识产权风险应对计划，检查工作进度与计划的偏差，保证风险应对措施的设计和执行有效；报告关于知识产权风险变化、风险应对计划的进度和风险管理方针的遵循情况；实施知识产权风险管理绩效评估；风险管理绩效评估应被纳入企业的绩效管理及企业对内、对外的报告体系中。

6. 沟通和记录

企业在知识产权风险管理过程的每个阶段都应当与内外部利益相关者有效沟通，以保证实施知识产权风险管理的相关人员和利益相关者能够充分了解企业面临的知识产权风险及其给企业带来的影响，正确理解企业知识产权风险管理决策的依据及采取某些行动的原因。

记录是实施和改进整个知识产权风险管理过程的基础工作。建立记录应当考虑以下方面：①出于管理的目的而重复使用信息的需要；②进一步分析知识产权风险和调整风险应对措施的需要；③知识产权风险管理活动的可追溯要求；④沟通的需要；⑤法律法规和操作上对记录的需要；⑥企业本身持续学习的需要；⑦建立和维护记录所需的成本和工作量；⑧获取信息的方法、读取信息的难易程度和储存媒介；⑨记录保留期限管理；⑩记录保证信息的敏感性，考虑企业商业秘密保护。

第2节 专利风险管理

一、专利创造风险

1. 重复研发风险

由于企业对研发项目查新有了足够的认识，重复研发发生的可能性越来越小。该风险的应对方法是加强技术情报的收集分析工作，特别是加强专利情报的收集分析工作。企业应该在科研项目立项前 4～6 个月开始查新工作，科研人员将检索到的资料提交专家组进行讨论，以决定是否开展该项目及如何开展，这样就可以有效了解目前该技术在国内外的状态及专利布局状况，及时调整研发方向，避免重复开发。

2. 侵权研发风险

如果企业在立项和研发阶段没有进行相关技术领域的专利布局研究工作，就有可能在专利产品生产阶段陷入竞争对手已经设定的专利雷区，影响企业研发成果的商品化，使企业的研发回报减少，研发成果不能实现商品化，导致企业的整个研发项目失去意义，由此引起的风险就是侵权研发风险。

企业可以采取的具体风险应对措施：一是研发前的专利侵权预警，这种措施可以减少侵权风险；二是在发现风险专利（就是可能侵权的专利）时及时停止相关产品研发活动，这样可以从根本上规避风险，但对很多企业来讲，产品市场领域是固定的，技术研发方向也很难做简单的调整；三是开展风险专利许可谈判。每一项复杂的技术后面都涉及少说有几十项的专利技术，有时候，专利多到本行业的专家也不一定能说清楚的程度。必要时，企业要与专利技术拥有者谈判关键专利技术使用许可证。

3. 权属纠纷风险

权属纠纷风险也就是发明人的发明是否是职务发明，从而产生的发明人与企业之间的权属纠纷。此风险发生的可能性不是很大，因为对于职务发明国家法律有明文规定，但不排除有的企业内部管理不到位，致使本应属于企业的职务发明随着员工的离职外流。

4. 合作研发风险

合作研发风险也就是企业在研发合作（主要是产学研合作）导致技术秘密流失、合作失败、自树竞争对手等方面的风险。该风险的应对措施有：一是合理选择合作伙伴和合作项目，企业在合作之初就应该做好律师尽职调查工作，伙伴选择时要考虑候选伙伴的信用记录和经济实力，主要考虑对方企业的技术条件、经济实力、信用度等；二是完善各种合作协议，尽量用合同将双方的权利义务，特别是知识产权方面的权利义务固定下来；三是加强合作过程监管，通过各种合作机制加强合作过程的监管，防止专利风险的发生，具体手段包括：加强技术秘密保护教育、加强各种文档管理和网络通信方面的管理、建立定期检查制度等。

5. 对外公开风险

专利授权需要新颖性，发明一旦丧失新颖性，就不能获得专利授权。在申请专利之前，企业不能对外公开发明的内容，否则就会存在申请专利失败或者丧失专利权的风险。根据相关法律法规，现有技术公开方式包括出版物公开、使用公开和以其他方式公开 3 种。该风险的应对方法主要有：一是加强内部的保密规范和管理，使科研成果在专利申请前处于保密状态；二是完善科技成果对外披露制度，特别是加强科技论文发布管理。

6. 内部披露不足风险

如果员工不完全准确地向企业披露其研发成果，企业的科技成果就会外流，专利权也会随之流失。解决该风险的应对措施有：一是建立有效的激励机制，对发明人的每一项发明，在内部披露、专利申请受理时、专利授权、专利技术实施等各个阶段都设定奖励，对知识产权部门管理人员，应该按照完成专利申请量和专利授权率来设定奖励；二是发挥知识产权管理人员的作用，参与项目研发的全过程，保证专利申请产生的稳定性、系统性和及时性，使专利挖掘与项目进展保持同步，使专利产生的数量和质量都达到最大化。

7. 交底书撰写不当风险

技术交底书是作出发明成果的工程技术人员向知识产权管理部门或者专利代理人提交的技术性文件，目的是为专利申请文件的撰写提供基本的参考文件。该风险应对的措施有：一是加强内部专利文件撰写的培训，二是完善内部的发明披露制度。

8. 申请不当风险

在专利申请前没有经过严格的评审，致使不该申请专利的发明创造申请了专利，造成技术流失、成本失控、商务关系破裂等风险。应对的方法是加强专利申请前的评审。

具体的评审内容包括：①可专利性评审，主要就有关技术是否属于专利保护的对象及范围和是否符合法律规定，是否符合专利授权"三性"的规定而作出评估；②潜在价值评审，就是评审有关发明是否具有市场前景或产业化价值，企业专利管理机构必须预测、分析该技术方案可能创造的市场前景、经济效益，再作出是否申请的决策；③成本评审，专利管理部门要会同财务部门检查有无足够的申请资金并维护、经营专利，避免盲目申请，以减少不必要的人力、物力、财力的浪费；④进攻性评审，企业对有关发明进行进攻性评估，主要考虑有关专利技术与竞争者的专利是否有互补和交叉等；⑤防御性评审，主要考虑该发明如果获得专利授权，该发明专利对应的新产品的生产在多大程度上能付诸实施，该领域的其他企业有多少项专利，分布在谁的手里，在该领域竞争对手有多少专利等；⑥可探测性评审，可探测性就是如果有人侵犯了自己的发明专利权，企业能否可以轻易找到证据；⑦可替代性评审，在专利申请前，企业应考虑是否有其他替代的技术正在研发，相关领域存在多少竞争性专利，其他专利及发明与计划申请专利的发明区别有多大等；⑧可延续性评审，主要是指如果有关发明获得专利，该专利保护的技术很快无效的风险有多大等；⑨稳定性评审，主要是有关发明与在先技术的区别有多大，在先技术是否容易被发现等；⑩商务关系评审，在申请专利前，企业专利管理部门必须检查已有的技术合同，看是否有抵触或不利于与他人签订的技术交流、授权或销售合同的执行等。

9. 申请文件撰写不当风险

专利申请文件撰写的质量决定着该技术是否会获得专利授权，也决定了专利授权后的质量。该风险的应对措施包括内部的培训教育、内部专利文件撰写质量监管、外部专利代理人撰写监管等。

10. 答辩不当风险

专利保护力度和保护范围在很大程度上受到审查过程的限制，答辩是否到位决定了专利的质量。如果答辩不当，专利保护范围会受到直接影响。该风险应对的方法是加强内部培训，加强内部专利质量控制，如果有代理人的话还要加强对专利代理人的沟通和监督。

11. 布局不当风险

专利布局是企业为了达到专利战略目标进行的适当广度和密度专利申请。换句话说，专利布局就是根据企业的专利战略,有目的、有计划地在适当的时间、适当的地域空间、适当的技术空间、用适当的方法申请适当数量的专利。

专利布局风险的应对措施有:①选择合适时间,技术的成熟度、竞争对手的研发程度决定了企业何时将研发的尖端技术从技术秘密转化为专利申请;②选择合适地域,也就是在哪些国家申请专利,形成全球化的专利布局网络;③选择合适的技术空间,也就是在哪些技术领域申请专利,有时候,企业会把核心技术的全部申请专利,形成一个由主权利请求和附带权利请求的庞大的专利权群;④布局合适的数量,也就是专利密度的把握;⑤采用合适的布局策略,专利布局策略与企业的大小、技术发展时期、在技术竞争中的地位、是否生产型企业等因素相关,同时与企业的知识产权战略直接关联。

二、专利运用风险

1. 错误标识风险

在授予专利权之后的专利权有效期内,专利权人或者经专利权人同意享有专利标识标注权的被许可人可以在其专利产品、依照专利方法直接获得的产品、该产品的包装或者该产品的说明书等材料上标注专利标识。所以,很多企业的产品上及其说明书中都有专利标识,高科技产品更是如此。该风险的应对措施是严格专利使用管理,定期检查修改有关专利标识。

2. 专利瑕疵风险

专利瑕疵包括专利不稳定或者专利技术相关的产品存在侵犯其他主体的专利权。该风险的应对方法:一是严格申请流程,保证专利质量;二是加强专利运用前的审核;三是建设企业自己的专利储备,设计高质量的专利组合,防止其他企业提起的法律纠纷。

3. 价值评估风险

专利评估存在很大困难,评估不到位会给企业带来巨大的风险,包括资产风险和经营风险。该风险的应对方法:一是组织专家团队,各方面的专家协同工作,才能减少专利评估的误差;二是综合运用多种评估方法,不同的运用环境下采取不同的评估方法。

4. 竞争杠杆策略风险

将专利作为竞争杠杆在专利运用方法中比较复杂,涉及企业的整体战略、商务关系、市场运作、舆论控制等方面,需要全面规划,策略运用不当就达不到预定的效果,还会造成商誉下降、市场营销失败、败诉等风险。该风险的应对措施主要是加强决策控制和规划。

5. 许可对象风险

如果专利许可对象选择不当,专利许可就可能增加成本、面对诉讼风险,也可能许可项目完全失败。该风险的应对方法主要有:一是企业要排除有利益冲突的潜在授权对象,如合资企业、供应商、下游合作伙伴等;二是企业可以围绕与专利相关的核心业务进行搜索,然后再向外围拓展搜寻;三是企业要积极寻找新用途市场许可;四是企业可以利用专利地图取得的引证数据找出可能的侵权者及授权对象,并试着与其谈论授权事宜。

6. 转让对象不当风险

专利转让对象选择出现失误,主要是选择了资质不足、信用较差的企业作为专利转让对象，导致专利转让失败或者造成资产流失。该风险的应对策略是加强专利转让合同签订前的律师尽职调查工作，选择商誉良好、财务状况好的企业作为专利转让对象。

7. 许可策略风险

专利许可是复杂的系统工程，如果许可策略出现问题，就会面临许可失败、成本过高、收益不理想等方面的风险。该风险的应对措施主要有：①许可方法，企业可以根据自己的许可目的选择不同的许可方法；②许可模式，选择许可模式，需要考虑企业文化、企业的风险承受能力及知识产权侵权诉讼在相关行业的流行情况等因素；③收费方案，专利许可费设计对专利许可具有很重要的意义，有的按件收取，有的则按营业额的一定比例收取许可费；④项目推广，企业将专利当作一般商品来进行营销，将专利许可作为一个项目来进行推广宣传；⑤利用代理；⑥注意技巧。

8. 合同风险

合同内容不当会使企业面临许可转让失败、企业资产流失等风险。该风险的应对方法主要是加强合同签订前的审查。

9. 专利并购风险

专利购买的风险很大，可能导致企业巨大决策风险。该风险的应对措施主要是加强并购前的律师尽职调查工作。

10. 权属变更、备案、登记风险

专利转让没有办理转移手续，不发生法律效力，权属不发生转移；专利许可合同不备案，会给企业维权造成困难；专利质押不登记，不发生法律效力。该风险的应对方法是及时办理专利权属转移手续，及时进行许可合同备案，及时进行质押合同登记。

三、专利保护风险

1. 诉讼时效风险

在法律规定的诉讼时效期间内，权利人提出请求的，人民法院就强制义务人履行所承担的义务；法定的诉讼时效期间届满之后，权利人行使请求权的，就会丧失胜诉权，人民法院不再受理有关诉讼。我国专利侵权诉讼的时效为两年。该风险的应对措施是咨询专家，及时提起诉讼。

2. 权利不稳定风险

选择什么样的知识产权提起诉讼？如果选择的专利权不稳定，可能在诉讼中被宣告无效，给维权活动带来败诉、资产流失、成本损失等风险。一般来说，参与诉讼的专利最好是曾经经过诉讼、行政无效程序或已经有授权历史的专利，或者是授权期长的专利，或者是有效性强的专利。

3. 证据不足风险

在诉讼活动中，证据不足的直接后果就是败诉，同时还会衍生其他风险，所以企业一定要努力避免。该风险应对措施有：①积极调查取证；②行政措施取证；③证据保全；④申请调查取证；⑤善用证据开示。

4. 被告积极应诉风险

在诉讼中，如果被告积极应诉，原告就会支出更多的人力、财力资源，诉讼时间也会很长，诉讼结果也更加不可预期。为了减少被告的积极应诉风险，权利人应采取如下应对措施：①签发律师函；②圈定律师；③选择起诉对象；④选择起诉时机。

5. 法院管辖风险

不同的管辖法院对同一个案件会作出不同的判决，同时选择不同的法院会给对手带来不同的诉讼成本。原告都愿意在自己企业所在地提起诉讼，方便自己起诉，同时提高对方的应诉成本。

6. 律师风险

律师在诉讼中失误或者不尽职责，会对诉讼结果产生很大影响。为了减少律师风险，权利人应采取如下应对措施：①聘请专业律师；②组织两支律师队伍，一支负责诉讼，一支负责和解；③加强企业内部法务人员对律师工作的监督；④必要的时候组织专家论证会。

7. 商务关系风险

诉讼会给企业的商务关系带来影响，如果被告就是上下游合作企业或者潜在的合作伙伴，则其他企业的戒惧可想而知。如何在维权的同时不破坏商务关系是权利人面对的重要风险。应对此风险的方法：一是尽量在合作关系之外选择被告，特别是企业的主要经营业务之外选择被告；二是及时与其他企业沟通，排除合作企业的疑虑。

8. 舆论风险

专利诉讼会引起社会关注，处理不好与媒体的关系会导致社会舆论一边倒，影响诉讼进程和结果，甚至影响企业的整体经营。应对此风险的措施是：与媒体积极沟通，积极开展媒体公关活动。

9. 诉讼时间风险

专利的纠纷解决耗费时间，动辄以年计算，为了尽快解决纠纷，实现企业经营目标，企业可采取如下应对措施：①选择合适的保护方式；②申请临时禁令；③利用媒体舆论施压；④利用商务关系施压；⑤采取和解策略。

10. 被诉风险

在专利丛林的时代，生产产品侵权已经很常见，也就是说被诉的可能性很大，被诉风险很高。该风险的应对策略有：①积极预警；②无效宣告程序；③回避设计；④许可和转让谈判；⑤回避直接市场；⑥准备不侵权意见书；⑦积极储备防卫性专利或者参加防卫性专利池；⑧积极处理律师函。

11. 外包业务被诉风险

有一些企业接受外包业务，根据国外品牌企业的订单从事产品制造。由于专利权涵盖"制造专利产品"行为，所以即使不从事销售推广业务，市场上没有自己品牌的产品，也存在专利侵权的风险。

为了有效保护自己的权益，在接受外商订单时，中国企业应该主动要求对方出示相关专利权的证明文件，同时委托专业人士进行检索确认，从原料、技术、设备、包装等各个环节上罗列出可能出现的专利权。如果检索后发现外商不是所有相关专利的专利权所有人，就应该要求其提供适当的授权证明文件，如果对方不能提供，或者提供的专利技术与委托的技术不完全一致，或者委托方的专利权授权范围不包含委托第三方加工，则应考虑在合同中订立明确条款，规定任何有关侵犯知识产权的情况都应由该外商负责并赔偿已方损失，以合理转嫁侵权风险。实际上，即使暂时查不到有关专利风险，企业也要谨慎地审核对方提供的合同条款，增加签署专利权瑕疵担保条款，将可能出现的专利侵权风险加以说明，明确双方承担的侵权责任，并添加委托方专利权的保证义务，详细规定出现专利权纠纷的处理方式和方法，明确一旦发生专利权纠纷双方各自的责任和义务。

12. 法院管辖风险

法院管辖权争夺是企业专利诉讼的重要风险。应对该风险的方法：一是提出管辖异议；二是在对方没有起诉前先行提起确认之诉，转移双方专利纠纷的管辖法院。

13. 诉讼决策风险

接到律师函或者诉讼状后，企业就面临诉讼决策，是否应诉、策略如何都关系到企业的重大利益，专利诉讼尤其如此。为了减少诉讼决策风险，企业应该及时评估知识产权侵权诉讼风险，为诉讼决策作依据。诉讼风险评估既可以决定应对态度，也可以决定应对的方法。该风险的应对措施是对专利纠纷作诉讼风险评估。

14. 和解风险

在知识产权纠纷中，作为被指控的企业，如果经过认真的对比分析，发现确属侵犯了对方的知识产权，就应当积极寻求与对方和解。但是，和解关系到企业的重大利益，会存在重大风险，企业需积极控制风险。控制风险的应对策略有：①认真分析和解可能性；②创造和解的条件；③以战促谈。

15. 商务关系风险

为了给侵权企业足够的压力，专利权人直接向被告企业发出律师函的同时，一般还会选择重要客户和销售渠道合作企业发出警告书。在诉讼过程中，权利人也会不断向被告企业的上下游合作伙伴施压，间接影响被告企业的决策。这在海外专利诉讼中尤其常见，给中国企业带来很大的运营风险。该风险的应对措施主要有：①提前知会；②合同条款设计提供保障；③回避设计；④和解保客户；⑤媒体缓解信心危机；⑥不侵权鉴定报告；⑦产品替代。

16. 舆论风险

专利权人在诉讼过程中不断制造舆论，打击竞争对手商誉，提高自己的品牌价值。企业在发送律师函或者提起诉讼后，专利权人会通过媒体来制造舆论，或者寄信给对方企业的上下游合作伙伴，以此来影响市场竞争。所以，诉讼被告面对的舆论风险要远远大于专利权人。该风险的应对和控制应该集中在企业的市场部或者公关部，统一舆论出口，在不利的情况下积极争取社会的舆论支持是风险控制的关键。

四、专利管理风险

1. 档案管理风险

企业应根据自身专利工作特点，按照一定的主题和类型进行必要的归纳和整理，才能发挥其原始的、直接的、完整的法律证据作用，只有这样，才能确定企业专利权属关系，识别企业自身拥有的专利，也可以作为制止他人侵权和不侵犯他人专利的基本条件。该风险的应对措施包括：成立专门的知识产权管理部门或专利管理部门；指定专人负责专利档案管理；利用计算机系统进行档案管理等。

2. 提前终止风险

在实践中，因为未按时缴纳专利年费或未按要求申请商标续展而导致企业专利权、商标权丧失的情况时有发生。为了避免因这种疏忽而导致的企业知识产权流失现象，企业应当按照相关法律法规及有关规定，按时提交有关材料，缴纳专利年费。

3. 专利无效风险

专利授权后，如果存在瑕疵，任何人都可以向专利局提起宣告该专利无效的申请。如果企业疏于应对或者应对不当，就会丧失专利权。该风险应对的措施是：加强内部的专利无效纠纷应对能力，积极收集对自己有利的证据，积极参加专利局的相关程序。如果聘请了专利代理人处理无效事宜的话，还应该同时监督外部专利代理人的工作。

4. 专利质量风险

专利文化的发展会给企业带来越来越多的专利储备，但如果管理不到位，不能及时清理低质量或者价值不高的专利就会带来很大的成本风险，也会给高质量专利的申请带来负担，从而影响整个企业的专利布局，影响企业的专利竞争能力。该风险的应对措施是：定期对已授权专利进行评估，淘汰低质量专利，提高专利储备的整体质量。

5. 专利组合风险

专利组合不当可能增加企业的成本负担，使专利的创造、运用、维权都受到影响。该风险的应对措施包括：①以动态专利价值评估为基础构建专利组合；②以专利情报分析为基础规划专利组合。

6. 组织或参加专利池风险

组织或参加专利池面临的风险主要是专利池没有实现预定的策略目标，或者专利池限制了企业的专利运用活动。该风险的应对措施有：①确定专利池运营规则；②选择入池专利。

7. 专利标准化风险

专利标准化存在很多风险，主要风险是影响自由专利组合的使用。该风险的应对措施：一是了解有关标准组织的知识产权规则；二是合理规划和选择加入标准的专利。

第3节　商标风险管理

一、商标创造风险

1. 权属纠纷风险

很少有企业自己设计商标图形，一般都是委托他人代为设计。这种情况都会出现图形的著作权权属纠纷风险。根据《著作权法》，受委托创作的作品，著作权的归属由委托人和受托人通过合同约定。合同未作明确约定或者没有订立合同的，著作权属于受托人。也有中小企业从各种渠道获得各种图形、图片，稍作修改或者组合后就申请注册为企业商标，这种情况下权属风险发生的可能性更大。如果企业商标所用标志的著作权不属于本企业，则会给商标的使用带来很多方面的风险。该风险的应对措施是在委托设计合同中明确约定有关作品的权属。

2. 权利冲突风险

如果企业商标使用的标志侵犯了别人在先申请注册的商标权、名称权、肖像权、著作权、外观设计权、商号权、域名权等，都会影响企业的商标注册；即使侥幸获得注册，权利也不稳定，随时有被撤销的可能。该风险的应对措施是在专利标志选择时进行全面的在先权利查询审核，在采用名人的姓名和肖像权申请注册商标时要先取得其本人的授权许可。

3. 品牌不能获得足够保护风险

如果商标图形或者文字选择不当，或者商标保护类别选择不全面，企业就会面临品牌资产得不到全面保护的风险。该风险的应对措施就是进行全面的商标布局工作，具体有：①整体规划；②事先查询；③提前申请；④申请文字图形组合商标；⑤考虑标志的显著性；⑥选择适当的商标分类；⑦发掘企业未受关注的商标标志；⑧商标、商号和域名一体化；⑨使用企业有版权或专利权的标志作商标。

4. 标志违法风险

企业商标设计好后，会委托商标代理人或者自行向商标管理机关申请注册，此时会面临商标被驳回申请的风险。该风险的应对措施主要是注意商标标志的合法性，不得违反法律的强制性规定。

5. 抢注风险

中国的商标注册采用申请在先原则，也就是说，两个或两个以上的申请人，在同一种或类似商品上，以相同或者近似的商标申请注册的，初步审定并公告申请在先的商标。只有在两个或两个以上的申请人于同一天申请注册相同或近似的商标时，才初步审定并公告使用在先的商标。为了获得市场接受度高的商标，就出现了商标抢注行为。该风险的应对措施包括：①及时注册；②超前占位；③积极监控；④及时维权。

6. 国外布局风险

商标具有地域性，也就是说，在中国注册的商标在国外得不到保护。商标要进入围际市场必须在出口国先行注册，否则便不会得到该国的法律保护。该风险的应对措施包括：①选择有国际布局空间的标志；②标志选择国际化；③了解注册国的商标申请规则；④选择合适的商标代理；⑤选择商标国外注册渠道。

二、商标运用风险

1. 劣化风险

如果对外许可使用商标或者利用商标资产作连锁经营，企业面临的最大风险就是由于产品质量导致企业品牌受损，企业商标资产贬值，企业生产经营受到影响。该风险的应对措施：一是进行严格的商标许可规划，明确哪些商标对外许可，许可给什么人，许可给多少家使用等；二是在许可合同中严格规定产品质量条款；三是严格使用授权商标的商品质量管理。

2. 商标淡化风险

有一些名牌企业将核心商标外的商标资产进行许可经营，以取得额外增值，但这也会带来商标可识别性的风险，也就是商标淡化的风险。该风险的应对措施是严格进行商标许可的规划和管理工作。

3. 合作者抢注风险

在国内，合作企业特别是商品代理抢注被代理企业商标的情况时有出现。由于种种原因，拥有商标的企业没有及时注册自己的商标，包括防御商标和联合商标，也包括简称、别名等。代理商对市场、对品牌的反馈有直接的认识，往往会"利"字当头，将被代理企业的商标注册为自己的商标。代理人注册商标会给合法的商标所有人带来市场推广等多方面的困扰，导致专利权属纠纷。该风险的应对措施是：在合作之初就对商标权及延伸的商标权益作全面的约定，在市场对品牌的反应发生扩张或延伸时及时注册新的商标。

4. 权利不稳定风险

许可其他企业使用的商标如果不稳定，就会造成商标许可失败，或者引起法律纠纷。该风险的应对措施是：选择稳定性强的商标进行许可经营，并在商标许可合同中作足够的免责约定。

5. 价值评估风险

商标与专利一样，都是无形资产，价值评估有很大难度。商标价值评估不当会造成转让失败，或者企业的商标资产流失。该风险的应对措施是选择权威的商标评估机构，采用合适的价值评估方法。

6. 权属登记变更风险

商标转让是商标注册人在注册商标的有效期内，依法定程序，将商标专用权转让给另一方的行为。受让人应当保证使用该注册商标的商品质量。转让注册商标经核准后，予以公告。受让人自公告之日起享有商标专用权。可见，如果商标权转让后没有登记，则商标权属没有变动。商标许可也需要依法备案，否则会面临国家行政机关罚款等风险。该风险的应对措施是及时进行商标转让和许可登记备案。

7. 许可到期风险

对被许可人来说，商标许可到期意味着品牌优势丧失，如果在签署商标许可协议时没有考虑到商标许可到期后的应对措施，被许可人就会面临"断头许可"的风险，销售业绩会一落千丈。专利许可也存在"断头许可"的问题，但由于技术生命周期和技术的持续革新，没有品牌的持续累积增值，问题没有商标严重。从另一个角度讲，商标价值的提升与被许可人提供的持续高质量的产品和服务有很大关系，所以"断头许可"更易引起社会的关注。该风险的应对措施是：避免"断头许可"，争取商标许可期延展，同时，做好商标许可得不到延展的应对措施，减少风险损失。

三、商标管理风险

1. 档案缺失风险

企业商标档案是企业在商标注册和使用中形成并保留下来的文档。商标档案包括：商标设计资料、商标注册和延展资料、商标转让资料、商标许可资料、商标宣传资料、使用该商品商标的产销量资料、商标维权资料、商标获奖资料等。商标档案缺失是很多企业商标资产管理面临的风险，影响企业商标资产的管理和运用，影响商标的保护维权活动，影响著名商标、驰名商标的评定等资产管理活动。该风险的应对措施有：①设立专门管理岗位，保证管理的准确性及连贯性；②制定适合企业的商标档案管理制度；③建立纸介质的商标档案及电子化的商标管理数据库；④完善商标流程管理；⑤部门间的配合。

2. 撤销风险

注册商标撤销是指国家商标局或者商标评审委员会对违反商标法及有关规定的行为作出决定或裁定，使原注册商标专用权归于消灭的程序。注册商标被撤销就意味着企业的商标资产归零，这对企业是重大的利益损失风险。该风险的应对措施有：①规范内部管理，严格商标使用的规范；②严格商标变更的管理程序，按照国家的规定进行相关备案；③加强使用商标的商品质量管理，维护企业商标的声誉。

3. 淡化风险

商标淡化的主要形式是商标通用化，又称为商标退化，是指某一商标标识具有的显著特征被减弱，逐渐演变为特定商品的通用名称的现象。商标通用化会导致商标标识与特定产品的联系受到削弱，淡化了商标原有的识别功能。根据《商标法》，商品的通用名称不得注册为商标，所以注册商标通用化后就面临撤销的风险。该风险的应对措施有：①选择显著性强的标识；②规范企业自身的商标使用行为；③争取驰名商标保护；④定期检阅商标公告，积极主张权利；⑤规范竞争对手的使用行为；⑥规范合作伙伴使用；⑦影响媒体使用；⑧防止商标进入标准和各种招投标指导规范；⑨关注在词典和百科全书等工具书中的使用；⑩防止商标进入专利申请文件；⑪争取商标显著性的回复。

4. 丑化风险

商标丑化是商标受到污损、贬低或其他相对负面的影响，使得该商标及其所指产品的良好商誉或正面形象被冲淡的现象。商标丑化的结果是淡化了商标原有的声誉或形象。该风险的应对措施是：关注商标注册公告，对可能引起本企业丑化风险的商标进行处理。

第4节 商业秘密风险管理

一、概述

商业秘密的前提是不为公众所知悉，商业秘密的所有人必须采取适当的保密措施。商业秘密一旦被他人所知，就失去了法律的保护；商业秘密没有申请、注册、登记程序，这给商业秘密保护带来了取证方面的特殊风险；商业秘密是一项相对的权利，如果其他人以合法方式取得了同一内容的商业秘密，他们就和第一个人有着同样的法律地位，其商业秘密也得到国家的保护，商业秘密的拥有者既不能阻止在他之前已经开发掌握该信息的人使用、转让该信息，也不能阻止在他之后开发掌握该信息的人使用、转让该信息。

因此，泄密是商业秘密创造、运用、保护、管理中最主要的风险。而商业秘密创造阶段的权属风险、披露风险，运用阶段的价值评估、合同执行风险，保护阶段的权利不稳、证据不足等风险，都与专利相关阶段的风险大同小异。

二、商业秘密风险管理

1. 档案管理风险

商业秘密得到法律保护的前提是采取了适当的保护措施，而最规范的商业秘密保护措施就是档案管理。商业秘密档案管理风险与专利、商标并无二致，但风险的应对措施却有自己的特点，主要有：①商业秘密分级管理；②商业秘密载体管理。

2. 保密策略和保密措施风险

商业秘密保护的措施不当，既达不到商业秘密保护的目的，又增加了企业的管理成本。该风险的应对措施：一是加强重点领域的保护；二是加强商业秘密保护的技术措施。

关注商业秘密管理重点：商业秘密管理要有重点地进行，集中力量管理最有可能泄密的人、地点、时间、事件。企业商业秘密保护的技术措施包括：①门禁管理；②保密区域管理；③会议保密；④电脑及互联网管理；⑤其他技术手段。

3. 员工管理风险

人是商业秘密的创造者、管理者，也是商业秘密泄露的主要渠道。企业必须通过对员工的管理来减少商业秘密的泄露。

该风险的应对措施有以下几方面。

（1）制定商业秘密管理规定

员工管理的第一步是制定"商业秘密管理规定"，明确员工的保密义务，并向所有员工进行公示宣讲。企业应该规定员工应树立强烈的保密意识，既要对企业的商业秘密负有保密义务，又不得侵犯其他企业的商业秘密。

（2）签订商业秘密保护协议

员工商业秘密管理的第二个主要工作是与在职员工签订商业秘密保护协议，实现一对一的约束。企业需要与重要员工签订竞业限制合同，或者在劳动合同中增加竞业限制条款。竞业限制合同一定要符合法律的规定，不得设置过长的竞业限制年限，也不能拒付补偿金。保密协议中可以约定脱密期。它的适用对象一般只限于掌握企业重要商业秘密的技术人员和管理人员。

（3）对离职员工的管理

为了避免公司商业秘密因离职员工不当使用而披露给竞争对手，在员工辞职时，应严格履行交接手续，同时检查该员工近期内接触机密文件的时间与使用频率，看是否有异常现象；限定该员工进入保密系统的权限；确保取回所有员工保留的机密文件、相关商业秘密载体；清查该员工所持有或知悉的公司商业秘密；离职面谈；针对特殊的员工补充签订商业秘密保护合同；设法了解员工离职原因及去向，主动与其新入职的企业联系，告知其该新进员工对原公司的商业秘密保护义务，并提醒其新入职的企业避免不当使用自己的商业秘密造成侵权等。

（4）完善竞业限制

员工管理的第三步是完善竞业限制制度。在知识经济时代，各国保护商业秘密的重点已经从保密制度转到协议保护方式，尤其重视竞业限制这样的人身控制方式。竞业限制，是企事业单位员工在任职期间及离职后一定时间内不得到与本企事业单位相竞争的其他企事业单位中就职的一种法律制度。

4. 对外合作风险

企业的对外合作是必须的，但对外合作是企业商业秘密流失的主要途径之一，应对该风险的措施包括：①加强合同约束；②防止商务谈判和生产过程中商业秘密的流失。

第5节 著作权风险管理

一、概述

著作权是文化创意型企业的核心无形资产，与生产性企业相关的著作权形式主要包括以下几种：一是文字作品，如各种宣传材料、产品说明材料；二是艺术作品，如广告中创作的或者选取的音乐、舞蹈、美术作品、摄影作品、影视作品；三是各种科技作品，如建筑物的设计图纸、工程设计图、产品设计图、地图、示意图等图形作品和模型作品；四是软件作品。著作权的保护、管理方面的风险与专利、商标所差甚少，而著作权登记风险和衍生作品利益纠纷是主要的风险。

二、著作权风险管理

1. 著作权登记风险

著作权在作品创造完毕同时产生，不需要注册和申请审查手续，所以著作权没有强制登记制度，采取自愿登记原则，作者或其他著作权人依法取得的著作权不受登记的影响。著作权登记是企业拥有有关作品的旁证，对企业作出创造的时间有重要的证明作用。具体说来，著作权登记的意义有：①为维护作者或其他著作权人和作品使用者的合法权益，有助于解决因著作权归属造成的著作权纠纷，并为解决著作权纠纷提供初步证据；②有利于作品、软件的许可、转让；③有利于作品、软件的传播和经济价值的实现。作品不及时登记会影响企业著作权的维权和运用，但工业企业的很多作品是没必要进行登记的，企业可以有选择地登记。

由于作品工业化运用性质，软件作品的登记很多情况下是必要的。软件作品登记并不是著作权产生的必需条件，代价不大却对企业很有帮助。

2. 衍生作品纠纷风险

著作权的形式多种多样，一个作品会产生多种衍生的著作权。以文字作品为例，作品的翻译、改编、表演、拍摄影视作品、角色授权等，都可以产生新的著作权，产生新的利益，有的时候还会产生远远高于原作品的利益。如果原作品著作权运用的合作各方在签订著作权授权运用合同时约定不明，在合作过程中就会发生重大利益冲突，影响合作的进行。

该风险应对措施主要是在合作初期就签订比较全面详细的著作权使用条款，将未来可能产生的经济收益途径列举清楚，防止纠纷的产生。

第12章　知识产权危机管理

第1节　知识产权危机

一、危机的产生

产生知识产权危机的原因有很多。当管理主体忽视对知识产权法律风险的管理时，就可能产生一定的知识产权危机。另外，不同的管理主体所遭遇的危机来源又因其管理活动的差异而有所区别。从企业参与市场竞争角度分析，下列情形是企业可能遭遇来自其他市场主体发动的危机。

1. 来自跨国公司的知识产权威胁

随着发达国家制造业的国际转移，其制造业已经呈现出"空壳化"趋势，知识产权在国际经济贸易中的地位日益突出。发达国家的跨国公司大多从战略高度培育自身的知识产权优势，重视知识产权的管理和保护，他们一般是以核心技术专利为依托，通过知识产权达到占领市场和攫取高额收益的目标。跨国公司获取知识产权收益的途径主要有三种：一是通过技术许可协议等手段，将专利、商标等使用权转让给技术接受方，从而获得可观的技术使用费；二是依靠知识产权实施，将专利产品、驰名商标、产品原产地产品等打入国际市场，获取价值盈余；三是通过知识产权的交叉许可，降低获取新技术或产品的成本，从而增加产品利润。

2. 作为商业策略的知识产权诉讼

利用知识产权制度的特性和功能，围绕知识产权展开的诉讼、反诉、谈判、和解、交叉许可等各种攻守方式，已经成为许多企业寻求市场竞争有利地位的一种惯用商业策略，成为他们排挤、打击竞争对手的"撒手锏"。企业通常的做法有两种：一是先放任竞争对手无偿使用自己拥有的知识产权去开拓和培育市场，待市场做大成熟时，再去追索高额专利费；二是当竞争对手威胁到其市场时，再凭借知识产权的独占性特点打压对手，将大片市场划入自己的势力范围。

3. 知识产权侵权损害

在激烈的市场竞争中，企业的知识产权遭受竞争对手侵权的事件经常发生。一些企业恶意抢注其他企业的商标，进而遏制其产品进入市场的情况屡见不鲜。另外，由于技术的高度相关性，无辜侵权情形也时有发生，不论是侵犯了他人的知识产权，还是自己的知识产权被侵犯，对企业而言，都是一个不小的危机，需要认真对待。

二、危机的类型

知识产权危机的种类有很多，依据不同的分类标准，可以将知识产权危机划分成不同的类型。从造成危机的缘由出发，可将知识产权危机划分为知识产权民事侵权纠纷、知识产权行政查处、知识产权刑事调查及知识产权舆论危机 4 个方面；从知识产权危机的解决途径出发，可以将知识产权危机划分为知识产权诉讼危机和知识产权非诉危机。

1. 知识产权民事侵权纠纷

知识产权是一项民事权利，侵犯民事权利引起的纠纷首先表现为民事侵权纠纷。根据知识产权种类的不同，知识产权侵权民事纠纷可以表现为侵犯某一类知识产权的纠纷，如专利侵权或商标侵权，也可以表现为同时侵犯一类知识产权的数个不同权项的民事侵权行为，例如，一项使用作品的行为既侵犯了著作权人的复制又侵犯了著作权人的信息网络传播权，还侵犯了著作权人的汇编权等的著作权行为。

（1）专利的侵权行为

对于专利侵权行为的认定，各国专利法都无一例外地采纳了以列举直接侵权和间接侵权的方式来描述。我国专利侵权行为仅指直接侵权行为，即由行为人直接实施的一类侵权行为，而没有包括间接侵权行为，实践中有关间接侵权行为的案例是参照民法上共同侵权行为处理的。

我国《专利法》第 57 条和第 11 条具体列举了专利侵权的不同表现形式，即未经许可，以生产经营目的制造、使用、许诺销售、销售、进口其专利产品，或者使用其专利方法及使用、许诺销售、销售、进口依照该专利方法直接获得的产品，将构成专利侵权。这些侵权行为方式都属于直接侵权，由此可以看出我国《专利法》所指的专利侵权行为仅指侵犯专利权人独占实施权的行为，不包括侵犯他人标记权的行为，也不包括侵犯他人转让权等的行为。

（2）商标的侵权行为

商标侵权行为既可以由当事人提起民事侵权诉讼，也可以由县级以上工商管理机关依职权主动查处，以下 5 种情形属于侵犯商标专用权的行为：①未经许可在同一种商品或类似商品上使用与其注册商标相同或近似的商标的；②销售侵犯注册商标专用权的商品的；③伪造、擅自制造他人注册商标标识或者销售伪造、擅自伪造注册商标标识；④未经许可，更换其注册商标并将该更换商标的商品又投入市场的；⑤给他人的注册商标专用权造成其他损害的。

（3）商业秘密的侵权行为

根据我国法律规定，侵犯商业秘密的类型主要有以下几种：以不正当手段获取商业秘密的行为；对不正当取得的商业秘密使用的揭露行为；来源正当但不当使用、披露的行为；恶意第三人的获取、使用、披露行为。

（4）著作权的侵权行为

根据我国《著作权法》的相关规定，著作权包括著作人身权和著作财产权两类。著作人身权有 4 项：署名权、修改权、保护作品完整权和发表权；著作财产权包括复制权、翻译权、汇编权、信息网络传播权等内容。如果行为人实施上述侵犯权利的行为，又不属于法律规定的例外情形的话，将构成侵犯他人著作权。

但《著作权法》将侵犯著作权的责任区分为两类：一类是仅仅侵犯著作权人民事权益的民事侵权行为；另一类是同时侵犯著作权及公共利益的侵权行为。对于前者，侵权人须承担民事侵权责任；而对于后者，著作权管理部门可以依职权采取行政处罚，构成犯罪的，可以依法承担刑事责任。

2. 知识产权行政执法与行政诉讼

知识产权执法行为具有维护权利人正当利益、规范市场竞争秩序的重要价值。我国知识产权法的相关规定，知识产权行政管理机关拥有较为广泛的行政执法和行政管理职权。就行政管理而言，我国拥有十分庞杂的知识产权行政管理机关，知识产权行政管理职能被分散至十余个部门。当行政管理机关的具体行政行为侵犯了公民、法人或其他组织合法权利的情形，就有可能招致行政诉讼。

从企业角度看，知识产权行政执法行为和行政机关的不当授权行为均有可能引发知识产权行政诉讼。在我国，知识产权行政诉讼的来源有以下 3 个方面。

（1）由国家行政机关作出行政裁决所引起的行政诉讼

专利权和商标权需要行政机关的授权，依据相关知识产权法律规定，在审查专利或申请案的过程中，审查人员将根据法律规定对申请案进行审查，决定是否授予权利。如果当事人对知识产权行政管理机关就申请文本所作出的处理决定不服，当事人可以依法提出复审请求，对专利复审委或商标复审委的复审决定不服的，可以依法以复审委为被告提起行政诉讼。

此外，权利无效或被撤销也会引发行政诉讼。专利申请被授予专利权后，任何人认为该项已经授予的专利权不符合专利法相关规定的，均可依据专利法的规定向专利复审委员会提起专利无效宣告请求，专利复审委对无效宣告请求进行审查后作出决定。当事人对专利复审委的无效宣告决定不服的，可以提起行政诉讼。同样，注册商标被依法撤销后，当事人也可以提出行政诉讼。

（2）由国家行政机关作出的具体行政行为引起的行政诉讼

在知识产权确权、使用和转让过程中，确权机关依据相关知识产权法，对当事人作出具体行政行为（包括行政决定、行政许可和行政处罚等），行政相对人对此具体行政行为不服的，可以依法提起的行政诉讼。针对知识产权侵权行为所作出的各种行政处理决定是最常见的具体行政行为。在我国，知识产权行政管理机关既可以根据当事人的举报，对知识产权侵权行为予以查处，也可以依照职权对侵权人主动采取行政管理措施，还可以对知识产权纠纷进行调处，当事人对知识产权行政管理部门的行政决定不服的，可以依法提起行政诉讼。

（3）由地方知识产权治理机关行政执法引起的行政诉讼

对于具有知识产权执法权的地方各级知识产权管理机关，可以对侵犯知识产权等违法行为进行处罚和调解，相对人对该处罚或者调解决定不服的，可以向该行政机关所在地人民法院提起行政诉讼。

3. 知识产权刑事调查

有关知识产权方面的犯罪在我国《刑法》第213条至第219条有明确规定，共涉及7个罪名：假冒注册商标罪；销售假冒注册商标的商品罪；非法制造、销售非法制造的注册商标标识罪；假冒专利罪；侵犯著作权罪；销售侵权复制品罪和侵犯商业秘密罪。这些罪行属于破坏社会主义市场经济秩序罪，犯罪主体可以是个人，也可以是单位。上述7种行为不仅侵害了知识产权权利人的私有权利，还造成了对公共利益的侵犯，具有较大的社会危害性，属于刑法调整的范围。

当知识产权侵权行为的社会危害性较大且侵犯了公共利益之时，法律需要对此类行为予以制止。不过，并非所有的知识产权侵权行为都接受刑法的调整。我国《刑法》仅仅将上述7种侵权行为划归刑法的调整范围。对此范围的解释，必须采取严格解释原则。

根据《刑事诉讼法》的有关规定，上述7种犯罪行为属于法定起诉的情形。如果发现有上述7种犯罪行为的，当事人可以向司法机关举报，请求司法机关采取刑事措施。知识产权行政管理机关发现上述犯罪行为的，可以将相关案件的掌握情况移送司法机关，由司法机关展开调查取证，并根据情况采取必要的刑事措施。由此而展开的刑事调查将构成相关行为人及企业的危机。

4. 知识产权舆论危机

在媒体信息高度发达的今天，知识产权舆论危机日益成为创新企业所面临的经营管理危机。某些企业为了达到打败竞争对手的目的，擅自制造知识产权诉讼并依托该诉讼，不惜动用各种舆论力量，大打舆论战，意图获得消费者的支持或增强企业知名度。对于被动接招的企业而言，无异于一场舆论危机。2011年4月19日，苹果公司在美国加州起诉三星集团Galaxy系列产品抄袭iPhone和iPad的外观设计，2011年4月29日，三星集团在美国反诉苹果公司侵犯其10项技术专利。此后，两家企业在民事诉讼和舆论两条战线开始了知识产权大战。在民事诉讼方面，2012年8月31日，日本东京法院裁定，三星电子移动设备并未侵犯苹果有关同步手机和电脑的专利。而随后的两年内，双方在不同国家的法院互有胜负，但相对而言，苹果公司是胜多负少。在舆论方面，双方都在互相指责对方侵权，口水仗十分激烈，其结果是两家企业在手机用户市场上都极大地扩展了它们各自的市场份额，压缩了其他品牌的市场占有率，可以说取得了"双赢"的战果。

三、危机的管理

作为发展中国家，中国正面临着极其严峻的知识产权竞争形势，极有必要在遵守国际公约要求的同时，主动防范和预警知识产权危机，积极应对国内外知识产权诉讼，规避风险，维护国家经济安全，从而保证经济的持续稳定发展。根据危机管理原理，可将知识产权危机管理工作分解为3个阶段：危机防范阶段、危机处理阶段和危机总结阶段。

1. 危机防范阶段

危机管理的重点应放在危机发生前的预防，而非危机发生后的处理。因此，建立一套规范全面的危机管理防范体系和预警系统是十分必要的。

（1）防范知识产权危机的步骤

就企业而言，知识产权危机防范一般可分为 4 个步骤：①组建企业内部知识产权危机管理小组；②强化知识产权危机意识，观察发现危机前兆，分析预计危机情境；③企业要从危机征兆中透视企业存在的危机，并引起高度重视，预先制定科学而周密的危机应变计划；④进行知识产权危机管理的模拟训练，定期的模拟训练不仅可以提高知识产权危机管理小组的快速反应能力，强化知识产权危机管理意识，还可以检测已拟定的危机应变计划是否充实、可行。

（2）建立知识产权危机预警系统

建立知识产权危机预警系统的意义在于降低知识产权危机为管理者所带来的风险。良好的知识产权危机防范体系可以帮助企业逐步建立知识产权危机预警系统，从而尽可能地降低风险，有助于企业减少不当的经营损失建立知识产权预警系统需要考量多方面的问题。

危机管理预警系统是一系列管理活动的总称，它包括危机分析和识别、危机预警、危机对策选择等多项管理工作，还涉及不同管理机构之间的沟通与协调。不同层次的危机管理主体，需要构建不同层级的危机预警系统。以国家为例，建立知识产权危机管理系统应当站在国家经济安全的角度，综合考虑和分析本国经济在全球化背景下的知识产权国际发展和竞争态势，通过多重统计和分析，从分析和判断那些容易引发知识产权危机的行业或企业领域，相应地对这些可能危及中国国家经济安全和重要产业发展的知识产权危机进行鉴定、识别和评价，并以此为依据选择适用国家法律、经济及行政等管理手段，及时而准确地作出预告性和警示性反应，把可能对中国经济安全和产业发展造成生存与发展危机的因素和力量，牢牢控制在安全警戒线之下。

2. 危机处理阶段

危机处理也是一个危机管理的过程。当被控侵犯他人知识产权时，要认真应对。由有经验的专业技术人员和法律人员撰写是否侵权的技术判定报告，合理利用司法或者行政规则，利用无效请求等进行反诉。

危机处理一般可分为 3 个步骤。

（1）隔离危机

危机发生后，当事人应当冷静下来，采取有效的措施，隔离危机。不让事态继续蔓延，并迅速找出危机发生的原因，进行化解处理。

（2）启动危机管理工作

经过隔离危机并认真分析后，企业应当以最快的速度启动危机管理工作。如果初期反应滞后，将会造成危机的蔓延和扩大。同时，公司在控制危机时应更多地关注公众的利益而不仅仅是公司的短期利益，这样有利于维护企业的形象。

（3）适当调整危机管理措施

由于危机情况的产生具有突变性和紧迫性，因此尽管在事先制定出危机应变计划。因为不可预知危机的存在，任何防范措施也无法做到万无一失，所以，在处理危机时，应针对具体问题，随时修正和充实危机处理对策。

3. 危机总结阶段

危机处理后，要及时对危机起因、危机处理结果进行总结，并对危机管理过程进行整改。

（1）危机起因调查

对知识产权危机发生的原因和相关预防和处理的全部措施进行系统的调查。对知识产权危机起因的调查应该首先考虑到危机产生的大背景和大环境，然后再归结到企业层次，这样才能准确把握深层次的原因。

（2）危机管理评价

对危机管理工作进行全面评价，包括对预警系统的组织和工作内容、危机应变计划、危机决策和处理等各方面的评价，要详尽地列出危机管理工作中存在的各种问题。

（3）管理整改

在完成危机起因调查和评价后，应该有针对性地整改企业的不足之处，对危机涉及的各种问题综合归类，分别提出整改措施，并结合大环境，制定一些有远见的风险防范措施，责成有关部门逐项落实。知识产权危机管理的目标在于通过建立危机处理机制，组织有关知识产权专家、技术专家共同参与分析，制定出解决危机的策略和实施细节，把已经发生或将要发生的消极影响控制在最小范围内，避免危机事件对经济、社会等各方面造成冲击。通过知识产权危机管理，可以提高管理主体对知识产权危机发生的预见能力和危机发生时的自治能力，及时有效地处理危机，以及管理主体在知识产权贸易中的竞争力和对知识产权纠纷的防控能力。

第2节　知识产权危机的诉讼管理

在企业管理和维护知识产权的过程中，诉讼是最为常见的知识产权危机形态，也是最为常见的解决知识产权危机的途径。当企业遭遇知识产权诉讼时，大量的知识产权管理活动均需要围绕着诉讼活动而展开。

一、知识产权侵权行为

依据我国知识产权法的相关规定，著作权侵权行为、专利权侵权行为和商标权侵权行为均属于知识产权侵权行为的范畴。

在各项知识产权侵权行为中，专利侵权诉讼理论和实践案例最为丰富也最为典型。本节将以专利侵权行为为例，具体分析专利诉讼的各种类型。

1. 专利侵权行为形态

专利侵权行为包括直接侵权行为和间接侵权行为两大类。直接侵权行为是指行为人直接实施的侵犯他人专利权的行为，间接侵权行为是指行为人实施的行为本身并不构成侵犯他人专利权，但是行为人通过诱导、怂恿、教唆他人实施专利，从而发生专利侵权的行为。两种行为的构成要件虽然不同，但二者所侵犯的专利权的具体权项范围是一致的。

为了清晰地说明专利侵权的各种具体表现，可把专利侵权行为的形态用表 12 - 1 表示。

表 12 - 1　专利侵权行为所侵犯的权利种类

专利名称	发明专利		实用新型专利	外观设计专利
专利类型	方法专利	产品专利	产品专利	产品专利
侵犯权限	使用方法	制造权	制造权	制造权
	使用权	使用权	使用权	销售权
	销售权	销售权	销售权	许诺销售权
	许诺销售权	许诺销售权	许诺销售权	进口权
	进口权	进口权	进口权	……

2. 专利侵权行为的判断

从法律上说，专利侵权行为的构成必须同时具备两个方面的要件：一是形式要件，即行为人所从事的行为应当是以生产经营为目的且未经专利权人许可的实施他人专利的行为；二是实质要件（技术要件），即被控侵权产品的技术特征落在专利权保护范围之内。

（1）形式要件

在判断一项侵权行为是否构成专利侵权行为时，需要考虑以下几个因素。

1）被侵犯的专利是否是一项有效专利

判断一项专利是否为有效专利，需要考虑的因素包括：第一，被侵犯专利的国籍与侵权行为地是否一致；第二，该专利在侵权行为发生时是否继续有效，即专利侵权行为发生时，该专利是否仍然有效还是已经被宣告无效或提前终止。

2）是否确实存在未经专利权人许可的商业实施行为

行为人的实施行为必须经过专利人的许可，否则就可能构成侵犯专利权。如果一项专利为多人所共有，经共有人同意许可方为有效。进一步地，行为人所从事的行为是否是以商业目的的实施专利行为，如果行为人的行为不是出于生产经营目的，则不构成侵犯他人专利权。

3）行为人违反了法律的强制规定

各国法律规定专利侵权行为的法定形态，只有从事了这些法定形态行为的违法行为，才有可能构成侵犯专利权。以产品专利为例，只有侵犯了专利权人使用权、销售权、制造权等的行为，才有可能构成侵犯专利权。

4）是否确实没有法定的免责事由

各国专利法为了促进技术的传播和科技的进步，都规定了一定的专利权例外情形。当行为人实施了这些情形中所列举的行为时，将不构成侵犯专利权。具体内容参见我国《专利法》第69条。

（2）实质要件

专利侵权判定的关键在于判定涉嫌侵权的产品或方法是不是专利人享有保护的产品或方法。在确定一项侵权行为是否构成专利侵权行为时，在实质要件上，我们还要考虑被控侵权产品的技术特征是否落在专利权保护范围之内。

各国专利法都规定，专利权人的独占排他权只能及于其专利权的保护范围。发明和实用新型专利权的保护范围由其权利要求书中所描述的技术特征所构成的，说明书和附图可以用于解释权利要求；外观设计专利权的保护范围以表示在图片或照片中的该产品的外观设计为准，简要说明可以用于解释该外观设计。

发明专利和实用新型专利均属于技术方案，在进行实质性要件判断时，一般遵循以下步骤：首先，确定涉案专利权的保护范围，通过对权利要求书和说明书的解释得出；其次，确定被控侵权产品的主要技术特征，通过被控侵权产品的技术特征组合和构造及设计图纸等得出；最后，将二者进行比较，如果二者的内容构成相同或等同，被控侵权人的行为将构成侵权行为。

3. 专利权属纠纷

专利权属纠纷是指涉及专利权归属主体或专利申请权归属主体之间的纠纷，其本质仍属于民事纠纷。根据发生的阶段不同，专利权属纠纷可以分为专利申请权归属纠纷和专利权归属纠纷，其中，专利申请权纠纷案件发生在专利申请还未获得授权阶段，专利权纠纷案件发生在专利权被授予之后。

（1）专利申请权纠纷

专利申请权纠纷是指一项发明创造在申请专利之前或者申请专利后授予专利权以前，当事人之间就谁应当享有申请专利的权利发生的纠纷。

专利申请权的纠纷主要分为 3 种情形：①请求区别发明创造属于职务发明还是非职务发明的纠纷；②请求确认发明人或设计人的纠纷；③就合作或委托作品的权利归属，请求确定何人拥有申请权的纠纷。

（2）专利权纠纷

专利权归属纠纷是指法人、公民或者其他组织就发明创造的专利权归属发生争议的纠纷。专利权归属纠纷与专利申请权属纠纷本质上是相同的。只是发生的诉讼阶段不同、争议的权利行政不同。

4. 专利行政纠纷

专利行政纠纷是指公民、法人或其他组织不服专利行政管理部门所作出的具体行政行为，而以专利行政管理部门或专利复审委为对象所提起的行政纠纷。

专利行政纠纷是产生行政诉讼的主要原因，其来源主要有 3 种：①当事人不服国家知识产权局作出的具体行政行为而提起的诉讼；②当事人不服专利复审委作出的维持驳回专利申请的复审决定或无效宣告审查决定而提起的诉讼；③当事人不服地方专利管理机构作出的处罚决定。

通常情况下，专利行政诉讼的一方当事人为专利行政机关。因此，专利行政诉讼不是企业之间的主要诉讼形式。只有第二种类型中的对专利复审委员会作出的无效宣告审查决定不服提起的诉讼，才有可能与企业之间的民事诉讼相互牵连而发生有关商标和著作权侵权的知识产权诉讼，要比专利诉讼简单得多，就商标侵权诉讼的种类而言包括商标权属纠纷、商标合同纠纷和商标侵权纠纷 3 种。就商标诉讼的案件管辖而言，有关商标权的民事案件可由全国 31 个高级人民法院、370 多个中级人民法院和 17 个基层法院作为一审法院。当前，我国知识产权系统正开展知识产权司法体制改革，北京、上海和广州的知识产权法院将作为区域性知识产权法院审判机制改革的试点单位，知识产权案件管辖权的划分将呈现多元结构。

二、知识产权侵权纠纷的应对

企业如果遭遇了侵权纠纷，就需要及时展开管理工作。这些管理工作就是对知识产权侵权予以应对的过程，也是处理和化解知识产权危机的过程。换言之，企业通过及时有效的知识产权管理工作，通过实施一系列应对知识产权诉讼的管理活动，从而实现化解知识产权危机的目标。

虽然知识产权民事侵权纠纷包括专利侵权、商标侵权、著作权侵权、商业秘密侵权等多种形态。鉴于专利侵权纠纷是企业知识产权纠纷中最主要也是最复杂的侵权纠纷类型，并且针对各类知识产权纠纷的应对措施大同小异，本书以专利侵权纠纷为主展开讨论。

1. 被控侵权的诉讼应对

遭遇知识产权侵权诉讼时，企业应当冷静分析，找出有效的对策。一般来说，企业在被告知侵犯他人知识产权，可以采取以下措施。

（1）回复警告函

当企业发现他人涉嫌侵犯自己的知识产权时，往往会在诉讼之前给被控侵权方发出侵权警告函。当接到对方侵权警告函时，企业应当及时回复而不应该不予理睬。被控侵权方对于侵权警告函的及时回复，一方面可以显示出己方所采取的合作态度，为下一步诉讼中对方可能举证说明被控侵权方的主观恶意提供证据，有利于诉讼中损害赔偿数额的确定；另一方面，可以为接下来可能进行的诉讼争取时间。在回复函中，被控侵权方可以说明己方已经知晓相关情形并承诺对相关侵权事实进行调查，要求对方提供其所掌握的侵权理由和侵权证据。

有些时候，专利权人在发现侵权行为时，不会在诉讼前向被控侵权人发送警告函，而是直接向法院提起诉讼或向专利行政管理机关提出处理请求。被控侵权人是通过法院的起诉状或者专利行政机关的通知得出侵权事宜的。此时，被控侵权人应当与法院或专利行政机关保持信息沟通，及时处理接受的法律文件，为最终纠纷的解决奠定良好的主观基础。

（2）调查涉案专利的有效性

被控侵权人在收到专利权人或利害关系人的警告函或起诉状之后，首先需要调查涉案专利的有效性。

能够证明涉案专利法律有效性的最佳证据是国家知识产权局专利局出具的专利登记簿。专利权证书并不是专利有效性的最终证明，其只能表明专利权被授予时的初始权利归属，只有专利登记簿才可以证明专利权的动态变化。根据我国《专利法》，任何人经国家专利局同意，都可以查阅和复制已经公布或者公告的专利申请的案件和专利登记簿。

（3）收集证据

被控侵权人应当重视涉案证据的收集工作。收集的内容包括两类：一是证明自己可以免责的证据，例如，证明自己不侵权或可以免除侵权赔偿责任的证据，本人的实施行为属于不侵权的例外情形的证据，本人所实施的技术为现有技术的证据及实施行为非出于故意的证据等；二是证明涉案专利权本身有瑕疵的证据，例如，涉案专利存在丧失其新颖性、创造性的证据而可能导致被宣告无效，涉案专利的申请文件记载存在反悔情形的证据及其他可能造成该权利不完整的证据等。

（4）寻找抗辩理由或减责事由

专利法上的侵权抗辩主要有四类：一是诉讼时效抗辩；二是不视为侵犯专利权；三是现有技术抗辩；四是免赔事由抗辩。

诉讼时效抗辩是一种常见的抗辩策略。专利法赋予专利权人追诉被控侵权人民事责任的诉讼时效为两年，从专利权人知道或应当知道侵权事实之日起计算。在遇到专利侵权诉讼时，被控侵权人首先应当想到诉讼时效抗辩。对于一项已经经过诉讼时效的专利侵权案件，法院会在受理案件之后查明，诉讼时效确实已经完成且该专利权已经无效的情形下，法院将不予立案。如果权利人超过两年时间起诉，起诉时侵权行为仍在进行且该专利权有效的，法院将判决被控侵权人停止侵权，侵权赔偿额从权利人向法院起诉之日起向前推算两年。

不视为侵犯专利权的例外是法律明确规定的特殊情形，我国《专利法》第69条规定了5种例外情形。当被控侵权人所实施的行为属于这5类情形时，专利权人将无权追究被控侵权人的侵权责任。

现有技术抗辩是我国《专利法》修订后增加的一项内容。在侵权诉讼中，如果被控侵权人可以证明其所实施的技术是现有技术，其实施行为属于法律所允许的行为，而将不构成侵犯专利权。

免赔事由的抗辩是免除特定情形下被控侵权人侵权责任的一种抗辩措施。如果被控侵权人是专利产品的使用者或销售者，被控侵权人在使用或销售该侵权产品时，并不知晓其所使用或销售的产品属于侵权产品的，并能举证合法来源的，可以根据《专利法》的相关规定，只承担停止侵权的民事责任，免除赔偿损失的民事责任。

（5）分析证据、作出决定

被控侵权人在收集完证据之后，需要对证据进行认真的分析。根据证据所证明的事实，选择两条途径解决。被控侵权人可以选择与对方及时协商谈判的方式解决纠纷，也可以应诉的决定。如果侵权事实确凿，就需要放低姿态与对方协商或谈判，并为可能到来的诉讼做好准备，争取最为有利的结果。如果对方坚决起诉，被控侵权人只能积极应诉，并就诉讼中的程序问题和实质问题进行调查。例如，对方是否是适格的诉讼当事人，是否存在管辖权问题，诉讼时效是否已过，等等。

进一步地，如果发现有可能导致涉案专利无效的法律事实，被控侵权人应当在答辩期内向专利复审委员会提出无效宣告请求，无效宣告请求书应按照法律规定的理由提出，并提交相应的证据证明这些理由的成立，请求法官中止诉讼。

2. 专利权人的诉讼应对

专利权人发现其权利被他人侵犯时，可以选择诉讼的方式保护自己的合法利益。提起专利侵权诉讼的既有可能是大型企业，也有可能是中小型企业。总体而言，专利权人在得知被侵权后，可以采取以下对策。

（1）取证

专利权人在得知自己的权利被侵犯后，首先应做的事情就是全面地收集有关侵权的事实证据，如涉嫌的产品实物、产品照片、产品目录、销售发票等合同。有些时候，专利权人可以采取购买侵权产品的方式来收集证据，也可以协同公证人员在不暴露其身份的情况下，对取证过程进行公证。

（2）初步判断

在掌握初步证据的基础上，初步判断侵权嫌疑人的行为是否构成侵权。专利权人可以将自己的专利权与侵权产品的技术特征进行分析比对，初步得出侵权是否构成的结论，并对侵权的持续时间、侵权的地域范围及侵权所造成的损害作出初步的估计。

（3）重新评估专利

侵权诉讼的胜负很大程度上要看专利权人手中的专利权是否无懈可击。作为专利权人需要明白的是，每一项专利权都有可能受到质疑，已经被授予的专利未必就是真正有效的专利。因此，在采取下一步程序之前，专利权人应当对自己专利权的专利性进行分析和评估，检验现有技术以确定专利的有效性。在此基础上，重新确定专利权利要求所包含的内容，为以后可能由被控侵权人提起的无效宣告请求作出回应。

对于实用新型专利，专利权人可以在评估专利之前，请求国家知识产权局专利局出具该实用新型的检索报告。检索报告将对该专利的专利性进行评价，相关评价结论可以为专利权人进一步了解专利权的效力提供参考。

（4）正式调查

在确定确实存在侵犯自己专利的情况下，专利权人可以展开全面、正式的调查，为以后的专利诉讼和谈判奠定基础。

全面调查的内容可以包括以下内容：①涉嫌请求人的基本情况，如侵权产品的生产销售情况、生产商或销售商名称、侵权地域范围、企业注册资金、经营范围等；②涉嫌侵权人的侵权程度，如涉嫌侵权产品的首次侵权日期、地点、规模、价格、利润等；③涉嫌侵权人与本企业的关系，如涉嫌侵权人与本企业是否有潜在的合作关系或竞争关系或合同关系，涉嫌侵权企业的经营目标是什么，涉案专利是否是侵权企业重点发展的关键技术等。

企业在展开正式调查之后，应当将所有资料和信息分类整理，比较可能的诉讼成本和市场价值的关系，并预测损害赔偿额及许可费用的数额，以便确定下一步的行动方向。

（5）作出决定

在充分调查和分析基础上，企业可以根据不同情况选择默认侵权行为、向对方发出侵权警告函、与涉嫌侵权人进行协商谈判、请求专利行政管理人员处理和向法院提起诉讼5种决定。

企业选择默认侵权的情形通常发生在维权成本过高或者存在"知识产权弱保护"的情形下。有些时候，还可能是企业对手战略考虑的结果，当被控侵权人没有赔付能力的时候，挑起一项专利侵权诉讼对于专利权人并没有太多好处。

如果不打算放弃维权行动，就可以择以发生侵权警告函作为事件的开始。多数情况下，对于收到的侵权警告，被控侵权人不会无动于衷的。同时，侵权警告函可为以后诉讼时证明对方的实施行为存在恶意提供证据。但是，这一做法也有其缺点，即它给涉嫌侵权人充分的时间准备，使之能够及时消灭一些证据或转移财产。

协商和谈判是解决专利纠纷的主要途径。通过协商和谈判，双方就专利侵权行为的态度和意见趋于明朗，可以帮助双方及时调整应对策略。

请求专利管理部门处理具有效率高、成本低且可以及时制止侵权等优点。在当今中国，知识产权的行政解决机制仍然具有十分雄厚的应用基础，就专利行政管理部门而言，在认定专利侵权行为成立的情况下，可以采取责令停止侵权行为、没收侵权工具等行政措施，专利行政部门还可以根据双方当事人申请，就专利侵权的赔偿数额进行调解，只是这种调解协议不具有司法上的终局性，当事人对赔偿数额不满的，可以向法院提起民事诉讼或者行政诉讼。

在其他方法都无果的情形下，专利权人可以向法院提起民事侵权诉讼。由于专利侵权案件同时涉及专业技术问题和法律问题，审理期间还有可能受到无效宣告程序的干扰，因而审理期限一般都较长。在许多情况下，如果侵权产品的出现并不影响专利权人的经济利益或影响极小时，专利权人不必急于起诉，而应当把诉讼前的各项准备做好，以提高胜诉的把握。在应对侵权人可能出现的转移财产或销毁证据行为，专利权人可以向法院提出申请，请求法院对涉嫌侵权人采取某些诉前临时措施。

三、基于商业目的的知识产权诉讼

与知识产权侵权纠纷应对管理不同的是，在实施商业目的诉讼活动时，企业是发起者和主导者。而在应对知识产权侵权纠纷时，企业是被动者和跟随者。

商业策略包括多种形式、多个方面和多个层次的内容，但无论哪种形式和内容的商业策略，都是为了企业商业经营的目的，使企业通过付出最低的成本获取最大的利益回报。作为商业策略的知识产权诉讼就是企业将商业经营与知识产权诉讼结合起来，从商业经营的角度上利用知识产权诉讼规则，为企业获取市场上的竞争优势和经济利益。

1. 商业目的知识产权诉讼的启动目的和条件

企业在发动作为商业策略的知识产权诉讼之前，首先必须设定企业就侵权行为提起知识产权诉讼的条件。因为知识产权诉讼一旦启动，就需要耗费企业大量的时间、人力和财力，因此企业不能漫无目的地盲目决策，必须有针对性地提起诉讼。同时，知识产权诉讼具有比较高的风险性，如果企业在没有做好充分准备的条件下，盲目地发起知识产权诉讼。遇到竞争对手的顽强反抗时，很可能会给企业带来无法预计的损失。

一般来说，作为商业策略的知识产权诉讼的目的主要包括以下4个方面。

（1）通过知识产权诉讼可以获取高额的利润

基于这一目的下的知识产权诉讼，往往在提起知识产权诉讼的请求中要求侵权方赔偿权利人的经济损失。在诉讼和协商谈判中也将赔偿问题放在重要的地位，请求赔偿的额度一般比较大，意图将获得高额赔偿金作为企业新的盈利增长点。许多国外企业对我国企业提出的知识产权诉讼都属于类似情形，在国外甚至有公司以诉讼赔偿额作为知识产权管理工作的主要任务（如著名的施乐公司等）。此类案件中双方的争议焦点在于损害赔偿数额的多少。

如果企业没有足够资金实力用专利产品占领全部目标市场，目标市场的知识产权保护属于强保护，选择诉讼就是一个不错的办法。通过诉讼获得赔偿额，企业不仅可以获得专利使用费，还扩大了市场占有率，企业可以将获得的技术资金再次用于研发资金，开发出其他专利技术。原先的侵权企业不得不再次通过获得实施许可的方式，用专利使用费换得使用该企业先进技术的机会，迫使原侵权企业从技术上形成对专利企业的依赖，拥有专利技术的企业的市场竞争优势得以确立，对竞争对手构成威胁。

（2）通过知识产权诉讼可以抢占和维持市场份额

在这一目的指导下的知识产权诉讼中，原告往往是希望被告退出相关市场，因此诉求往往体现为要求对方立即停止侵权行为，从而有效地垄断相关市场。

（3）通过知识产权诉讼可以达到以最低的条件与对方合作的目的

企业如果想实施对方的知识产权，为了在与对方进行知识产权许可谈判时取得有利地位或者为了压低许可价格，往往通过自己或者在不暴露自己身份的情况下指使他人提起知识产权诉讼，试图降低对方知识产权的价值，从而达到以最低的成本获得知识产权许可实施的效果。

（4）通过知识产权诉讼可以达到广告宣传的效应

这是将知识产权诉讼与商业策略中的营销战略结合起来的策略，多数情况下由中小型企业发起此类诉讼。如果企业是拥有部分知识产权的不知名小企业，即使是只拥有部分外围专利、外观设计专利，而侵权人是大企业或知名企业，只要中小企业对自己的专利权的有效性十分肯定，企业就应当毫不犹豫地以大型企业为被告向法院提出诉讼请求。在我国，媒体对于知识产权侵权诉讼的敏感程度很高，尤其是对于双方企业实力差距的侵权诉讼更加引人关注，小企业可以通过媒体对大企业涉嫌侵权的报道，轻松赢得知名度，这种免费广告可以让小企业在该行业的地位迅速上升。

2. 商业目的诉讼方案的选择

如果某企业的一项专利技术创造性较低或具有很大的商业利用价值，则极容易遭遇来自其他企业的侵权。通常而言，出于商业目的的知识产权诉讼应对需要关注诉讼对象的选择、诉讼管辖法院的选择、诉讼时机的选择和诉讼结果的选择4个方面问题。

（1）诉讼对象的选择

知识产权诉讼的提起实际上是在企业与竞争对手之间发起一场有关知识产权诉讼的战争。选择正确的对手对发动这场战争的企业获取最后的胜利显得非常重要。如果对手选择不当，往往会在诉讼中遭遇顽强的抵抗，或者即使胜诉也不能达到预期的目的。有时候，企业发动知识产权诉讼攻击的对象可能有多个选择，尤其是提起侵权诉讼时，侵权人可能不止一个。因此，企业在发动知识产权诉讼攻击时，需要根据诉讼的目的选择正确的诉讼对象。

诉讼对象的选择通常应该考虑企业规模、示范效应及企业偿付能力。如果被诉侵权的企业都是一些小企业，此时最好选择其中具有代表性的企业首先进行知识产权诉讼攻击。一旦这一家代表性企业被打败，其他诉讼攻击的对象可能就变得不敢恋战。这种方法既省力，维权成本又比较低，效果也相对较佳。如果不加选择地任意选取诉讼攻击对象，可能会造成即使胜诉也因为被诉企业的赔偿能力有限而不能获得预期目的的尴尬局面。不仅付出了诉讼成本，而且给其他讼攻击对象造成了心理上的优势。同时，提起诉讼的企业还需要考虑诉讼成本问题，即综合考虑打击侵权行为的成本和受益，选择那些有赔偿能力的企业作为诉讼对象。目前，执行难已经成为中小企业为被告的诉讼案件中的一个普遍现象。

如果制止侵权的成本过高，则只能暂缓侵权诉讼。一方面开发专利技术的改进技术，迫使中小型企业对其技术形成依赖，另一方面等待时机，待中小型企业的实力不断增强后，再提起诉讼。我国《专利法》对侵权行为的诉讼时效规定为2年，大型企业要善于选择合适的时机，使得在该时机内可能获得的损害赔偿额最多，最大限度地打击侵权者。目前，国外一些大型企业在面临我国中小企业的侵权行为时就采取了类似的"放水养鱼，鱼肥收网"的策略。

如果被诉侵权的企业都是一些大企业，这个时候最好选择其中比较弱的企业为诉讼对象，即首先从最易在侵权诉讼中被击破的企业下手。一般来说，这种最易被攻破的企业往往是专利筹码低或者诉讼经验少的企业。在这种情况下，如果不加选择地任意选取诉讼攻击对象，可能会造成遇到的竞争对手过强、因被诉方抵抗的专利筹码多或者诉讼经验丰富而不能获得胜诉甚至有可能被反诉侵权的情况。不仅给自己造成损失，而且会使整个诉讼计划失败。企业在诉讼攻击过程中，还应当留意侵权方是否联合成为诉讼联盟，尽可能避免诉讼联盟的宣传。

（2）诉讼管辖法院的选择

侵权案件受诉法院的选择对知识产权侵权诉讼具有重要的影响。知识产权具有典型的地域性特征，知识产权制度的国际化并未完全消除这一现象。各国有关知识产权的立法内容、诉讼程序不尽相同。同时，同其他类型的诉讼案件一样，知识产权诉讼案件的结果还受到法官司法理念、当地执法水平等主客观因素的影响这些都会导致同样的案件，在不同的地点由不同的法院进行审理时，可能会得出不同的判决。

选择知识产权诉讼案件的受理地点时，应首先调查各国的知识产权制度和诉讼制度，在法律允许的范围内选择对自己最有利的诉讼管辖地。通常来说，选择本地法院诉讼比选择国外法院诉讼更为有利，选择诉讼程序与我国相近的国家诉讼对我国企业较为有利。专利诉讼中，选择在产品销售地比选择产品制造地更为有利。因为产品制造地往往是被攻击者的企业所在地，如果在产品制造地进行诉讼就让被诉者占到了地利的优势。当然，专利侵权诉讼攻击中可以选择这些地点进行诉讼的首要条件是诉讼攻击者在这些国家都申请了专利保护，尤其是在跨国诉讼攻击中，诉讼攻击者在诉讼地具有专利权是必备的基础条件。

在受诉法院的地域管辖上，根据知识产权法和国际私法有关可以受诉法院选择的规定，可以作为知识产权案件受诉的法院有：侵权行为地、合同签订地、合同履行地、被告住所地等人民法院。以侵权行为地为例，对于专利产品的侵权案件，可以构成专利侵权行为地的可能是：专利侵权产品的制造商住所地、侵权产品的销售地、侵权产品的使用地等，内容非常复杂。

在受诉法院的级别管辖上，各个国家的情况差别很大。我国主要是通过指定管辖的方法，由全国 60 余个中级人民法院作为专利案件的一审法院，商标和版权侵权案件可以由基层人民法院受理。值得说明的是，2014 年 11 月成立的北京、上海和广州知识产权法院的管辖范围已经确定，对于某些专利案件，这 3 家法院作为一审法院受案管辖，对于其他一些案件，则作为二审法院予以受案管辖。

（3）诉讼时机的选择

加强知识产权并非意味着权利人一发现有侵权行为就立刻提起诉讼。权利人应选择在恰当的时机提起知识产权诉讼攻击，以便取得最大的效益。如果时机选择不当，知识产权诉讼攻击的获胜可能性不大，即使获胜也可能无利可图。

通常来说，企业可以选择以下时机启动知识产权诉讼攻击。

①选择在对于处于危难之机进行知识产权诉讼。例如，竞争对手正在为其他诉讼忙得不可开交或企业经营方面遇到困难时，向对方提起诉讼，被诉者通常会因为难以应付而选择和解的方式解决纠纷。

②选择竞争对手正在进行重大活动期间。例如，正在进行股票上市的准备工作，正在着手进行高风险、高投入项目的实施，正在进行收购、并购或者融资等事务时。此时，企业一般不愿意面对诉讼风险，也没有足够的精力投身到一场无止境的高消费诉讼中来，更不愿意因为知识产权诉讼而影响企业在股民、其他投资者或者合作者心目中的形象，这个时候的知识产权诉讼攻击可能比较容易奏效。

③选择竞争对手已经建立了较大的侵权规模时。企业的经营规模往往与其赔付能力成正比。对于权利人而言，知识产权诉讼的最终目的在于获得知识产权的应有独占收益。如果一发现侵权就立即提起诉讼的话，无论是从成本还是时间精力来说都不合算。最好的做法是观望一段时间，等到其中侵权企业已经付出了大量的生产和市场推广成本、在较大区域内建立起较大销售网络，再进入起诉程序。这样不仅可以给予侵权企业较大打击，权利人也可获得较大数额的赔偿。跨国公司企业通常会选择这一策略对发展中国家企业实施打击，其诉讼目的自然显而易见。当前，在诉讼实务界，伺机而动已经成为国外许多知识产权代理律师的习惯思维。当然，企业在选择时机时，不要因为等待时机的到来耽误了诉讼时效。应该将诉讼攻击的时机选择在诉讼时效内，或者采取措施规避对方可能提起的诉讼时效已过的抗辩理由。

（4）诉讼结果的选择

知识产权是一项私权，可以在不同情况下，权利人选择以和解或诉讼的方式解决与被控侵权人之间的侵权纠纷。和解可以选择在诉讼中进行，也可以采取诉讼外和解的方式。如果进行诉讼的成本过高或者对胜诉不太有把握，企业可以在知识产权侵权纠纷中考虑及早与对方进行和解。在大型企业之间展开的侵权诉讼中，和解甚至成了一种主要的解决纠纷方式。总之，知识产权保护不仅需要极其专业的知识，而且还需要对市场、对竞争对手的分析研究，企业应提高知识产权保护意识，将知识权战略提高到企业命脉的高度，只有这样，企业才能真正占领市场，也才能在激烈的竞争中立于不败之地。

第 3 节　知识产权危机的非诉管理

知识产权危机的非诉管理主要涉及专利和商标这两类知识产权，管理方式大致有三种情况：一是向专利（或商标）复审委员会提出申请某项专利权（或商标权）无效；二是向仲裁机构申请专利（或商标）纠纷仲裁；三是危机相关当事人之间通过协商或和解方式，达成协议并进而解决纠纷。由于专利复审委员会和商标复审委员会并非法定的司法机关。因而，此种利用知识产权行政机关通过行政裁决方式处理危机的途径被称为非诉方式。相应地，企业的管理活动属于非诉管理。

一、申请知识产权无效

在知识产权保护中，申请知识产权无效是被企业运用得最多的法则之一。企业可以通过依法提出知识产权无效请求，扫除掉竞争对手，赢得市场份额；反之，每一个企业都可能会遭遇来自竞争对手提出的权利无效申请。专利复审委员会和商标复审委员会负责受理知识产权无效的申请并依法作出裁决。

申请知识产权无效的法律依据分别是《专利法》第 45 条和《商标法》第 44 条、第 45 条的相关规定。根据我国《专利法》，自国务院专利行政部门公告授予专利权之日起，任何单位或者个人认为该专利权的授权不符合专利法有关规定的，可以请求专利复审委员会宣告该专利权无效。类似地，已经注册的商标，如果有违反《商标法》禁止性的规定，或是通过欺骗手段或不正当手段取得注册的，由商标局撤销该商标，其他单位和个人可以请求商标评审委员会裁定撤销该注册商标。

在申请知识产权无效的理论研究和实践中，专利无效申请相对于商标无效申请而言，不仅运用得更为广泛，其实践价值也十分明显。这是因为，在国内外几乎所有的知识产权侵权案件，都需要率先解决权利的有效性问题。专利权和商标权是依法审查合格后取得的权利，其权利的有效性受到许多因素的制约。尤其以专利为例，现有技术、抵触申请及他人的披露行为都有可能导致权利的无效。此外，审查员检索范围的程度也会影响到权利的有效性。

1. 法律规定宣告专利无效的情形

专利因为缺乏实质性有效条件，可以被行政确权机关审查后取消专利权。实践中，专利无效的宣告申请往往跟专利侵权纠纷关联在一起。原告起诉被告侵犯专利权，被告便以原告专利无效为由抗辩，并向国家知识产权局专利复审委员会提起专利无效宣告的申请。《专利法实施细则》第 65 条规定了可以提出无效宣告的法律理由，在符合法律规定的情形下，依照法定程序提出的专利无效宣告请求才有可能被专利评审委员会受理。概括而言，下列几种情况下，任何单位和个人可以提出无效宣告请求。

（1）专利的主体不是法律规定的发明、实用新型或外观设计

我国《专利法》第 2 条规定："本法所称的发明创造是指发明、实用新型和外观设计。发明，是指对产品、方法或者其改进所提出的新的技术方案。实用新型，是指对产品的形

状、构造或者其结合所提出的适于实用的新的技术方案。外观设计，是指对产品的形状、图案或者其结合以及色彩与形状、图案的结合所作出的富有美感并适于工业应用的新设计。"

（2）专利是违反法律、社会公德或者妨碍公共利益的发明创造

根据我国《专利法》第 5 条的规定："对违反法律、社会公德或者妨害公共利益的发明创造，不授予专利权。对违反法律、行政法规的规定获取或者利用遗传资源，并依赖该遗传资源完成的发明创造，不授予专利权。"

（3）违法单一性专利申请原则

我国《专利法》第 9 条规定："同样的发明创造只能授予一项专利权。但是，同一申请人同日对同样的发明创造既申请实用新型又申请发明专利，先获得的实用新型专利权尚未终止，且申请人声明放弃该实用新型专利权的，可以授予发明专利权。两个以上的申请人分别就同样的发明创造申请专利的，专利权授予最先申请的人。"

（4）违反保密审查规定

我国《专利法》第 20 条规定："任何单位或者个人将在中国完成的发明或者实用新型向外国申请专利的，应当事先报经国务院专利行政部门进行保密审查。保密审查的程序、期限等按照国务院的规定执行。"

（5）已经被授予的专利权不具备专利性

我国《专利法》第 22 条规定："授予专利权的发明和实用新型，应当具备新颖性、创造性和实用性。新颖性，是指该发明或者实用新型不属于现有技术，也没有任何单位或者个人就同样的发明或者实用新型在申请日以前向国务院专利行政部门提出过申请，并记载在申请日以后公布的专利申请文件或者公告的专利文件中。创造性，是指与现有技术相比，该发明具有突出的实质性特点和显著的进步，该实用新型具有实质性特点和进步。实用性，是指该发明或实用新型能够制造或者使用，并且能够产生积极效果。"据统计，在实践中，以此理由提出专利无效申请的比例相对较高，而其中以专利不具有新颖性提出专利无效的申请又是最高。2009 年实施的修订后《专利法》修改了专利新颖性的判断标准，提高了专利新颖性的要求。

（6）专利主体属于《专利法》不予保护的对象

我国《专利法》第 25 条规定，对下列各项，不授予专利权：①科学发现；②智力活动的规则和方法；③疾病的诊断和治疗方法；④动物和植物品种；⑤用原子核变换方法获得的物质；⑥对平面印刷品的图案、色彩或者二者的结合作出主要起标识作用的设计。

（7）说明书没有足够充分地公开技术内容

我国《专利法》第 26 条第 3 款规定："说明书应当对发明或者实用新型作出清楚、完整的说明，以所属技术领域的技术人员能够实现为准；必要的时候，应当有附图。摘要应当简要说明发明或者实用新型的技术要点。"

（8）权利要求书超出说明书的内容

我国《专利法》第 26 条第 4 款规定："权利要求书应当以说明书为依据，清楚、简要地限定要求专利保护的范围。"这是对说明书和权利要求书范围进行的要求。因为授权专利的前提是公开专利内容，这样才能促进社会技术进步。所以，法律只对已经公开的技术进行

保护，对于没有公开的技术不予保护。同时，法律规定了专利申请过程中修改专利文件的时候不能超出原来的说明和权利要求书的范围。我国《专利法》第 33 条规定："申请人可以对其专利申请文件进行修改，但是，对发明和实用新型专利申请文件的修改不得超出原说明书和权利要求书记载的范围，对外观设计专利申请文件的修改不得超出原图片或者照片表示的范围。"《专利法实施细则》第 43 条第 1 款规定，依照本细则第 42 条规定提出的分案申请，可以保留原申请日，享有优先权的，可以保留优先权日，但是不得超出原申请记载的范围。

2. **专利权人针对专利无效申请的应对措施**

据了解，近年来中国的专利无效案件每年基本都有 2200 件左右，专利无效已经成为企业间竞争的"利器"。那么，企业该如何防止和应对专利无效请求呢？

（1）专利检索和申请书的撰写

专利信息检索的意义在于及时统计和分析专利信息，为企业应对专利危机打下基础。专利检索对于构建知识产权危机预警机制极为重要。申请专利之前需要检索专利，以免重复研制，侵犯他人专利权，事先检索也可判断该项技术成果是否有可能获得专利权。尤其是实用新型专利申请审查仅进行初步审查，不进行实质审查，存在重复授权的情况，因此，企业在申请专利时，要对该行业领域内相关企业申请的专利进行周密的检索和比对，排除冲突或重复的可能，避免专利纠纷。

充分完成信息检索工作后，可以在此基础上认真撰写专利申请文本，为企业争取可能更大的保护范围。具体而言，在专利申请过程中，应当认真撰写专利申请的权利要求书。专利的权利要求书是整个专利申请文件最核心的部分，是申请人向国家请求保护其发明创造及划定保护范围的文件，一旦提交后它将具有法律效力。而权利要求书也是最容易被提出不具有专利性的质疑点。因此，企业应该在专利的权利要求书中对权利要求、保护范围等内容明确规定，才能最大限度地保护自己的利益。

（2）认真应对无效请求

《专利法实施细则》第 65 条规定，依照专利法第 45 条的规定，请求宣告专利权无效或者部分无效的，应当向专利复审委员会提交专利权无效宣告请求书和必要的证据一式两份。无效宣告请求书应当结合提交的所有证据，具体说明无效宣告请求的理由，并指明每项理由所依据的证据。一般情况下，宣告专利权无效的主要理由大多是围绕专利的"三性"（新颖性、创造性和实用性）来的，根据我国《专利法》规定，专利权的保护范围以其权利要求的内容为准，说明书和附图可以用于解释权利要求。因此，宣告专利权无效的主要理由往往都是通过对比申请日以前的现有技术和分析权利要求书而提出来的。所以，专利权人应该认真阅读和理解现有技术，分析自己的权利要求与现有技术之间的本质区别，然后来确定对方提出的理由是否成立。如果专利权人发现他人提出的理由不成立，提供的证据不真实、不充分，则专利权人就可以着手准备答辩意见陈述书，请求专利局驳回无效请求。

二、知识产权纠纷仲裁

知识产权纠纷仲裁是根据知识产权纠纷双方当事人的合意（仲裁协议），自愿把基于一定法律关系而现时发生或将来可能发生的纠纷的处理，委托给法院以外的仲裁员组成的仲裁庭进行裁决，并受该裁决约束的一种制度。知识产权纠纷仲裁具有专业性，仲裁过程保密，保持立场中立，判决执行具有强制力，并能够反映当事人的自由意志，更有利于迅速及时地解决争议，节省当事人的时间和金钱，有利于维持当事人之间良好的经济贸易关系，更符合当事人对案情保密的要求，以及仲裁比法院判决更易得到跨国执行的特点，使得仲裁在知识产权纠纷解决上具有明显的优势。

知识产权纠纷的法律适用应当以当事人意思自治原则为主，根据具体情况依据国际司法、冲突规范等确定准据法。我国在仲裁法和专利法等法律规定了知识产权纠纷仲裁的相关内容，仲裁委员会下设有知识产权仲裁中心可以受理知识产权纠纷仲裁。

1. 知识产权纠纷仲裁协议的一般要件

知识产权纠纷的仲裁协议，是指双方当事人达成的，将已经发生或者将来发生的知识产权纠纷提交仲裁，并服从裁决约束的一种契约。仲裁协议是仲裁制度的基石，没有仲裁协议，也就不可能有仲裁的进行。当事人要通过仲裁来解决它们之间发生的或将发生的知识产权纠纷，就必须订立合法有效的仲裁协议。

知识产权纠纷的仲裁协议，作为一种契约，应该具备契约成立的一般要件。

第一，当事人应具有缔约能力。这是民事行为能力在契约领域的体现。由于仲裁协议涉及当事人诉权这一重大权利的处分，所以只能由完全民事行为能力人进行，无民事行为能力人和限制行为能力人签订的仲裁协议不具有法律效力。

第二，意思表示真实。达成仲裁协议必须是当事人内心意思的真实反映，是当事人在自愿基础上协商达成的，以防采用欺诈、胁迫或乘人之危时双方在违背真实意思的情况下签订的仲裁协议，不具备法律效力。

第三，不违反法律或者社会公共利益。仲裁协议作为一种法律行为，必须符合法律规定才能产生法律效力，受法律保护，这也是法制原则所决定的，也是公序良俗原则的体现。

除此之外，知识产权仲裁协议的成立，还需具有一些特别要件。这些特别要件与一般的民事仲裁协议内容并无二致。主要有三个方面的要求：其一，当事人约定的知识产权纠纷不能超出仲裁的法定适用范围。其二，仲裁协议应当具备书面形式，形成书面的仲裁条款或仲裁协议，仲裁协议不但约束当事人双方，其效力还涉及仲裁机构、法院和仲裁庭。所以对仲裁协议要求书面形式，既有证据功能，亦有警示功能。这点对于知识产权仲裁来说意义更加明显。其三，虽然仲裁协议的内容由当事人协商约定，但应当具备以下基本内容：当事人自愿将纠纷提请仲裁的意思表示，提交仲裁的事项和选定的仲裁机构，对仲裁事项或仲裁机构没有约定或约定不明确的，当事人可以补充协议，达不成补充协议的，仲裁协议无效。

2. 知识产权纠纷仲裁协议达成的方式

当事人寻求仲裁方式的一个重要原因就是仲裁具有快捷性，其注重效益的价值取向更符合现代社会中当事人的需求，在当事人可以接受的裁决结果的范围内，即使仲裁裁决的结果并不是真正的实体公正，效益仍是当事人优先考虑的。同时，仲裁最大的特点在于当事人的意思自治，无论是实体权利还是程序权利，当事人都可以自由处分，仲裁就是双方当事人合意的结果。但另一方面，知识产权纠纷具有特殊性，因此在仲裁协议的达成上，既要考虑到当事人的意思自治，又不能忽略知识产权纠纷的特殊性。

由于知识产权合同纠纷和侵权纠纷纯属当事人私权可以自由处分的领域，不涉及公共利益，因此这两类纠纷的仲裁协议和一般的商事仲裁协议并无很多差别，当事人可以就合同纠纷或权属纠纷根据自己的意愿达成仲裁协议。但对于知识产权有效性争议和权属争议的仲裁协议则需特殊对待。因为这两类纠纷不但涉及当事人双方的利益，在更大程度上涉及社会公共利益，当事人在处分相应权利时应考虑到公共利益的需求。但是，知识产权在本质上毕竟是私权。如果当事人就权利有效性或权属争议达成仲裁的合意时，不能仅凭公共利益就完全否认其对纠纷快速解决的追求。这就需要在仲裁协议的设计上下功夫，既要尊重当事人将争议提交仲裁的意愿，又要照顾到社会公共利益，最大限度地保护公共利益。

在知识产权纠纷中，当事人达成仲裁协议的方式一般有合同中的仲裁条款、专门的仲裁协议、援引的仲裁协议、单方首先承诺的仲裁协议和双方均以行为默示的仲裁协议等。

（1）合同中的仲裁条款

当事人达成仲裁协议最常见的方式是将仲裁协议作为合同的一个专门条款，即仲裁条款。这种方式一般出现在知识产权合同纠纷中，它简明扼要，而且根据仲裁条款的独立性，即使合同无效，也不影响其有效性。

（2）专门的仲裁协议

如果当事人没有在合同中订立仲裁条款，或在知识产权侵权纠纷或权属纠纷和有效性纠纷中，当事人不可能事先达成仲裁条款，这时当事人可订立专门的仲裁协议。这种方式可以弥补因为交易的不便或纠纷性质导致的无法事先达成仲裁协议的不足，实现当事人寻求仲裁解决的目的。

（3）援引的仲裁协议

当事人在商事交往的过程中，处于长期合作的需要，一般会根据双方贸易往来的主要内容订立框架协议，主要约定双方贸易往来的一般内容，如双方当事人、付款方式和争议解决方式等，如当事人一般会在框架协议中约定它们之间发生的纠纷以仲裁的方式来解决，这在跨国贸易中尤其常见；然后，根据每次交易的具体内容订立专门协议，约定如标的、种类和数量等。一般情况下，当事人双方订立的框架协议会约束他们之间发生的所有相关交易。因此，在达成具体的交易时，当事人只要写明和本协议相关的一切纠纷均受框架协议的约束，就可以实现双方仲裁的目的。当然，这种方式主要出现在合同纠纷中。

（4）单方首先承诺仲裁的方式

单方承诺的仲裁是指一方当事人对可能或已经发生的争议表达了仲裁的意愿，而另一方当事人没有明确的答复是否仲裁，但后者对已经出现的争议按照前者作出的承诺内容向有关机构申请仲裁。如在知识产权侵权纠纷中，被侵权人明确告诉侵权人起将通过向某仲裁机构申请仲裁的方式解决它们之间的纠纷，而侵权人在没有明确答复时候同意的情况下，直接向被侵权人所提到的仲裁机构申请仲裁。

（5）双方均以行为默示的仲裁协议

双方均以行为默示的仲裁是指，一方当事人对于已经发生的纠纷，在没有达成仲裁协议的情况下直接向仲裁机构申请仲裁，由仲裁机构向另一方发出仲裁的通知，如果另一方当事人对仲裁没有异议，则视为当事人之间达成了提交仲裁的协议。

3. 知识产权纠纷仲裁的法律适用

法律适用，其实质就是用什么法律来确定国际民事关系中当事人的权利与义务。知识产权纠纷仲裁的法律适用是指通过知识产权冲突规范的指引，选择调整知识产权法律关系的法律的过程。知识产权纠纷仲裁的法律适用包括仲裁协议的法律适用、仲裁程序法的适用和仲裁实体法的适用，知识产权纠纷仲裁的仲裁协议和仲裁程序的适用规则与其他商事仲裁相比，差别不明显。这里着重讨论知识产权纠纷仲裁实体法律的适用。

实体法的适用是国际商事仲裁法律适用的核心问题。在国际私法和国际商事仲裁领域法律适用的一般原则是：首先采用当事人意思自治原则，当事人在协议中约定了解决争议的准据法的，适用当事人选择的法律；在当事人没有选择的情况下，由仲裁庭直接决定或根据国际私法规则间接确定解决争议的准据法。在实体领域，不同类型的纠纷适用法律规范又有各自的原则，下面将分别就此展开论述。

（1）知识产权合同纠纷

知识产权合同纠纷比较常见的是技术转让合同（包括专利使用权转让或许可合同）及版权转让（许可）合同等。虽然此类合同以知识产品为主要标的，知识产品的特殊性使得此类合同具有区别于一般商事合同的特征，但从本质上看，他们还是平等双方当事人之间合意达成的契约。故而，对于知识产权合同纠纷，无论是各国国内法还是国际条约和协议，都认为解决此类纠纷的法律适用问题应首先适用当事人意思自治原则，即当事人在合同中选择了适用法律的时候，仲裁庭应尊重当事人的选择，除非存在当事人约定存在违背该国公共政策或强制性规定的情况。在当事人没有选择适用的准据法的情况下，可以由仲裁员直接决定适用的法律，或者借助国际私法的冲突规则确定合同的准据法。

（2）知识产权侵权纠纷

对于知识产权侵权纠纷，当事人达成仲裁协议的可能性较小，但也不可否定这种可能的存在。因此，如果当事人达成了仲裁协议，并且在协议中约定了适用法律的情况下，仲裁庭应首先使用当事人选择的法律。这是当事人意思自治原则在侵权领域的体现。在诉讼领域内都可引入当事人意思自治原则，而对于当事人主导的仲裁中，引入意思自治的阻碍就更小了。当然，意思自治也要受到前述各种条件的限制。

侵权行为适用侵权行为地法，侵权行为地包括侵权行为实施地和侵权结果发生地。但知识产权侵权不同于一般侵权，知识产品的无形性、可复制性及传播方式的多样性，都使得无论是确定侵权行为实施地还是侵权结果发生地，都存在极大的困难。尤其在当今网络非常发达，而与网络有关的知识产权保护问题日益突出的情况下，更需考虑新的法律适用方法。

（3）知识产权有效性纠纷和权属纠纷

这两类纠纷属于知识产权关系的纠纷，主要表现为知识产权客体的适法性、主体的适格性、权利效力、权利内容和权利归属等问题产生的纠纷。由此可见，此两类纠纷和知识产权合同纠纷和侵权纠纷相比，更具有特殊性。这两类纠纷有单独产生的可能，但更多的情况下是伴随着其他纠纷的产生而产生的。例如，侵权纠纷中，侵权人为了维护自己的实体或程序利益，首先会提出纠纷涉及的知识产权是无效的，或者该知识产权本就属于自己。对于此类纠纷，实践中一般会就纠纷中涉及的具体的知识产权类型进行不同的分析，从而适用不同的法律（如专利权纠纷的法律适用、著作权纠纷的法律适用、商标权纠纷的法律适用等）。

当前，无论是各国国内法还是广泛存在的国际条约都普遍接受当事人自行选择解决争议的实体法是法律适用的首要原则，同样这也是为国际商事仲裁所广泛采用。例如，1985 年《国际商事仲裁示范法》第 28 条第 1 款规定："仲裁庭应按照当事各方选定的适用于争议实体的法律规则对争议作出决定。"但是，另一方面，当事人意思自治原则并不是无条件适用的，它也受到诸多的限制。首先，当事人意思自治受到一国公共政策的限制。虽然各国对公共政策的范围没有统一权威的定义，但是对国家和社会整体来说明显具有根本意义的事情。因此，如果适用当事人选择的准据法，其结果将违背法院地国的根本利益、道德、经济领域、政策等，为了避免这种结果的发生，法院会拒绝适用当事人选择的法律。其次，当事人意思自治受到一国强制性规范的限制。强制性规范的本质是一个国家的政策，它或者保护个人利益，或者保护国家利益。在许多国家，当事人的意思自治会受到不同种类的强制性规范的限制。强制性规范具有直接适用性，这在制定国的域内表现得最为现实。再次，当事人的选择必须"善意和合法"，不得有规避法律和合谋欺诈的意图。

当事人没有选择适用的法律时，一种情况是由仲裁庭直接决定适用的准据法。即赋予仲裁员确定适用法律的自由裁量权，由仲裁员不依冲突规范直接确定实体法。这种做法有利于充分发挥仲裁的灵活性，同时可以简化仲裁程序，有利于纠纷的快速解决。但这种做法对仲裁员的要求较高。

另外一种情况就是由仲裁庭根据国际私法规则间接确定解决争议的准据法。此时，仲裁庭可以选择适用国际统一实体法，或者适用冲突规则确定准据法。统一实体法主要指知识产权领域的一系列国际条约和协议，这些条约和协议在一定程度上淡化了知识产权的法律冲突，有利于纠纷的解决。仲裁庭可以本着公正的原则，根据最密切联系原则决定其认为适合的法律。例如，瑞典、瑞士等国家的有关法律都明确规定，在当事人没有明示法律选择的情况下，仲裁庭将根据最密切联系原则确定准据法。

第 4 节　美国"337 调查"

一、概述

1. "337 调查"

"337 调查"是指美国国际贸易委员会（ITC）根据美国《1930 年关税法》第 337 条（简称"337 条款"）的规定，对不公平的进口行为进行调查并采取制裁措施的做法。"337条款"起源于《1930 年关税法》第 337 条，后经历多次修订，现已编入《美国法典》第 19卷第 1337 节。根据该条款的规定，凡进口到美国的外国产品，无论以何种形式进入美国，如销售、出租、寄售等，若其侵犯了美国本土产业现有或正在建立中的合法有效的具有执行力的专利权、版权、注册商标、掩膜产品（即集成电路布图设计）和外观设计等，即构成对"337 条款"的违反，ITC 都可以进行调查。

2. "337 调查"的特点

（1）保护范围广

"337 调查"较之于知识产权司法保护，其保护范围更广，包括专利、商标、著作权、商业秘密、商业外观、平行进口行为、毁谤企业商誉、对契约关系的侵权干扰或阻碍商业行为等。除了知识产权外，它还包括其他侵权行为导致的"不公平行为或方法"。但是，由于90%以上的"337 调查"案件与知识产权有关，因此它常常被理解为主要是保护知识产权的。

（2）立案容易

申请人只需证明在美国存在与申请人主张的知识产权相关的产业，不需证明有损害。

（3）周期短

ITC 的调查期限为 12 ~ 16 个月，复杂案件延长为 18 个月。相比而言，联邦地区法院的专利案件审理周期长达 2 年甚至更长。

（4）对物管辖

对所有进口到美国的产品，适用属物管辖权，因此外国公司即使没有在美国直接设立分公司，而是通过中间商将产品销售到美国，其也可能因为进口产品涉嫌侵权而成为"337 调查"的被告。只要能够证明存在涉案进口产品，申请人就可以请求 ITC 对世界各地的被控企业同时展开调查，对整个行业产品进行封杀，而不是单独一家公司。该产品、企业甚至整个行业都将失去进入美国市场的机会。仅在涉及禁止令时才需要考虑对人管辖权。

（5）处罚严厉

一旦被认定侵权，不仅被申请人的相关产品，其他同类产品也有可能被禁止进入美国。处罚结果包括：普遍排除令、有限排除令、禁止令、同意令、扣押和没收令、罚款和临时救济措施。

3. "337 调查"的趋势

近年来，"337 调查"呈现以下趋势。

①起诉方将实力较弱或成长中的企业作为被告，迫使其因难以承受高昂的应诉代价而放弃或退出美国市场，阻止具有较大市场潜力、高附加值和高技术含量的产品出口美国。

②起诉方在 ITC 和美国地方法院同时提起诉讼，通过开辟两个战场牵扯中国企业的精力，迫使其放弃应诉。

③除美国本土企业外，拥有美国知识产权的外国企业逐渐开始将"337 调查"作为一种竞争策略与中国企业抗衡。例如，在 2006 年 ITC 对华发起的 13 起调查案中，有 3 起是由日企提起的。

4. "337 调查"的流程

"337 调查"的主要程序包括：申请、立案、应诉、证据开示、听证会、行政法官初裁、委员会复议并终裁、总统审议。如果任何一方当事人对 ITC 的裁决结果不服，可以向美国联邦巡回上诉法院提起上诉。

（1）申请

"337 调查"程序的发起可以由申请人提起，也可以由 ITC 依职权发起，但 ITC 很少主动发起。

（2）立案

立案是在申诉方向 ITC 提交诉状后，该委员会决定是否正式启动"337 调查"的阶段。ITC 在 30 日内必须决定是否启动正式的"337 调查"。如果同时提交临时禁令申请，则 ITC 在 35 日内决定是否立案。如果最终决定启动调查，则在联邦登记簿上予以公报。行政法官应在立案后 45 日内确定调查结束的目标日期。

ITC 通过审查诉状材料是否充分、是否与美国国际贸易委员会规则的规定一致，认定相关信息的来源等方法审查诉状是否合适，以保证诉状本身的可行性（如果需要，还须审查其他原始材料）。委员会通过仔细审查后，最后作出是否启动"337 调查"的决定。

根据"337 条款"的规定，在调查程序中，决定调查不能正式立案的原因包括：①不属于 ITC 管辖的范围；②不符合国内产业的要求；③当事人不适格；④存在仲裁协议等。另外，当事人起诉状的内容不符合规则规定的，"337 调查"也不能正式立案。

"337 调查"对主体有严格要求。根据"337 条款"的规定，申诉方必须表明起诉的一方是主张被进口产品所侵犯的专利权或者其他知识产权的所有人或者排他性被许可人。主体是否适格，会影响"337 调查"能否正式启动。在正式启动前，ITC 的审查涉及主体方面的实质性审查。也正是因为对主体的严格审查，这就意味着"337 调查"程序一旦被决定正式立案审理，委员会就已经认同申诉方满足"被进口产品侵犯的专利权或其他知识产权的所有人或排他性被许可人"的实体要件，这对申诉方非常有利。

"337 调查"属于无陪审团式审理，因而没有附陪审团审理的请求书。但是诉状本身内容复杂、要求严格：ITC 在决定是否正式发起"337 调查"前进行的是实体审查。由于当事人申请"337 调查"之前，可以向 ITC 的不公平进口调查办公室咨询，对诉状进行修正，因此，申诉方正式提交的诉状基本上能符合"337 条款"的有关要求，启动"337 调查"的成功率很高。而且在 ITC 审查决定是否正式发起"337 调查"的阶段，申诉方可以和 ITC 保持接触，对案件的进程有充分的掌握。如果申诉方没有附带临时救济申请书的话，被诉方在这一阶段是不会收到诉状的。被诉方除非自己查到已经被起诉了，否则它基本上不会了解案件的情况。因此，这种双方不对等的地位对申诉方也非常有利。

（3）应诉

1）答辩前动议

在"337 调查"中，被诉方可以通过查阅 ITC 秘书处的起诉目录表，从而获悉存在与其有关的起诉。之后，被诉方可以向 ITC 秘书处提交有关动议或请求书，对 ITC 是否受理起诉，阐述自己的意见。ITC 并不对该动议或请求书作出正式的答复。但是，该动议或请求书可以提示 ITC 关注那些对被诉方有利的事项，被诉方也可以与 ITC 不公平进口调查办公室进行非正式的磋商。由于被诉方所提交的动议对公众公开，因此，出于保密的需要，与向 ITC 正式提交动议相比，被诉方更倾向于与 ITC 不公平进口调查办公室进行非正式的磋商。

2）答辩期限

在不存在临时救济动议的情况下，在起诉状中被列明的被诉方应在诉状和调查通知送达之日起 20 日内向 ITC 提交书面答辩。如果被申请人在美国境外，可再延长 10 日。如果临时救济动议是诉状的一部分或者与诉状一起提交给 ITC 并送达给被诉方，且不属于"案情复杂"的情形，则被诉方应在起诉状和调查通知送达之日起 10 日内提交答辩。对起诉状和调查通知的答辩要同时进行。如果案件被认定为"案情复杂"，则被诉方应在起诉状和调查通知送达之日起 20 日内答辩。

另外，主审行政法官可以命令改变答辩期限。被诉方可以向 ITC 提交动议，申请延长法定的答辩期限，并说明请求延长的合理理由。例如，起诉状中所涉及的问题复杂或数量较多，由于被诉方不能控制的技术性困难造成起诉状的送达迟延，需要对诉状进行翻译等。通常，答辩期限应被严格遵守。但是法官会综合考虑公正、合理等因素，尤其是申诉方和不公平进口调查办公室的律师对此不予反对或表示支持时。

3）答辩事由

作为"337 调查"程序中非常重要的环节，"337 调查"的答辩事由通常可以概括为如下几个方面。

第一，申诉方欺诈。这一抗辩事由要陈述对方欺骗的意图，而该意图必须能够从申诉方行为的事实和情况中推断出来。

第二，申诉方滥用权利。该项抗辩在被认定侵权之后可用于减少损害赔偿。通常是指出对方违反了反托拉斯法或者是不适当地拓宽一个专利的范围或者期限。

第三，申诉方怠于行使权利。指出对方疏于或者延迟提起诉讼等行为给另一方带来不公正的对待。

第四，申诉方违反禁止反悔原则。这种答辩与怠于行使权利相关，即专利权人的行为或者陈述使得被诉方相信其不会遭到起诉。

第五，申诉方的许可。这是指被指控的侵权人已通过专利所有权人或者另一有权许可该专利的人的许可，有权制造、使用、销售具有专利权的发明。

（4）证据开示

证据开示程序是一种审判前的程序和机制，具体而言是指当事人有权在法庭外直接向对方当事人索取或提供与案件事实有关的信息和证据的一项程序制度。ITC 的举证程序参照联邦法院的民事程序，在整个取证程序当中，ITC 规则实际上是与《美国联邦地区法院民事诉讼规则》（简称《美国联邦民事诉讼规则》）大体一致的、在永久性救济程序中，取证时间通常为 5 个月，在临时性救济程序中一般是 3～5 周。这个通常是按照在初次预审会议中确定的程序时间表进行的。除非当事人在证据开示程序日期截止以后，自愿协商继续开示程序，否则，超过规定截止时间就不能再提出开示请求。

在取证规则方面，ITC 规定：在"337 调查"程序中所应用的证据开示方法包括了请求自认、质询、传唤、取证和出示文件。在取证方法上，ITC 规则与《美国联邦民事诉讼规则》基本相同。

（5）听证会

在"337 调查"过程中，ITC 需要就永久性救济措施或临时性救济措施作出决定时，必须举行听证会，以便涉案各方提交证据和陈述意见。另外，在调查执行、听取专家意见、作出制裁决定和没收保证金的活动中，也可能需要举行听证会。ITC 的听证会可分为临时性救济措施听证会（简短的听证模式）和永久性救济措施听证会（完整的听证模式）。

在一项"337调查"启动6个月后，行政法官可以在ITC主持召开听证会，全面听取双方当事人的质证和答辩意见。在听证会上，双方当事人均有权进行询问、提供证据、反对、动议、辩论等。听证会一般持续1~2周时间。

（6）初步裁决

ITC的行政法官在经过听证会和审阅材料后会作出一个初步裁决。如果一项"337调查"的目标日期少于15个月，行政法官应至少在目标日期前的3个月发布初裁，如果调查的目标日期长于15个月，行政法官应于目标日期前的4个月发布初裁。

初裁的内容应包括说明是否存在违反"337条款"的行为，并对救济措施提出建议等。如果ITC对此裁决经过复审没有异议，那么该裁决具有最终效力。案件必须在12个月内审结，即使是比较复杂的案件也必须在18个月内结束。

（7）ITC复审及终裁

行政法官作出初步判决后，如有异议，任何一方可以在10日内就初步判决的有关事宜申请复核。只要至少有一名ITC委员同意就可以进行复核。复核过程中，ITC可以在行政法官获得证据的基础上做出自己的事实和法律上的结论，如果ITC决定不予以复核，则行政法官的初步判决将作为委员会的最终判决。

如果ITC最终认为被告存在违反"337条款"的行为，则要考虑以恰当的方式对原告予以救济。需要考虑的因素包括公共健康和福利、美国经济的竞争状况、对美国同类产品或同行业的影响等。

（8）总统审议

ITC决定给予原告一定的救济后，还必须送美国总统进行复议。总统要在60日之内从执行国家政策的角度出发复核ITC的决定和法令。如果ITC颁发了排除令，在总统复议期间，涉案商品仍然可以继续进口到美国，但必须支付一定数量的复出口担保金，具体金额由ITC决定。美国总统行使否决权则使法令无效。如果总统不表态，则视为同意。法令则从60日时效结束之日起生效。其后，任何有利害关系的一方如对最终判决及颁发的法令不服，都可以向美国联邦巡回上诉法院提出上诉。任何上诉应在ITC的裁决成为最终裁决后60日内提出。上诉期间不影响救济措施的执行。ITC作出的未违反"337条款"的终裁无须经过总统审议，自发布之日起成为最终裁决。

5. "337调查"的结果及影响

在美国"337条款"中，如果ITC认定任何进口贸易中存在侵犯知识产权或其他不正当竞争的行为可采取以下救济措施：排除令、禁止令（停止令）、同意令、扣押和没收、罚款等。其中排除令、禁止令（停止令）、同意令可归属于法律责任的范畴，扣押和没收、罚款等可归属于强制措施的范畴。

（1）排除令

排除令是"337条款"的主要救济措施，在不违反公共利益的前提下，ITC将会首先考虑适用排除令，即禁止被控侵权产品进入美国的救济措施。排除令分为两种，一种是普遍排除令，另一种是有限排除令。

普遍排除令是 ITC 针对某一种或某一类被控侵权产品而发布的全面禁止进口的命令，而不管这一产品是来自哪个国家和地区。"337 条款"明确规定了发布普遍排除令的条件：一是如果仅仅发布有限排除令，则被诉方有规避有限排除令的可能；二是存在产品普遍侵权的情形，并且难以确定具体的被诉方和侵权产品的来源。在此情况下，就有必要发布普遍排除令。普遍排除令针对的是产品，并不限于被诉方的产品。所以，即使那些没有被列入被诉方名单的厂商的产品，也可以在排除之列。

有限排除令针对的是特定被诉方的侵权产品。某种意义上来说，有限排除令是针对特定被诉人的，由海关排除其侵权产品进入美国的救济措施。有限排除令排除的不仅包括被诉人的当前侵权产品，甚至还包括被诉人现在和今后生产涉嫌侵权的所有类型的产品，以及侵权产品的下游产品，这样就使得被诉人的所有涉嫌侵权产品完全被排除在美国市场之外。

有限排除令和普遍排除令都是由海关执行的。实践中，当 ITC 发布排除令的时候，它会立即书面通知财政部长，并附有该命令的副本和支持此命令的委员会意见。这个通知通过财政部转达至海关，海关随后通知其调查委员、地方或区域主管并且指挥阻止适用排除令的所有进口产品的入关。除非在专利案件中，进口商得到了专利权人的授权或者可以适用进口保证金（在总统审核期间）。这种保证金是在命令中明确宣布可以适用的。海关也会在它的通知中公布任何被授予专利权的权利人的姓名。在发布通知公告以后，海关将一直与美国国际贸易委员会保持联系以确定命令的具体范围；如果进口商试图进口侵权产品，这些产品将会被查获并没收。

（2）停止令

停止令也叫禁止令，是指 ITC 发布的要求特定当事人停止销售或以其他方式使用进口到美国的被诉侵权产品，其效力及于美国境内。停止令和排除令的作用不同，排除令是把被诉侵权产品挡在美国国门之外，停止令则是阻止侵权产品在美国继续销售和使用。停止令可单独使用，也可以和排除令同时使用。停止令生效后，也随时可以修改、撤销或者由排除令取代。停止令和排除令一样，也可能因为政策原因而遭到总统的否决。对于停止令来说，可以用有限或者普遍排除令来取代；在违反停止令时，以违反命令的天数来计算，处以每日 10 万美元的民事罚款或者以高于货物两倍价值的罚款，以较高者为准。另外，停止令的执行不同于排除令，排除令是由海关执行的，而停止令是由 ITC 自己执行或由 ITC 向联邦地区法院提出申请，由联邦法院代为执行的。

（3）同意令

"337 调查"中，除和解方式外，双方当事人还可以同意令方式终止调查。同意令一般由申诉人和被诉人联合提交请求，也可单独由被诉人提出。同意令与和解协议类似，但保留了 ITC 的管辖权。一项同意令的内容可能包括：对所指控事实管辖权的承认；放弃以司法和其他方式对同意令有效性的质疑；声明愿意配合或不妨碍 ITC 就同意令的实施收集有关信息；声明愿意根据 ITC 的有关规则进行实施、修改或撤回。

谈判达成同意令是一种双赢的局面，双方可以在市场上和平共存还不用消耗大量的调查甚至诉讼成本。所以同意令是中国企业可以在"337 调查"中争取的一种化解问题方式。

（4）扣押和没收

在发现存在下述情形时，ITC 除发布排除令外，还可以发布扣押和没收命令，对违反"337 条款"进口的侵权产品进行扣押和没收：①产品所有人、进口人或承销人以前曾经试图向美国进口该侵权产品；②该侵权产品以前曾由于发布了排除令而被拒绝进入美国；③以前被拒绝进入时，产品的所有人、进口人或承销人曾得到过该命令及在试图进口时该产品便会被没收的书面通知。

此规定的目的是防止进口商不顾排除令的限制，仍选择管制较为宽松的海关进口侵权产品。如果该侵权产品的所有人、进口人或承销人仍然试图进口该产品，ITC 应当向财政部长发出通知，告知其已经发布了扣押和没收侵权产品的命令，财政部长在收到委员会的通知后，可以命令海关对这些试图进入美国市场的侵权产品一律查封和没收，同时通知该产品的所有人、进口人或承销人。

（5）罚款

在签发排除令和禁止令后，有关当事人如果违反 ITC 的命令，将面临每日 10 万美元的罚款或相当于其每条违反输入美国产品的美国国内价值两倍的民事处罚，两者中取高者。

6. "337 调查"对中国企业的影响

随着知识产权在国际贸易中的战略地位迅速提高，"337 条款"已经成为美国阻止外国侵权产品进入美国市场、对美国企业和国家利益加以保护的有力保障措施。近年来，随着中美贸易合作关系的不断加深，中国也已连续多年成为"337 调查"涉案次数最多的国家之一。自 1986 年美国首次对中国发起"337 调查"以来，截至 2015 年累计涉案 247 起，遍及电子、轻工、机械、化工、汽车、冶金、建材、医药等领域，而计算机软件、半导体集成电路等电子产品逐步成为涉华调查的主要产品。

"337 调查"已经成为中国企业进入美国市场的重大非关税贸易壁垒，是众多已经或将要向美国出口产品的中国企业可能面临的问题，应引起足够的重视。

二、"337 调查"的应对

1. 判断是否应该应诉

"337 调查"是一场耗费时间和金钱的消耗战，在被美国国际贸易委员公立案调查后，企业应当从自身实际出发，客观评估，对可能消耗的成本、美国现有及潜在市场情况，综合评判，作出是否应诉的判断。

一旦决定应诉，则应积极答辩，跟进调查程序，不应诉的后果是美国国际贸易委员会将在程序和证据方面作出对不应诉方不利的推定。如果对案件整体不应诉，行政法官可以作出整体不应诉的裁决；如果只是对某一部分诉讼请求不应诉，则可以作出部分不应诉的裁决。虽然不应诉未必一定导致被认定违反"337 条款"，但结果对被申请人不利却是肯定的。

2. 判断是否应该主动参与调查

申请方往往有意遗漏某些潜在的被申请人，此时被遗漏的潜在被申请人为维护自己的利益和权利可以请求加入调查。如果没有第三方介入调查程序，排除在调查程序之外的潜在被申请人只能在与调查并行的联邦地区法院的诉讼中成为被告，这也是起诉力遗漏潜在被申请人的策略性目的所在。介入是指"337 调查"程序的申请人和被申请人之外的其他人，如果认为案件的处理结果与自己有利害关系，可以向行政法官提出申请参加调查程序，维护自身利益。此调查程序中的潜在被申请人类似于中国民事诉讼中的诉讼第三人。

3. 抗辩总体方向

对于涉及专利侵权的"337 调查"，应对思路与应对普通的侵权诉讼大体相同。首先应当质疑权利的正当性和有效性，其次考虑己方行为是否侵权，最后考虑是否有合法的免责事由。具体而言，被调查方首先应考虑对方的专利权是否有效，能否通过无效手段将其无效掉。如果其专利权合法有效，则需检查己方是否确实侵权。将被控侵权产品与涉案专利进行对比，首先检查是否存在字面侵权，如果不存在字面侵权，则还需考虑是否存在等同侵权。如果确实存在侵权行为，还可看对方是否有不正当行为或者滥用专利权的行为。

（1）专利无效质疑

通过专利无效质疑，将对方提出"337 调查"的根本依据消除，是釜底抽薪之法。从严格意义上说，美国专利法中并不存在一个类似我国的明确的"专利无效"制度。一项专利在获得美国专利商标局授权后，任何人要求公权力对专利权的效力进行重新审查的途径有两种：美国专利商标局的专利再审程序与司法系统的专利诉讼。

在"337 调查"程序中，允许被申请人提出反诉，但只能向联邦地区法院提出，而且此种反诉不影响美国国际贸易委员会调查程序的进行；而被申请人在美国国际贸易委员会和联邦地区法院同时被诉时，如果被诉基于同一诉因，可以申请法院中止审理，等美国国际贸易委员会裁决作出后再进行，美国国际贸易委员会程序不会因平行诉讼而中止。

由于《美国国际贸易委员会调查程序规则》规定所有的调查和相关程序都必须"快速"进行，所有当事人及其律师或代表、行政法官都"必须在调查或相关程序的各阶段尽量最大努力不延迟"。为督促快速裁决，"337 条款"要求国际贸易委员会预计终裁日期。通常，终裁目标日期是调查通知书发表后的 12~16 个月，较复杂的案件所需时间会再长一些。美国国际贸易委员会的这一快速调查特征也使得很少产生因等待美国专利商标局复审而导致案件中止。因此，"337 调查"中，一项专利权是否真的有效，通常是由美国国际贸易委员会来最终判定的，无效请求需在"337 调查"程序中进行。

美国专利法关于保护客体、新颖性、创造性、说明书及权利要求书的撰写要求等主要原则与我国专利制度中的相关规定无太大差异，但无效及诉讼程序、对证据的处理等方面与我国有巨大的差异。我国企业在提起美国专利无效请求时，应尽量聘用具备专利无效实务经验的美国专利律师处理相关事务。

（2）不存在侵权行为

在"337 调查"中，判断是否存在有侵犯专利权的行为主要是通过将涉案产品或方法与相关专利的权利要求相比较，如果相关专利的权利要求中的所有技术要素都被包含在涉案产品或方法中，那么就认为涉案产品或方法侵权。需要注意的是，相比较的不是产品，而是产品包含的技术信息。在"337 调查"中，侵犯专利权的行为主要可以分为字面侵权和等同侵权。

1）被指控的产品并不"完全"符合专利保护要求的范围

首先应当明确被控侵权产品的技术方案。被申请人方可以提供产品实物样品、产品设计图纸等证据说明技术方案，列出所有技术特征。其次是明确权利要求的保护范围。由于文学的描述往往并非精确，权利要求保护范围往往难以明确，因此必须解释权利要求。权利要求解释不同，就会导致判决结果不同。在"337 调查"中，企业必须积极为美国国际贸易委员会解释权利要求提供建议，尽量缩小权利要求的保护范围，以使美国国际贸易委会作出对自己有利的权利要求解释。

在以上工作的基础上，将被控侵权产品的每项技术特征与权利要求所记载的技术特征进行对比，如果权利要求中的每一个技术特征都清楚而且具体地见于侵权产品或方法中，就属于"字面侵权"。如果二者存在区别，则不属于"字面侵权"的情形，需要进行等同侵权判断。

2）被指控的产品与要求保护的专利并不"等同"

等同侵权则较为复杂，如果被控侵权或方法虽然没有完全落入申请人权利要求范围，或者说，虽然没有字面侵权的发生，但该产品或方法与专利权覆盖的产品或方法相比，以实质相同的方式发挥着实质相同的作用并且达到实质上相同的效果，则属于等同侵权。

判断等同侵权时，要重视以下三个原则：一是"逐一技术特征"原则，判断等同侵权时，不是把涉案技术的整体方案与专利技术整体方案进行比较。等同对比的对象是权利要求中的具体技术特征。二是"功能、方式、效果"一致原则，比较涉案技术特征与权利要求的技术特征时，要考虑功能、方式、效果三个方面的因素，也就说，是否以实质上相同的方式发挥着相同的功能并达到实质相同的效果；三是"禁止反悔"原则，在专利审查的过程中，专利申请人为区别现有技术而放弃的内容，不能在侵权诉等同原则的方式重新纳入受保护范围。

如确实存在字面侵权或等同侵权情形，则需考虑专利不具备执行性抗辩。

（3）申请人的专利不具备执行性

专利不具备执行性是美国专利法中的一项特殊制度，我国专利法并无此类似规定。这项制度是美国联邦巡回上诉法院在近年的大量判例中形成的，是一项有力的抗辩理由。被法院判定为不具备可执行性的专利虽然继续有效，但不可执行，权利人无法据此专利行使权利。证明"337 调查"申请人的专利不具备可执行性是一项重要的应诉抗辩点。可以从以下两个方面证明相应的专利不具备执行性。

1）授权过程中存在不正当行为

从 20 世纪 40 年代起，联邦最高法院在一些案件中认可了专利申请人在获取专利权的过程中存在的不公正行为可以被侵权人用作抗辩的理由。在侵权诉讼中，被告如有证据证明专利权人或其专利律师、专利代理人在申请过程中具有上述意图通过实质性失实陈述和疏漏欺骗美国专利商标局以获取专利授权的行为，就可以根据"不正当行为"理论提出抗辩，而司法机关一经调查核实，则作出专利不可执行的判决。此时的专利权仅在理论上存在，由于其永久地丧失了对抗被控侵权人的能力，实际效果与专利无效无异。

不正当行为的含义相当宽广，如向美国专利商标局提交错误信息、提交误导性的信息、歪曲或者虚报实验或者其他数据、谎报某种信息及不公开相关信息和虚假宣誓等行为。在目前的诉讼实务中，"不正当行为"抗辩已成为与专利无效及不侵犯专利权并列的第三大抗辩理由，以专利权人的不公正行为进行抗辩有时会比其他抗辩理由更具实际意义。

2）专利权的滥用

专利权的滥用及恶意垄断同样可以使专利权不可实施。专利权滥用是基于衡平法的一项原则，即专利权人应正当的行使专利权，不应超出法定的专利权范围。在实践中，专利权滥用主要适用于专利权人的特殊行为，如专利侵权诉讼和专利许可。常见的专利权滥用的行为包括搭售行为、价格限制协议等，这类行为属于本身违法行为。

还有一类行为是需要根据合理性的原则进行深入分析，例如，专利许可中的地域限制、交叉许可、一揽子许可、专利池协议、再出售限制等行为。此类抗辩难度较大，诉讼法律服务费用成本较高。

（4）提出规避设计

提出规避设计是指被调查对象向美国国际贸易委员会提出重新设计方案供美国国际贸易委员会审查是否构成对申请人专利的侵犯。如果美国国际贸易委员会认定规避设计不侵权，则被申请人可采用这种新的设计重新进入美国市场。可以说，提出规避设计并非是一种免责的抗辩，而是为了保住市场所采取的预先措施。一旦被申请方最终被美国国际贸易委员会认定为侵权，相关出口产品全部被排除出美国市场，其仍能通过规避设计的产品卷土重来，通过原有的销售渠道争取在最短的时间重新占领市场。

4. 合理降低费用

（1）合理搭配律师团队、才尽其用

应诉团队应由数名专利律师、数名"337调查"案件律师及更多的助理律师组成。"337调查"业务在美国也属于高端律师业务，加之"337调查"案件数量较少，真正有实践经验的律师并不多。企业应当精心选择搭配，合理利用，人尽其才，才尽其用；不必贪多求全或者非大牌律师不请。务必将诉讼费用用好、用足，做到"好钢用在刀刃上"。

（2）选择中国律师事务所参与应诉团队

总的来说，聘用美国律师的费用较中国律师更为昂贵，而"337调查"应诉工作中很多工作都是中国律师能够胜任甚至能做得更好、效率更高的。例如，在企业所在地调取证据、寻找文件、调取证人证言等工作无疑更适合由中国律师来完成。同时，聘用中国律师还能减少沟通障碍，降低翻译成本及综合事务处理成本。

（3）与其他立场相同的涉案企业联合应诉、分摊成本

美国国际贸易委员会的救济措施针对产品，普遍排除令一旦作出，将针对某一侵权产品进口全面禁止，不论该产品生产者为谁，来自何方，不论其生产者是否被列为被申请人。因此，不利裁决必然波及国内同行业厂商。"337调查"程序允许案外企业（第三方）出于维护自身权益的原因主动介入调查。实践中，有行业协会牵头、多家企业联合诉讼、分摊成本的做法。

（4）聘请专人核实账单

由于法律体系不同、地域不同，美国律师事务所为中国企业提供综合法律服务的机会不多。"337调查"案件的数量极为有限，同一企业多次应诉"337调查"的情况更是少见。因此，美国律师事务所为中国企业代理"337"案件调查过程中自然而然地会更多为自身利益考虑。此时，有必要设置专人对美国律师事务所开具的律师账单逐一审核、监控、评估账

单工作小时数。实践中,这一手段曾为国内企业节省了大笔律师服务费。

(5)控制电子取证成本

在"337调查"的取证过程中,各方都被要求提交技术资料、销售记录、财务记录、电子邮件等证据,这些证据都必须附有原始信息。此外,美国国际贸易委员会还要求所有电子证据都必须是可检索的,必须作 OCR 识别。在美国,此类工作大都由电子取证服务公司提供,价格昂贵,一件"337调查"案件的电子取证服务费上万美元也屡见不鲜。在明确要求、保证质量的情况下,将此类工作交由国内事务所或专业公司处理能够节省大笔费用。

三、"337 调查"的规避

应对"337调查"成本高,侵权救济措施严格,无论胜败,被诉企业都会付出沉重代价。因此,除了被动应对"337调查",企业也应当把工作做到前面,主动地防范、避免"337调查"。在企业发展到一定规模、具备相应的资金与实力时,可以通过苦练内功提升能力,不给对手提出"337调查"的可能性与机会。

(1)进入美国市场前的侵权风险分析

出口企业应当注意,在进入美国市场前,应当进行市场调查,弄清竞争者或潜在的竞争者是谁,他们的专利有哪些,自己的产品是否会侵犯他们的专利权。聘请专家对出口产品进行专利预警分析,如果发现有可能侵犯美国公司专利权的情况,则及时对产品进行修改,以免成为侵犯专利权的被申请人。如果无法避免使用相关专利,则应提前与专利权人协商,获得其许可。

(2)通过合同避免风险

我国企业的出口贸易中,贴牌、代工贸易占很大比重。对于从事这类业务的出口企业,应当特别注意下单的外商是否拥有该产品的知识产权。在签订外贸合同时,要特别规定知识产权条款,约定若因知识产权问题发生纠纷、造成损失,由委托加工方承担责任。

(3)预测及预案制订

"337调查"作为贸易保护的手段,主要用于维护美国市场上高附加值、高利润产业中企业的利益。对于低附加值的普通商品,美国乐于进口廉价的外国产品以降低国内通胀压力,弥补国内产业分布不平衡带来的商品缺口。因此,传统工业领域、生活必需品等工业领域很少涉及"337调查"。

在"337调查"所涉及的专利分类的基础上可以看出,近10年来,针对中国企业的调查主要涉及的商品(或技术方法)类型包括:喷墨打印器材、扫描/打印设备、计算机硬件、显示设备、半导体器件制造方法及设备、通信设备、图像处理装置及方法等,如果我国某企业的主要出口产品在上述范围内,在美国无自主知识产权,出口产品在美国市场份额较大且有本土竞争者,则可以认定为被"337调查"高风险企业。

"337调查"程序时间紧凑,企业必须快速应对,因此"337调查"高风险企业必须制订应急预案。预案的内容应当至少包括:确定决策人员的范围;明确需要将相关案件情况上报的行业协会及政府部门;如何评估受影响的出口订单、市场前景及对企业的影响;如何评估涉案专利稳定性及实际侵权可能性;胜诉可能性、应诉必要性等重要事实的评估方法;律师团队构成及专家证人等。

（4）专利布局

我国企业应当主动在美国构建自己的知识产权布局，做好专利申请，建立自己的专利组合，积累专利筹码，真正形成与国外企业抗衡的能力。这样，一方面能够保持足够的威慑力，让国外企业不易发起包括"337调查"在内的知识产权诉讼；另一方面也有助于维护自身的知识产权，在美国市场上由被动转向主动。

（5）市场多元化

"337条款"的程序设计对被诉企业明显不公，其实质是美国贸易保护主义的武器。面对贸易保护主义，我国出口企业的另一选择是实施出口多元化战略，分散风险。除了对美国、欧盟、日本等传统市场的关注外，也应当加大对金砖国家等新兴市场的开拓力度，改变市场过于集中的状况。同时，还要注意扩大国内市场的需求，从而减少对单一市场的过度依赖，降低市场风险。

参考文献

[1] 官玉琴,彭强,叶文庆,等. 知识产权管理 [M]. 厦门:厦门大学出版社,2017.

[2] 朱克电,毛炳,马先征. 知识产权管理实务 [M]. 北京:知识产权出版社,2017.

[3] 李海英,苑泽明,李双海. 创新型企业知识产权质押贷款风险评估 [J]. 科学学研究,2017,35 (8):1253-1263.

[4] 冯晓青. 企业知识产权战略内涵及其价值探析 [J]. 武汉科技大学学报:社会科学版,2017,19 (2):209-221.

[5] 苗长朋,谢书鸿. 大型企业如何构建完善的知识产权体系 [J]. 经营管理者,2017 (9):99-102.

[6] 姜宏,徐文娟,王春晖. 企业知识产权管理的战略性方针 [J]. 中国发明与专利,2017,14 (3):24-29.

[7] 陆春宁. 企业知识产权管理规范体系审核的步骤与实施过程 [J]. 轻工科技,2017,33 (2):117-118.

[8] 王美莉. 知识产权贯标在企业发展中的作用 [J]. 中国科技信息,2017 (2):20-23.

[9] 刘慧. 科技型中小企业知识产权质押融资问题研究 [D]. 无锡:江南大学,2017.

[10] 支苏平. 企业知识产权管理实务 [M]. 北京:知识产权出版社,2016.

[11] 肖延高. 知识产权管理 理论与实践 [M]. 北京:科学出版社,2016.

[12] 山东省知识产权局,烟台市知识产权局,中知(北京)认证有限公司,等.《企业知识产权管理规范》解析与应用 [M]. 北京:知识产权出版社,2016.

[13] 董亮. 企业知识产权管理存在的问题与解决途径 [J]. 科学管理研究,2017,35 (4):79-82.

[14] 向兰,句红兵,李顺玺,等. 企业知识产权管理体系与质量管理体系异同浅析 [J]. 中国发明与专利,2016 (12):6-9.

[15] 彭茂祥. 我国企业知识产权资产管理问题探讨 [J]. 中国科学院院刊,2016,31 (9):1049-1056.

[16] 晁雨. 高新技术企业知识产权管理制度体系构建研究 [D]. 镇江:江苏科技大学,2016.

[17] 张宇红. 企业技术创新如何规避知识产权风险 [J]. 科技与企业,2016 (7):60.

[18] 张永成,郝冬冬. 开放式创新下的企业知识产权管理策略 [J]. 科技管理研究,2016,36 (2):162-167.

[19] 游闽键. 企业知识产权管理指南 [M]. 上海:上海大学出版社,2015.

[20] 曾德国. 企业知识产权管理 [M]. 北京:北京大学出版社,2015.

［21］安雪梅．知识产权管理［M］．北京：法律出版社，2015.

［22］朱宇，唐恒．《企业知识产权管理规范》培训教程［M］．北京：知识产权出版社，2015.

［23］张晓煜．企业知识产权管理操作实务与图解［M］．北京：法律出版社，2015.

［24］刘旭明，王晋刚．知识产权风险管理［M］．北京：知识产权出版社，2014.